The Short Story of Science
科学三万年

［英］汤姆·杰克逊（Tom Jackson）著
杨璐 张洪卓 译

北京联合出版公司
Beijing United Publishing Co.,Ltd

图书在版编目（CIP）数据

科学三万年 ／ （英）汤姆·杰克逊著 ；杨璐，张洪卓译. -- 北京 : 北京联合出版公司, 2025. 4. -- ISBN 978-7-5596-8182-9

Ⅰ. Z228

中国国家版本馆CIP数据核字第2025WX2581号

© Mark Fletcher, 2022
The moral right of Mark Fletcher to be identified as the author of this work has been asserted in accordance with the Copyright, Designs and Patents Act of 1988. All rights reserved. No part of this publication may be reproduced, stored in a retrieval system, or transmitted in any form or by any means, electronic, mechanical, photocopy, recording or otherwise, without the prior permission of both the copyright owner and the above publisher of this book.
The date of original publication：April 5, 2022.
By Laurence King an imprint of The Orion Publishing Group Ltd.

北京市版权局著作权合同登记号 图字：01-2024-1381

科学三万年

作　　者：	[英]汤姆·杰克逊（Tom Jackson）
译　　者：	杨　璐　张洪卓
出 品 人：	赵红仕
责任编辑：	杨　青
选题策划：	大愚文化
特约监制：	王秀荣
特约编辑：	温雅卿
封面设计：	宋祥瑜　马瑞敏
版式设计：	宋祥瑜

北京联合出版公司出版
（北京市西城区德外大街83号楼9层 100088）
河北松源印刷有限公司印刷　　新华书店经销
字数120千字　880×1230毫米　1/32　7印张
2025年4月第1版　2025年4月第1次印刷
ISBN 978-7-5596-8182-9
定价：78.00元

版权所有，侵权必究。
未经书面许可，不得以任何方式转载、复制、翻印本书部分或全部内容。
本书若有质量问题，请与本公司图书销售中心联系调换。电话：（010）64258472-800

目录

6 引言
9 本书使用指南

历史

12 古代天文学家
13 古希腊哲学家
14 医学的诞生
15 炼金术
16 伊斯兰科学
17 文艺复兴
18 科学革命
19 科学机构的兴起
20 化学的诞生
21 科学与工业革命
22 自然史与生物学
23 地质学与地球科学
24 电
25 细胞学说
26 公共卫生
27 新物理学
28 宇宙的大小
29 科学与公益
30 电子与计算
31 遗传学
32 太空竞赛
33 人类进化
34 神经科学与心理学
35 环境科学
36 互联网
37 宇宙正在消失
38 遗传修饰
39 弦理论

实验

42 浮力
44 地球的周长
46 暗箱
48 折射与彩虹
50 发现同源特征
52 钟摆定律
54 发现新陈代谢
55 重力加速度
56 血液循环
58 称量空气
60 气体定律
62 胡克定律
64 微生物的发现
66 光谱
68 飞翔的男孩
70 光合作用的发现
72 氧气
74 地球的质量
76 质量守恒
78 生物电
80 疫苗接种
82 物种灭绝的证明
84 电解
86 双缝实验
88 电磁统一

89	卡诺循环	152	激光干涉引力波天文台
90	布朗运动		
92	活力论	**理论**	
94	多普勒效应		
96	热功当量	156	泛种论
98	光速	157	牛顿运动定律
100	地球自转	158	万有引力
102	光谱学	159	原子论
104	细菌理论	160	热力学定律
106	基因的存在	161	自然选择的进化
108	不存在的以太	162	元素周期表
109	染色体的功能	163	相对论
110	电磁波的发现	164	板块构造学
112	放射性的发现	165	四种基本力
114	电子的发现	166	不确定性原理
116	习得反应	167	量子物理学
118	性染色体	168	价键理论
120	电荷测量	169	宇宙大爆炸
122	赫罗图	170	恒星核合成
124	宇宙射线	171	锁钥学说
126	原子核	172	生物学中心法则
128	波粒二象性	173	内共生
130	抗生素	174	标准模型
132	膨胀宇宙	175	暗物质
134	重组	176	宇宙暴胀
136	核裂变	177	多世界诠释
138	图灵机	178	人为气候变化
139	三羧酸循环	179	太阳系的起源
140	生命起源		
142	双螺旋		
144	米尔格拉姆服从实验	**方法与设备**	
146	宇宙微波背景辐射		
148	系外行星	182	科学研究过程
150	暗能量的发现		

183	图形与坐标	216	索引
184	概率论与不确定性	224	图片来源
185	标准测量		
186	测量时间		
187	温度计		
188	显微镜		
189	望远镜		
190	传声器与扬声器		
191	盖革－米勒计数管		
192	摄像		
193	阴极射线管		
194	x 射线成像		
195	激光		
196	地震计		
197	放射性碳定年		
198	气泡室		
199	粒子加速器		
200	超环面仪器实验（欧洲核子研究中心）		
201	中微子探测器		
202	质谱法		
203	色谱法		
204	蒸馏		
205	DNA 图谱		
206	CRISPR 基因编辑工具		
207	干细胞		
208	临床试验		
209	支序系统学与分类学		
210	薛定谔的猫和其他思想实验		
211	用于建模的计算机图形学		
212	气候模拟		
213	机器学习		
214	大数据		
215	行星探测车		

引言

斯蒂芬·霍金：
我们不过是一种高级的猴子，生活在一个非常普通的小星球上。但我们可以理解宏大的宇宙，这让我们极为不凡。

科学可谓是一种手段，用于揭示一直存在但过去不为人所知的事实。科学家们则努力探究物质的本质，竭尽全力探索宇宙的边缘，甚至更远的地方。

本书介绍了人类目前在宇宙研究上的重大突破，涵盖多门学科知识，例如研究能量、物质和运动规律的物理学，研究各种物质及其相互转化的化学，以及研究生命形式的生物学。此外，它还包含心理学、天文学、神经科学和地质学的内容。

在科学界，新发现是建立在旧发现的基础之上的。那些科学道理究竟是怎么回事？它们是如何在几个世纪的时间里逐步发展成熟的？读完本书，你就会有答案。

历史

玛丽·居里：生活中没有什么可惧怕的东西，只有需要了解的东西。只要多加了解，便能消解恐惧。

科学家们花了数千年的时间才带领人类从迷信和教条的迷雾中走出来。如今的科学家们用严谨的方法来指导思维方向、验证猜想并仔细审查结果。然而早在很久以前，人们便有了这样一种简单的直觉，认为通过寻求证据可以找到真理。

大约350年前，科学革命就开始了，广泛的科学研究逐渐细分为专业化研究，从那时起，科学就有了举足轻重的地位。到19世纪50年代，科学家们开始专攻各个细分领域，如细胞生物学、电的本质或原子的质量。再也没有人能成为通晓所有科学领域的专家。

实验

卡尔·萨根：在某个地方，有一些不可思议的事情正等着我们去发现。

科学研究包含许多步骤，其中最有代表性的就是实验。一个理论是否正确，需要通过实验来证明。实验并不都是精巧复杂的，有时简单的实验也可以不同凡响。例如，在 20 世纪 50 年代，斯坦利·米勒用圆形烧瓶和玻璃管制出了"原始汤"。不到一周，他的装置里就自发地生成了诞生生命所需的化学物质。

理论

阿尔伯特·爱因斯坦：有两种事物是无限的：宇宙以及人类的愚蠢，但对于宇宙我还说不准。

科学是一个创造性的过程。我们只有先想象，然后才能解开其中隐藏的真相。这些想象被称为理论或假说。一旦理论得到证实，那么它就不再是理论，而是确定的事实，继而被人们所接受。不过，有些理论尽管已经被证明是正确的，可依然还是会被称为理论，这一点值得注意。

方法与设备

艾萨克·牛顿：如果说我看得更远，那是因为我站在巨人的肩膀上。

科学史与技术史是齐头并进的。新科学为新技术的开发奠定了基础，而新技术反过来又为科学家们提供了新的研究方法。科学仪器和技术辅助设备的发展已经有了几次巨大的飞跃。在 16 世纪，透镜制造商开发了望远镜、显微镜，还有对外部温度变化非常敏感的玻璃管，以制造温度计。金属冶炼技术的改进使得制造精密机械和电磁装置成为可能。如今，科学家控制仪器、收集和分析数据靠的是计算机，它对科学实践起到了不可估量的促进作用。蓬勃发展的计算机技术将会对未来的科学研究产生更加深远的影响。

背景说明

大多数科学成果都不是一个人的功劳，而是许多人共同努力的结果。科学先驱们很少单打独斗，即使是那些独自探索的科学家，也是基于前人的数据得出了自己的结论。

本书旨在提高公众对科学的认识，这当然是一个值得称道的尝试，但本书也暗含一个缺点，即内容的过度简化——如此，我们会倾向于将主要成就归功于少数个人，但实际上，这些成就属于来自全球各地的诸多研究团队，它们或合作或竞争，共同推动了科学的进步。

不过，大多数声名远扬的科学家都是白人男性。

这并不是简单的媒体失职问题，这种说法实属避重就轻。认为白人男性科学家包揽所有的功劳这种观点本身就不公平，它损害了有色人种和女性的利益，剥夺了他们应有的荣誉，并固化了他们难以取得科学成就的刻板观念。

如今，越来越多的人在努力消除这种不平等现象，让以前未能获得充分认可的那些人得到应有的荣光。值得注意的是，在西方，非裔和亚裔等少数族裔的科学家曾长期遭受排挤，以至于直到现在才有了关于他们在各个学科领域辛勤耕耘的报道。显然，要实现非白人的机会平等，还有很长的路要走。

长期以来，女性对科学知识的积累做出了重大贡献，即便她们在很长一段时间里无法接受高等教育，更无法进军学术界。但令人汗颜的是，几个世纪以来，女性科学家的工作成果往往被男性所占有，本该属于她们的荣誉却被授予了男性。女性科学家的贡献一直被淡化或干脆被抹去。在此，我希望这本书的读者能注意到：测量浩瀚宇宙的方法是一位女性科学家提出来的（第 28 页）；揭示原子弹中核裂变过程的也是一位女性科学家（第 136 页）；暗物质是最大的科学谜团之一，一位女性科学家证实了它的存在（第 175 页）；温室效应最早也是由一位女性科学家发现的（第 178 页）。

科学不是少数人的，它属于每个人，理应如此，而且永远如此。

本书使用指南

本书分为四部分：历史、实验、理论以及方法与设备。每部分可以单独阅读，也可以结合其他部分的内容一起来看。每页的底部都标有与本页内容相关的其他交叉内容所在的页码，以便于读者查阅。功能框则给出了主要科学家的生平简介和丰富的附加信息。

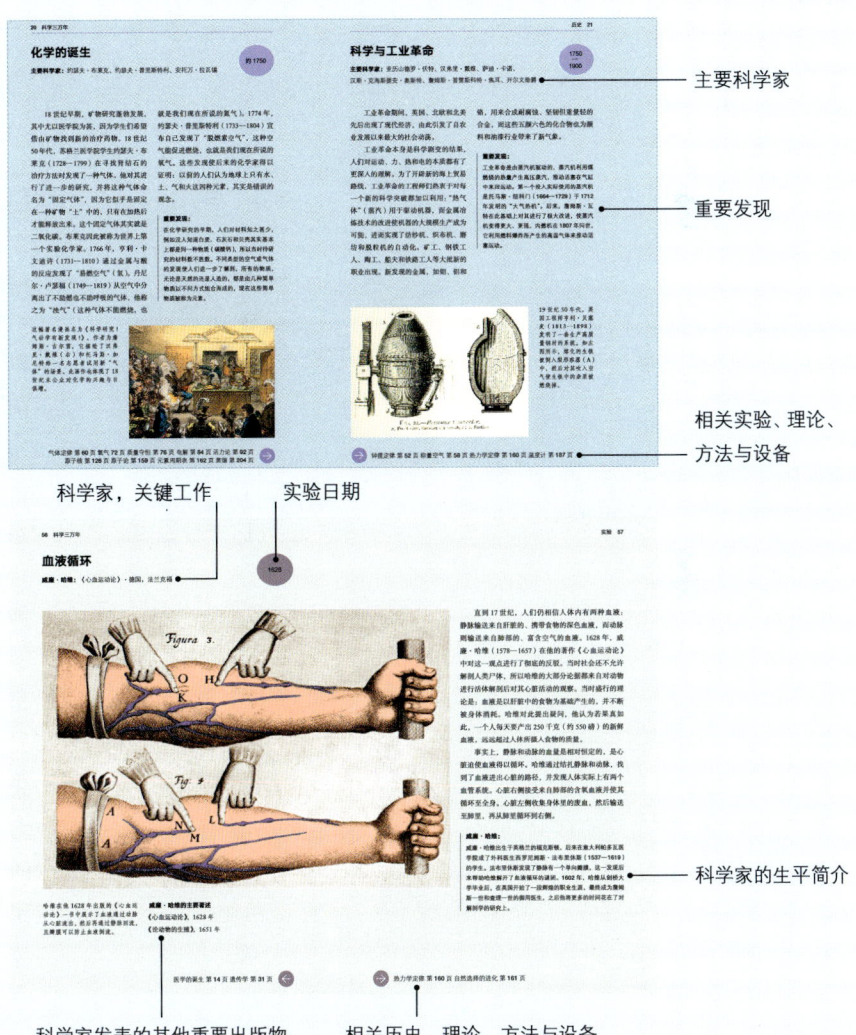

历史

古代天文学家 12 • 古希腊哲学家 13 • 医学的诞生 14 • 炼金术 15

伊斯兰科学 16 • 文艺复兴 17 • 科学革命 18 • 科学机构的兴起 19

化学的诞生 20 • 科学与工业革命 21 • 自然史与生物学 22

地质学与地球科学 23 • 电 24 • 细胞学说 25 • 公共卫生 26

新物理学 27 • 宇宙的大小 28 • 科学与公益 29 • 电子与计算 30

遗传学 31 • 太空竞赛 32 • 人类进化 33 • 神经科学与心理学 34

环境科学 35 • 互联网 36 • 宇宙正在消失 37 • 遗传修饰 38 • 弦理论 39

古代天文学家

主要科学家： 欧多克斯、亚里士多德

约公元前30 000 — 前500

重要发现：

古代天文学家所做的工作和现代天文学家的工作内容基本一致：根据自己的观测结果来建立宇宙的模型。到公元前4世纪时，主流的宇宙模型都是将地球置于中心，月球、太阳和其他星球沿着正圆轨道绕地球运行。恒星则位于最外层。数千年来，这种"地心说"宇宙观广为流传。

天文学是最早的科学之一。在遥远的古代，天空还没有受到光污染的影响，古代的天文学家眺望星空，挑选出了明亮恒星组成的各种图案。这些图案渐渐成了炉边故事中的人物角色。现在的星座划分方式和以前大致相同，也大多用希腊和罗马神话中的元素来为星座命名。

除此之外，古代的天文学家还观察星座每时、每天、每月的运行情况。他们将观察到的结果与日出日落以及月亮的盈亏联系起来，然后根据观察的结果创建了历法，标出季节的变化，这对确保农作物的收成和维持食物供应至关重要。他们还发现，天空中有五个看起来像恒星的天体在沿着自己的轨道移动。这五个天体被称为"漫游者"，在拉丁语中则叫作"行星"（*planeta*）。所有这些行星都在天空中一个狭窄的环带状区域里移动，这个区域有个希腊语派生的名称，叫作"黄道带"（*zodiac*）。

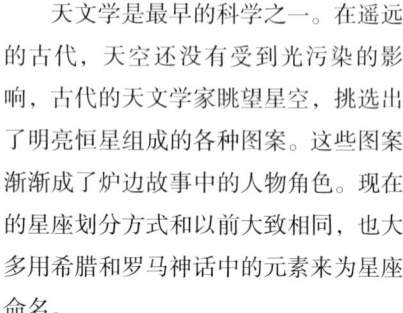

目前已知最早的天文学家是巴比伦人，他们把主要的天体和信仰的神联系在一起。这块公元前12世纪的纪念碑描绘了星星、月亮和太阳，分别象征金星女神伊什塔尔、月神辛和太阳神沙玛什。

地球的周长 第 **44** 页　系外行星 第 **148** 页　泛神论 第 **156** 页
太阳系的起源 第 **179** 页　望远镜 第 **189** 页

古希腊哲学家

主要科学家： 柏拉图、亚里士多德、泰勒斯

约公元前600—前300

意大利画家拉斐尔（1483—1520）在他的画作《雅典学院》（创作于1509—1511）中描绘了柏拉图、亚里士多德和其他古希腊著名哲学家。

"第一位科学家"这个头衔的竞争相当激烈，竞争者包括古埃及第一座金字塔的建造者伊姆霍特普（活跃于公元前2667—前2648）和古印度的医师苏斯拉他（活跃于公元前600年左右）。然而，这份荣誉通常被授予自然哲学界的先驱——米利都的泰勒斯（公元前624—前548）。他和他的追随者力求用一种不借助神话或宗教的方式来解释这个世界。这一传统很可能起源于古希腊，而非其他地方，因为奥林匹斯万神殿里众神的行为非常人性化和非宗教化，他们几乎没能对一些重大问题给出令人信服的答案。然而，泰勒斯的推理方法与我们今天所认为的科学完全不同。公元前5世纪，雅典成为自然哲学的中心，首先是柏拉图（公元前424—前348）成了苏格拉底（公元前470—前399）的学生，后来亚里士多德（公元前384—前322）又师从柏拉图。亚里士多德和柏拉图师徒二人对知识的来源意见不一：柏拉图认为只有在超自然的"理念世界"中才能找到真理，而亚里士多德则坚持认为人们是通过观察周围事物来揭示真理的。

> **重要发现：**
> 法理逻辑是希腊哲学的不朽遗产之一。演绎主义是使用两个前提的逻辑推理，例如：人皆有一死；柏拉图是一个人；因此柏拉图会死。归纳法是因果关系较弱的逻辑推理：太阳每天早晨升起；所以明天太阳会升起。尽管这两种逻辑推理方法饱受后来的哲学家非议，但它们仍在科学发展进程中发挥了重要作用。

 浮力 第42页 地球的周长 第44页 泛种论 第156页

医学的诞生

主要科学家： 希波克拉底、盖伦、阿维森纳

约公元前 600 — 前 500

"医学之父"希波克拉底——这尊雕像出自佛兰德艺术家彼得·保罗·鲁本斯之手（1577—1640）。

东方和西方的传统文化分别派生出了不同的伟大的医学传统。西医牢牢扎根于科学，已被证实是最有利于延长预期寿命和促进健康生活的医学传统。西医的创始人是希波克拉底（公元前460—前370），如今的年轻医生们仍以这位希腊医生的名义发誓要竭尽全力救治病人。希波克拉底的医学理论基于四种元素：土、气、水和火。他认为这四种元素在人体内以四种体液的形式存在，体液失衡就会导致疾病产生。希波克拉底还开创了诊断技术，通过观察病人的症状，根据预后（对疾病发展的预测）来给予适当的治疗。希波克拉底选择根据观察到的相应的症状来采取相应的治疗措施，以期这些措施能让病人在关键阶段战胜疾病。此外，希波克拉底有着敏锐的直觉，在那个时代就倡导干净卫生的诊疗环境和良好的临床态度。

重要发现：
四种体液分别是：血液、黏液、黑色胆汁和黄色胆汁，分别对应气、水、土和火四种元素。体液会影响人的情绪：血液的涌动会令人乐观、自信；水质黏液会使人沉静、平和；过多的黑色胆汁会让人抑郁、忧愁，而黄色胆汁则使人暴躁、易怒。

发现新陈代谢 第 54 页 血液循环 第 56 页 细菌理论 第 104 页 抗生素 第 130 页 温度计 第 187 页 大数据 第 214 页

炼金术

主要科学家： 贾比尔·伊本·哈扬、帕拉塞尔苏斯、亨尼格·布兰德、艾尔伯图斯·麦格努斯

约公元前 200 — 1750

古希腊自然哲学家通过理性思考来了解自然，而炼金术士则是通过做实验这种更为实际的方式。"炼金术"这个词最有可能源自阿拉伯文 "Al-Khmi"，也就是"埃及"的阿拉伯古称。"Khmi"的意思是"黑土之地"，指的是尼罗河三角洲的那片沃土，自公元前 2 世纪开始，炼金术就在那里生根。以我们现代人的视角来看，炼金术士更像巫师而不是科学家。他们将魔法和科学混为一谈，做实验时一定要喃喃吟唱圣歌以召唤神灵。此外，他们的主要目标其实是财富和权力，为了隐藏自己的秘密他们也是煞费苦心。例如，贾比尔·伊本·哈扬（721—815）的著作就异常难懂，"胡言乱语"，"gibberish"一词就是由他的名字衍生出来的。尽管如此，炼金术士发明了大量研究化学物质所需的精密仪器和玻璃器皿，属实也算功不可没。

> **重要发现：**
> 炼金术士的主要目的是发财和长生不老，了解自然只是顺带的。他们痴迷于寻找"贤者之石"和长生不老药，因为前者可以将贱金属变成黄金，后者则可以治愈一切疾病并让人永生。火药就是中国炼金术士在提炼"不死之药"时偶然发现的，而在寻找贤者之石的过程中，炼金术士对化合物、元素和化学反应有了更深入的了解。

《炼金术士》版画（约 1558 年后），出自老彼得·勃鲁盖尔（1526—1569）之手。

气体定律 第 60 页　科学研究过程 第 182 页　标准测量 第 185 页

伊斯兰科学

主要科学家： 拉齐、伊本·海赛姆、比鲁尼

约 700 — 约 1300

波斯科学家、哲学家阿布·巴克尔·穆罕默德·伊本·扎卡里亚·拉齐——人们通常直接称呼他为拉齐。他有着"穆斯林大医生"的称号。

重要发现：

伊斯兰科学家的研究成果被十字军带回了西欧，对艾尔伯图斯·麦格努斯（1199—1280）和罗杰·培根（1220—1292）产生了深远影响。二人既是修道士又是科学家，在他们生活的年代，天主教教会的经院哲学在欧洲占统治地位。当时，天主教将广为流传的亚里士多德思想纳入教义，经院哲学就以此来论证自己的神学信条。任何太过偏离教义的人都有可能被冠以"巫师"的罪名。

伊斯兰教的教义非常重视教育，这也是公元8世纪时世界科学的重心转向中东的原因之一。渐渐地，巴格达的"智慧之家"取代了亚历山大图书馆，成了全球主要学术中心。伊斯兰炼金术士扩大了炼金术的应用范围，从专注于寻求财富和永生（又或是延年益寿）转而追求商业价值。他们开始研究如何保存香水、如何制作出留色更持久的陶瓷颜料和釉料——尤其是当时非常受欢迎的蓝色颜料。这类实验都需要精确的测量和清晰的记录，并朝着现代化学迈出了一大步。当时最著名的炼金术士中，有一人名叫拉齐（854—925），住在德黑兰附近的山上。人们认为是他创造了"al-kuhl"这个词，意思是物质的"本质"或"精神"，英语单词"酒精"（alcohol）就是从这个词演变而来的。同样，英语单词"碱"（alkali，指能中和酸的物质）也来自阿拉伯语中的 al qaliy，这个词的意思是石灰和水的混合物。

暗箱 第 46 页　血液循环 第 56 页　科学研究过程 第 182 页

历史 17

文艺复兴

主要科学家： 列奥纳多·达·芬奇、米开朗基罗、尼古拉·哥白尼

约 1400 — 约 1550

文艺复兴是科学、艺术和文化高度繁荣的时期，始于 15 世纪意大利的商业城市，后逐渐扩展至整个欧洲。"复兴"的字面意思是"重生"，意指欧洲正以某种方式重新获得失去的东西。自文艺复兴起，新的知识流动开始——从古希腊雅典到中东伊斯兰国家，然后沿着贸易路线返回西欧。文艺复兴早期是由博学多才之士主导的，他们是各个领域的专家，在受到启发后开始验证旧的猜想，勇于打破规则，尝试新事物，其中就包括列奥纳多·达·芬奇（1452—1519）。众所周知，达·芬奇是一位画家，但他其实也是一位多产的发明家，还曾画过坦克和飞行器的设计草图。谈起艺术创作，就不得不提米开朗基罗（1475—1564），他用艺术大胆打破禁忌，但又不得不将其思想隐藏在众目睽睽之下。例如，他为西斯廷教堂创作的天顶画《创造亚当》就藏着一幅人类大脑结构解剖图——图中的上帝和天使们分别对应着大脑内部的各种组织。当时的教会教义禁止解剖尸体，因此这幅梵蒂冈的天顶画极具颠覆意义。

重要发现：

即使在文艺复兴的鼎盛时期，天主教教会也对亚里士多德所言深信不疑，认为地球就是宇宙的中心。1543 年，波兰天文学家、教士尼古拉·哥白尼（1473—1543）大胆提出了一个不可思议的猜想：地球只是一个围绕太阳运行的行星。他还观测和记录了能证明这一猜想的数据。哥白尼敏锐地意识到宣扬这些"异端邪说"会给自己招致杀身之祸，于是一直秘而不宣，直至生命垂危。

梵蒂冈西斯廷教堂天顶壁画的一部分——《创造亚当》（约 1512 年）。

 折射与彩虹 第 48 页 发现同源特征 第 50 页 科学研究过程 第 182 页

科学革命

主要科学家： 威廉·吉尔伯特、艾萨克·牛顿、伽利略·伽利雷、罗伯特·波义耳、约翰尼斯·开普勒

1650
—
1750

17世纪的科学研究愈加严谨，这标志着现代科学的开端。世界各地的科学家开始逐步吸收其他人的研究成果，并在此基础上进一步推动自己的研究。人类对世界的理解就此发生重大变化。例如，威廉·吉尔伯特（1544—1603）展示了实验的力量——他将指南针放在一个球形的磁体上，通过展示磁针的指向与其在地面上的指向相同，来得出结论：地球也是一个磁体。再如，伽利略（1564—1642）开始用测量和数学的方法来揭示物体运动的普遍规律。

约翰尼斯·开普勒（1571—1630）则发现了行星运动的规律，进一步证实了地球围着太阳转、月球围绕地球转的事实。也正是因为开普勒定律的发现，艾萨克·牛顿（1642—1727）在17世纪80年代才提出了牛顿运动定律和万有引力定律。在生物学和医学领域，威廉·哈维（1578—1657）用科学方法证明了血液在人体内循环。

重要发现：

罗伯特·波义耳（1627—1691）是一位英裔的爱尔兰科学家，他在1661年出版了《怀疑派化学家》一书，该书为现代化学奠定了基础。波义耳在书中驳斥了主导炼金术的魔法和神秘主义，主张根据系统的观察来建立物质观。波义耳的工作为原子理论和热力学定律铺平了道路。

德国著名天文学家约翰尼斯·开普勒，消除了中世纪人们对行星运动规律的误解。

钟摆定律 第52页 重力加速度 第55页 血液循环 第56页 气体定律 第60页 科学研究过程 第182页 图形与坐标 第183页

科学机构的兴起

主要科学家： 布莱士·帕斯卡、马林·梅森、勒内·笛卡尔、罗伯特·胡克、埃德蒙·哈雷、本杰明·富兰克林

约 1650

一位 19 世纪的雕刻师想象的位于英国伯明翰谢尔德的月光社成员会面的场景。

科学方法的交流是科学研究中必不可少的一个流程，研究人员分享结果，其他人则可以发表评论、重复实验，或进一步研究。如今，各个领域的科学家都通过学术机构、大学和各类协会与全球同行建立交流网络，而所有这些机构的前身都可以追溯至 17 世纪中期巴黎和伦敦的两个组织。位于法国的是梅森学院，是一个由马林·梅森（1588—1648）领导的非正式组织。马林·梅森是一名修士，其工作主要是通过信件向一些待定的学者传播最新的研究成果。该组织在 1666 年更名为法兰西科学院。在英国，罗伯特·胡克（1635—1703）、埃德蒙·哈雷（1656—1742）和罗伯特·波义耳也成立了和法兰西科学院类似的组织——"无形学院"。他们也是英国皇家学会的创始人，该学院也是世界上最古老的科学机构，成立于 1660 年。

重要发现：

在 18 世纪，除了国家级别的科学院，也有一些小型组织出现，它们主要是向公众传播科学研究令人兴奋的最新进展。例如，以蒸汽机先驱詹姆斯·瓦特（1736—1819）为首的工程师和实业家，与本杰明·富兰克林（1706—1790）等科学家一起，加入了伯明翰月光社。之所以起这个名字，是因为该协会的成员每逢月圆时就会见面。

 胡克定律 第 62 页 光谱 第 66 页 飞翔的男孩 第 68 页 地球的质量 第 74 页 万有引力 第 158 页 科学研究过程 第 182 页

化学的诞生

主要科学家： 约瑟夫·布莱克、约瑟夫·普里斯特利、安托万·拉瓦锡

约 1750

18 世纪早期，矿物研究蓬勃发展，其中尤以医学院为甚，因为学生们希望借由矿物找到新的治疗药物。18 世纪 50 年代，苏格兰医学院学生约瑟夫·布莱克（1728—1799）在寻找肾结石的治疗方法时发现了一种气体。他对其进行了进一步的研究，并将这种气体命名为"固定气体"，因为它似乎是固定在一种矿物"土"中的，只有在加热后才能释放出来。这个固定气体其实就是二氧化碳。布莱克因此被称为世界上第一个实验化学家。1766 年，亨利·卡文迪许（1731—1810）通过金属与酸的反应发现了"易燃空气"（氢）。丹尼尔·卢瑟福（1749—1819）从空气中分离出了不助燃也不助呼吸的气体，他称之为"浊气"（这种气体不能燃烧，也就是我们现在所说的氮气）。1774 年，约瑟夫·普里斯特利（1733—1804）宣布自己发现了"脱燃素空气"，这种空气能促进燃烧，也就是我们现在所说的氧气。这些发现使后来的化学家得以证明：以前的人们认为地球上只有水、土、气和火这四种元素，其实是错误的观念。

重要发现：

在化学研究的早期，人们对材料知之甚少，例如没人知道白垩、石灰石和贝壳其实基本上都是同一种物质（碳酸钙），所以当时待研究的材料数不胜数。不同类型的空气或气体的发现使人们进一步了解到，所有的物质，无论是天然的还是人造的，都是由几种简单物质以不同方式组合而成的，现在这些简单物质被称为元素。

这幅著名漫画名为《科学研究！气动学有新发现！》，作者为詹姆斯·吉尔雷，它描绘了汉弗里·戴维（右）和托马斯·加尼特给一名志愿者试用新"气体"的场景。此画作也体现了 18 世纪末公众对化学的兴趣与日俱增。

气体定律 第 **60** 页 氧气 **72** 页 质量守恒 第 **76** 页 电解 第 **84** 页 活力论 第 **92** 页 原子核 第 **126** 页 原子论 第 **159** 页 元素周期表 第 **162** 页 蒸馏 第 **204** 页

历史 21

科学与工业革命

主要科学家： 亚历山德罗·伏特、汉弗里·戴维、萨迪·卡诺、汉斯·克海斯提安·奥斯特、詹姆斯·普雷斯科特·焦耳、开尔文勋爵

1750
—
1900

工业革命期间，英国、北欧和北美先后出现了现代经济，由此引发了自农业发展以来最大的社会动荡。

工业革命本身是科学剧变的结果，人们对运动、力、热和电的本质都有了更深入的理解。为了开辟新的海上贸易路线，工业革命的工程师们热衷于对每一个新的科学突破都加以利用："热气体"（蒸汽）用于驱动机器，而金属冶炼技术的改进使机器的大规模生产成为可能，进而实现了纺纱机、织布机、磨坊和脱粒机的自动化。矿工、钢铁工人、陶工、船夫和铁路工人等大批新的职业出现。新发现的金属，如钼、铝和铬，用来合成耐腐蚀、坚韧但重量轻的合金，而这些五颜六色的化合物也为颜料和油漆行业带来了新气象。

重要发现：

工业革命是由蒸汽机驱动的，蒸汽机利用煤燃烧的热量产生高压蒸汽，推动活塞在气缸中来回运动。第一个投入实际使用的蒸汽机是托马斯·纽科门（1664—1729）于1712年发明的"大气热机"。后来，詹姆斯·瓦特在此基础上对其进行了极大改进，使蒸汽机变得更大、更强。内燃机在1807年问世，它利用燃料爆炸所产生的高温气体来推动活塞运动。

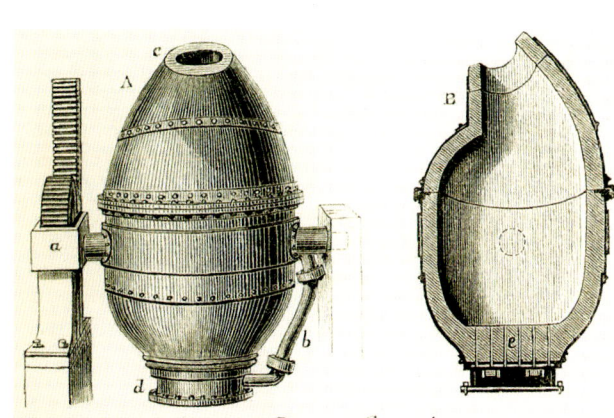

19世纪50年代，英国工程师亨利·贝塞麦（1813—1898）发明了一套生产高质量钢材的系统。如左图所示，熔化的生铁被倒入梨形容器（A）中，然后对其吹入空气使生铁中的杂质被燃烧掉。

 钟摆定律 第 52 页 称量空气 第 58 页 热力学定律 第 160 页 温度计 第 187 页

自然史与生物学

主要科学家： 卡尔·林奈、查尔斯·达尔文、尼古拉斯·斯丹诺、吉尔伯特·怀特、亚历山大·冯·洪堡

1789 — 1900

英国博物学家、生态学家和鸟类学先驱吉尔伯特·怀特（1720—1793）所著的《塞耳伯恩博物志》（1789）的卷首图片。

生物学是科学革命中最后出现的主要学科，它与医学并不相同。在此之前，自然哲学家早已讨论过生物命名的问题，最后，卡尔·林奈（1707—1778）创建了双名命名法，该方法能准确描述生物的种类，从而使研究人员在面对丰富多样的生物世界时不再手忙脚乱。到了19世纪早期，生物学开始蓬勃发展，当时许多像亚历山大·冯·洪堡（1769—1859）和查尔斯·达尔文（1809—1882）这样的探险家开始周游世界，他们好奇为何世界各地的生物差异会如此之大，但又表现出许多相同的特征和行为。达尔文在此基础上提出了著名的以自然选择为基础的进化论。洪堡也留下了诸多宝贵遗产，其中就有生态学，它研究的是野生动物群落如何与环境相互作用。

到了20世纪，随着技术的进步，人们开始将生物学看作是一门综合性学科，并认为生命是因化学和地质变化才产生的现象。

重要发现：

丹麦主教尼尔斯·斯丹森（1638—1686）有个更广为人知的拉丁名字，叫作尼古拉斯·斯丹诺。斯丹诺研究的是进化生物学、古生物学和地质学。在17世纪60年代，他调查了一个叫作"舌石"的东西（因形状而得名），发现它与鲨鱼的牙齿具有相同的锯齿状结构，因此认为舌石实际上是一种曾经活着的生物的"石化遗骸"——现在这类东西被称为化石。

微生物的发现 第64页 细菌理论 第104页 自然选择的进化 第161页
生物学中心法则 第172页 内共生 第173页

历史 23

地质学与地球科学

主要科学家： 詹姆斯·赫顿、路易斯·阿加西斯、查尔斯·莱尔

1800—1850

地质学（研究地球自然规律的学科）的奠基人是詹姆斯·赫顿（1726—1797），他是一位苏格兰农场主，热衷于观察当地岩层构造。他观察的岩层有些在地下，另一些则因各种工程项目的实施而暴露在地表。虽然赫顿不是第一个注意到岩石存在分层的人，但他提出了"均变论"。根据该理论，岩石是在地球表面形成的，较深的岩石比上层的岩石更古老。更古老的岩石与我们今天所看到的地表岩石的形成过程是相同的，因此，我们可以通过研究不同时期的古代岩石的成分，来推测遥远过去的地球表面呈现的是何种样貌。赫顿的研究证实，地球的确非常古老，这一观点对查尔斯·达尔文等人产生了深远的影响。此外，1840年，路易斯·阿加西斯（1807—1873）利用赫顿的理论证明了地球的大部分地区曾被冰川覆盖，这是冰期存在的第一个证据。

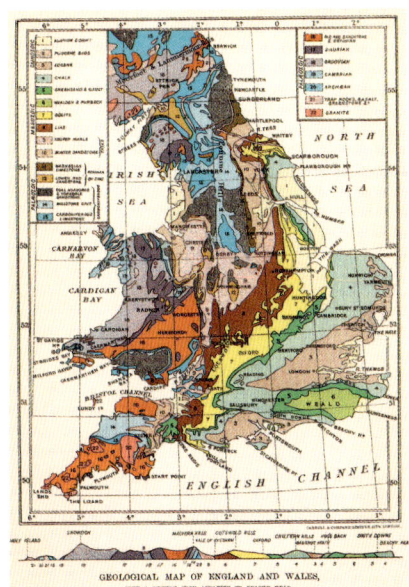

重要发现：

许多地质学家跟随赫顿的脚步继续研究，最终得出了岩石形成的完整过程，即所谓的"岩石循环"。地球深处的熔融物质上升至地表时会冷却成坚固的岩石，而山脉内部的巨大压力可能会改变岩石的内部组成，然后侵蚀岩石，最终将所有岩石分解成颗粒。这些颗粒沉积下来，会形成一种新的岩石类型，随之会再次沉入地下深处，掉进岩浆中而被熔融，重新开始循环。

这张19世纪的地图显示了英格兰和威尔士岩层结构的多样性。

 物种灭绝的证明 第 **82** 页 自然选择的进化 第 **161** 页 板块构造学 第 **164** 页 地震计 第 **196** 页 放射性碳定年 第 **197** 页

电

主要科学家： 亚历山德罗·伏特、本杰明·富兰克林、迈克尔·法拉第

1800—1830

电的研究从古代就开始了。公元前 7 世纪，泰勒斯发现琥珀会吸引或排斥绒毛，并以希腊语单词"琥珀"（*elektra*）来为这种现象命名。到 18 世纪中期，研究者用"莱顿瓶"，即内外包覆着导电金属箔的玻璃容器来储存静电。本杰明·富兰克林曾认为，这种装置可以收集闪电的电荷。虽然他从未成功（有些人在尝试的过程中牺牲了），但他提出的电荷分为正电荷和负电荷的观点被广为流传。

1800 年，亚历山德罗·伏特（1745—1827）发明了第一个现代电池，它利用化学反应使电荷持续流动，从而产生我们所熟知的电流。这种电池有各种不同的设计，能够实现持续的能量转移，可用来照明和驱动机器。

重要发现：

1820 年，人们发现了电和磁之间的联系。一年后，迈克尔·法拉第（1791—1867）利用这两种力量发明了世界上第一台电动机。这台电动机非常简陋，是利用金属线圈和磁铁之间的斥力和引力来让线圈不停转动。10 年后，法拉第发现在磁场中移动闭合线路时会产生感应电流。由此，法拉第又发明了发电机。

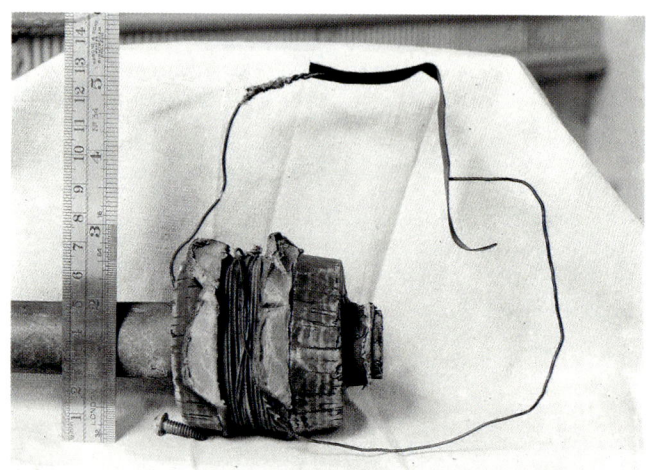

迈克尔·法拉第利用线圈创造了"尽管微小但清晰可见的"电火花。

飞翔的男孩 第 68 页　生物电 第 78 页　电解 第 84 页　电磁统一 第 88 页

细胞学说

主要科学家： 罗伯特·胡克、马蒂亚斯·施莱登、西奥多·施旺

1830
—
1850

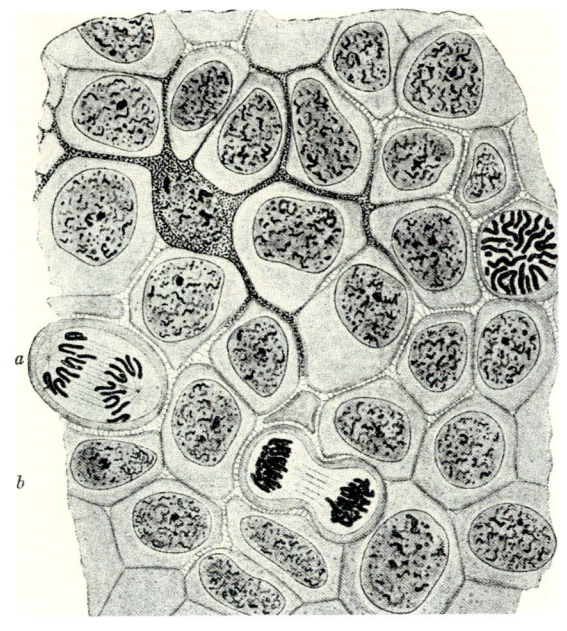

重要发现：

显微镜技术的发展为细胞理论提供了越来越多的证据。19 世纪 50 年代，研究人员观察到细胞通过一组被称为"有丝分裂"的复杂步骤一分为二。人们开始好奇信息如何从原始细胞传递到新细胞以及信息的传递是否与遗传有关。这使得遗传学和自然选择进化论进入了全新的世界。

左图为高倍放大的蝾螈皮肤组织细胞，摘自 1910 年威廉·A. 罗西所著的《生物学及其制造者》。

1665 年，罗伯特·胡克第一次用显微镜来观察生物，并将自己的发现记录在了《显微制图》（Micrographia）一书中。他还观察了软木薄片的小型结构单元，并将它们比作是修道士所居住的"小禅房"（英文单词为 cell，除"细胞"外也有"监狱"的意思，但当时的因犯主要被关在地牢里，更多使用单词 dungeon），细胞这一术语沿用至今。大约 170 年后，细胞被证明是所有生命的基础，这就是细胞学说。该学说主要是由两个德国人提出：植物专家马蒂亚斯·施莱登（1804—1881）和动物生理学家西奥多·施旺（1810—1882）。该学说的主要内容有三点，首先，所有生物体都是由一个或多个细胞组成的（这意味着病毒不是生物体，也没有生命）；其次，细胞是生物体结构的基本单位；第三，也是最主要的一点：新细胞都是由老细胞分裂产生的。此后，细胞学说取代了早期的"自然发生说"——该理论认为生命，特别是最小的生命形态，都是以某种方式从非生命的腐烂淤泥中自然出现的。

 微生物的发现 第 64 页 染色体的功能 第 109 页 三羧酸循环 第 139 页
生命起源 第 140 页 生物学中心法则 第 172 页 干细胞 第 207 页

公共卫生

主要科学家： 约翰·斯诺、伊格纳兹·塞麦尔维斯、约翰·格朗特

1850

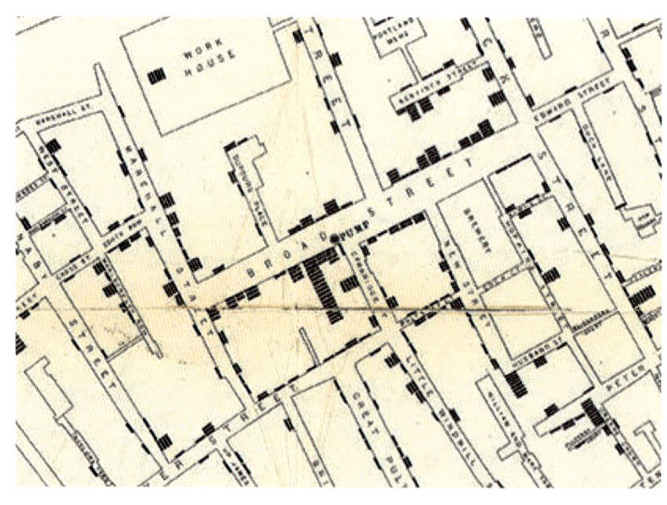

约翰·斯诺用苏豪区的地图找到了伦敦中部霍乱产生的源头。

19世纪，城市化使得数百万人不得不生活在拥挤、肮脏的环境里，这为疾病的滋生创造了完美的条件。当时最严重的疾病是霍乱，这是一种被污染的饮用水中的细菌所引起的传染病，然而19世纪50年代的人们对此一无所知，他们认为这是瘴气（一种恶臭的"坏空气"）在作怪，或是患者腹部受凉的结果。当霍乱袭击当时还是伦敦贫民区的苏豪区时，当地医生约翰·斯诺（1813—1858）决定查明原因。他在地图上标明了所有死者的住所，并记录了他们的日常活动地点，最终发现，当地所有出现霍乱患者的家庭都从同一个公共水泵取水。他请求当局封锁该水泵，不久，苏豪区的疫情果然结束了。约翰·斯诺因此被认为是流行病学的奠基人之一。流行病学是研究疾病如何影响特定人群的科学。

> **重要发现：**
>
> 约翰·斯诺的调查研究证明，不卫生的生活环境极有可能引发疾病。在接下来的几十年里，疾病的细菌理论也证实了这一点。**1844年**，匈牙利医生伊格纳兹·塞麦尔维斯（1818—1865）以明确的统计数据表明，如果医护人员在分娩前洗手，新妈妈死于所谓的"产褥热"等感染疾病的可能性要小得多。但令人扼腕的是，直到塞麦尔维斯去世后，他的数据才引起人们的重视。

微生物的发现 第 **64** 页　细菌理论 第 **104** 页　抗生素 第 **130** 页　图形与坐标 第 **183** 页　临床试验 第 **208** 页

新物理学

主要科学家： 马克斯·普朗克、阿尔伯特·爱因斯坦、尼尔斯·玻尔

1900
—
1925

重要发现：

爱因斯坦最值得铭记的贡献，便是提出了方程 $E=mc^2$。这是一个描述能量（E）与质量（m）之间关系的方程，二者之间的比值是光速（c）的平方。光速的平方是一个非常大的数字，有时甚至能达到十七位数之多（以米/秒为单位），这说明少量的质量也蕴含着巨大的能量，这也就是核反应威力惊人的原因。

左图为德国科学家马克斯·普朗克（摄于1933年），因为在量子理论方面成就非凡，他于1918年荣获了诺贝尔物理学奖。

1878年，马克斯·普朗克（1858—1947）的大学导师建议他不要专攻物理，因为"这门科学已经被研究透了"。好在普朗克没有听从导师的话。19世纪末，他在量子物理学领域有了开创性的发现，即原子具有不连续、不可分割的量子化能量，会发射和吸收光和其他辐射。在此基础上，人们对原子和亚原子粒子有了新的理解，知道它们的行为和性质并不像老一辈物理学家所认为的那样固定不变。得益于这些进展，运动的力学定律与光和辐射的电磁学定律之间的矛盾得到了明显的缓减。阿尔伯特·爱因斯坦（1879—1955）想知道为何即使光源的速度不同，但光的速度似乎也是不变的。他由此得出了广义相对论。根据该理论，空间和时间不是不可改变和绝对的，而是动态的，能够加速和减速，尽管这样的变化十分微小，肉眼几乎难以察觉。

→ 光速 第 98 页　电子的发现 第 114 页　波粒二象性 第 128 页　不确定性原理 第 166 页　盖革 - 米勒计数管 191 页

宇宙的大小

主要科学家： 爱德文·哈勃、亨丽埃塔·斯旺·莱维特、维斯托·斯里弗、约瑟夫·约翰·汤姆逊、玛丽·居里、欧内斯特·卢瑟福

1900—1930

20世纪的头30年里，物理学从宏观宇宙以及原子内部的微观世界两方面，扩展了我们对宇宙规模的认知。粒子物理学家发现，宏观尺度上观察到的化学和物理性质，可以用亚原子粒子来解释，如电子、质子和中子。例如，原子的活动性、密度和电导率与电子的构型有关，而原子核的结构影响其放射性，且集中了原子大部分的质量。另一方面，天文学家对测量地球到恒星的距离有了一定的把握，他们还发现我们生活的银河系只是宇宙中一个微小的组成部分，与邻近的星系相隔几光年。银河系是某个星系团的一部分，这个星系团又与其他星系团形成了一个超星系团，这些超星系团在宇宙中呈纤维状或扁平片状，中间有一个"巨洞"，类似于一个内部是空腔的肥皂泡。

重要发现：

原子有个特征十分惊人，即它的内部空间大部分都是空的。想要了解原子的结构，最简单的方法是想象其中心有一个小而稠密的原子核，核的周围环绕着一层层移动的电子。如果把原子看成是一个足球场，那么原子核就像球场中央的足球。

左图为亨丽埃塔·斯旺·莱维特（1868—1921），美国天文学家先驱，她发现了恒星的光度和星系间在距离上的关系。

多普勒效应 第94页 光速 第98页 光谱学 第102页 宇宙微波背景辐射 第146页 系外行星 第148页 宇宙暴胀 第176页

历史 29

科学与公益

主要科学家： 罗伯特·奥本海默、理查德·费曼、艾伦·图灵、威廉·肖克莱

1940 — 1955

1945 年 7 月 16 日，美军在新墨西哥州的穆尔托沙漠举行了"三位一体核试"。三周后，美国空军在日本广岛和长崎分别投下了原子弹，第二次世界大战就此结束。

整个第二次世界大战期间，科学家们都在努力研制武器以制霸战场。战争结束后，那些技术便派上了其他用场。例如，雷达技术以及喷气式发动机虽然都是为了克敌制胜才开发出来的，但它们也能使航空旅行变得更加安全可靠，而且普通人也能负担得起。

此外，在研究雷达波长的过程中，微波炉意外诞生，而用于制造无线电接收器的高纯晶硅后来成为半导体和芯片的基本材料。

计算机也是在战时被发明出来的，它起初是机电计算器，主要用于快速处理炮弹的弹道数据，以及破解敌人的密码。

第一批太空飞行器原本是远程导弹的超声速火箭。后来，人们用同样的技术发射了大量人造卫星，其中有些带着机器人设备，有些带有宇航员——这些卫星代表我们人类访问其他星球，探索浩瀚的宇宙。

重要发现：

第二次世界大战的终结者其实是核武器。核武器利用原子核裂变产生闪电般的连锁反应，释放出巨大的能量，造成爆炸。为了制造这种炸弹，科学家们需要学会建造和控制核反应堆。如今，源自这一壮举的反应堆提供了全球约 10% 的电力。核反应堆也可以制造放射性物质，以用于医疗来拯救生命。

 电磁波的发现 第 110 页 放射性的发现 第 112 页 核裂变 第 136 页 图灵机 第 138 页

电子与计算

主要科学家： 艾伦·图灵、约翰·冯·诺伊曼、乔治·布尔、威廉·肖克莱、杰克·基尔比

1948
—
1960

技术人员正在连接第一台电子通用计算机ENIAC（电子数字积分计算机）的线路。此计算机为"二战"期间美国陆军资助搭建。

电子技术是一种控制电子以电流的形式流动的技术。最初，电子技术是靠热离子管实现的，原本是从制作灯泡的技术延伸出来的。第一个使用"晶体管"的电子器件诞生于1948年，是由硅制成的晶体管开关装置。硅中掺杂少量的其他材料，就能变成半导体，一秒钟内可以在传导电流和阻挡电流之间切换数千次。这种开关用数字代码1（即"开"）和0（即"关"）表示其物理状态。20世纪50年代，随着技术的进步，晶体管的体积变得更小，价格也更低，这促进了集成电路的发展。在集成电路中，所有的组件都连接在同一块硅芯片上。时至今日，不管是台式计算机、洗衣机还是火星探测器，每一台计算机的中央处理器（CPU）都是由微芯片构建的。当外部信息输入设备后，设备根据编好的程序进行处理并输出，从而创建通用的强大工具。

重要发现：

传统计算机使用的是"布尔逻辑"，这是乔治·布尔（1815—1864）在1854年发明的一种数学方法。任何使用布尔逻辑运算的结果，都是1（真）或0（假）。这种运算方式不同于加法和乘法等常见的运算，它给出的结果看上去会有些奇怪：输入两个1时，其输出只可能会是1或0，永远不会是2。晶体管按一定的模式连接，形成"逻辑门"，就能生成采用特定的布尔逻辑计算的结果。

图灵机 第**138**页 用于建模的计算机图形学 第**211**页 气候模拟 第**212**页 机器学习 第**213**页 大数据 第**214**页

历史 31

遗传学

主要科学家： 格雷戈尔·孟德尔、查尔斯·达尔文、威廉·贝特森

1952

很久以前人们就意识到了遗传现象的存在，但直到20世纪中叶才真正了解其大部分机制。达尔文进化论的依据正是遗传信息是父母传给后代的。后来，他又提出了一个非常古老的理论"泛生论"，该理论认为身体的每个部分，包括心脏、大脑等，都会向精子和卵子发送自己的信息粒子。不过孟德尔（1822—1884）已经证明，性状是由某种独立的遗传单位决定的，他称之为"遗传因子"。受达尔文启发，这些遗传因子被重新命名为"基因"。研究基因相关问题的科学被称为遗传学。

现代遗传学的内容包括对脱氧核糖核酸（DNA）的研究。在早期，遗传学家们只知道DNA和染色体一起存在于细胞核中。1952年，DNA被证明是遗传的关键所在。第二年，DNA的结构奥秘被破解，从那时起，遗传学家一直致力于破译它所携带的密码，并探究其与人体的发育和功能之间的关系。

重要发现：

基因遗传的规则之一是遗传信息只从基因传递到生物体，而不会反向传递。然而在20世纪90年代，出现了一个与此相关的新领域：表观遗传学。表观遗传学研究的是包裹DNA的化学物质的变化是否可遗传——那些化学物质会随着生活方式、疾病和饥荒等环境的变化而变化。目前已有证据表明，孕妇在怀孕期间经历重大生活事件时所释放的激素可能会给胎儿造成影响，甚至会影响孙辈。

左图为孟德尔，他提出的遗传原理为现代遗传学奠定了基础。

 基因的存在 第 106 页 染色体的功能 第 109 页 性染色体 第 118 页
双螺旋 第 142 页 DNA 图谱 第 205 页 CRISPR 基因编辑工具 第 206 页

太空竞赛

主要科学家： 康斯坦丁·齐奥尔科夫斯基、罗伯特·戈达德、韦思赫尔·冯·布劳恩

1957
1969

1965年6月3日，美国宇航员爱德华·怀特开始执行为期四天的"双子座4号"绕地轨道运行任务，他来到宇宙飞船外，在微重力状态下漫步。

第一个进入太空的人造物体是德国的V-2火箭，它是一种弹道导弹，于1944年6月进行了亚轨道飞行测试，飞行高度为176千米（约109英里）。V-2技术是基于美国太空先驱罗伯特·戈达德（1882—1945）的早期设计发展出来的，后来在冷战时期被超级大国用作发动太空竞赛。1957年是国际地球物理年，美国和苏联都计划发射卫星，太空竞赛因此正式开始。众所周知，只要具备将航天器送上太空轨道的能力，就足以用导弹击中地球上的任何目标。苏联赢得了第一阶段的胜利，在1957年10月发射了"斯普特尼克1号"，并逐步扩大了他们的领先优势。美国人起初举步维艰，不过其后来的阿波罗登月计划取得了惊人的成功。美国的第一颗人造卫星"探险者1号"在1958年有了一个重大科学发现：它的传感器证实，向太空扩散的地球磁场将来自太阳的高能粒子拦截下来，形成了一个环绕地球的特殊磁层。

重要发现：

大多数航天器都不能载人，在经过60年的探索后，也只有不到600人访问过太空。第一批进入太空的生物是果蝇和苔藓，它们乘坐的是美国人1947年征用的V-2火箭。1949年，第一只大型动物——恒河猴阿尔伯特登上太空，不过它在着陆时已经死亡。1960年，第一次有动物从太空安全返回地球，它们是来自苏联的狗狗：贝尔卡和斯特雷卡。1961年，尤里·加加林（1934—1968）成为第一个飞向太空的人。

宇宙射线 第124页 系外行星 第148页 太阳系的起源 第179页 望远镜 第189页 行星探测车 第215页

人类进化

主要科学家： 路易斯·利基、玛丽·利基、理查德·利基

1960

1972 年，埃塞俄比亚出土了一具残缺的骨架。根据骨盆情况推算，这副骨架的主人是一位两足直立行走的原始人类女性，且有着便于爬树的长手臂。这具化石被命名为露西，至今仍是南方古猿类最古老的化石骨架，该物种有与我们人类相似的特征，但与类人猿的身体结构又有显著差异。

人们在东非大裂谷发现人类存在多个祖先，只是现在均已灭绝，这勾画出了我们智人进化的图景。露西生活在大约 320 万年前，她会制作简单的工具——其中石头工具得以保存下来。100 万年后，该地区成为能人的家园，他们比露西更像人类，但身高只有 1 米多一点。能人以善用工具而闻名。

后来发生了什么，我们不得而知。然后在大约 100 万年前，一个更大的物种——直立人从非洲迁徙而来，他们很有可能是尼安德特人的祖先。然而，自从人们在非洲各地发现了新化石之后，现代人类的确切谱系已经变得有些模糊，我们只能知晓他们在大约 7 万年前从非洲迁徙到了世界各地。

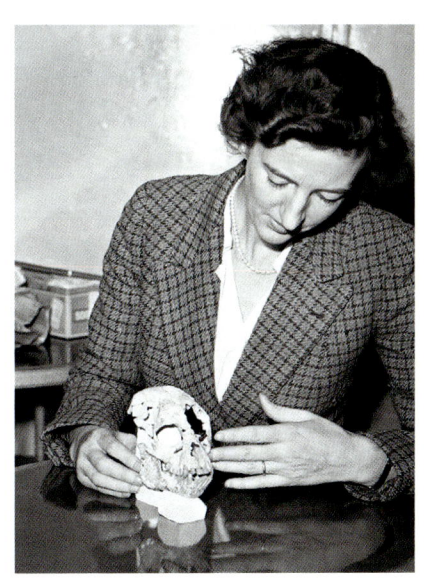

英国古人类学家玛丽·利基（1913—1996）与一只小型灵长类动物的头骨（摄于 1940 年）。

重要发现：

一般公认的人类特征包括两足行走和脑容量大，二者很有可能是共同进化出来的。用两条腿站立需要改变骨盆的形状和位置，这会导致产道缩小，妊娠期缩短。胚胎发育的早期阶段，大脑相对于身体其他部分来说体积会更大，所以我们人类祖先的婴儿进化出了更大的脑袋。不过，这也没用，他们还是必须由父母抱着——父母不再用四肢行走，可以腾出手了。

 发现同源特征 第 50 页　物种灭绝的证明 第 82 页　基因的存在 第 106 页　生命起源 第 140 页　自然选择的进化 第 161 页　放射性碳定年 第 197 页　支序系统学与分类学 第 209 页

神经科学与心理学

主要科学家： 西格蒙德·弗洛伊德、卡米洛·高尔基、埃里克·坎德尔、唐纳德·赫布

1960

心理学是一门研究心理过程的学科，它的起源比较模糊，但在 20 世纪中期就有了稳固的地位，并开始对人类行为产生强大的影响。除此之外，还有神经科学，它研究的是神经系统的结构和功能，尤其是对细胞和生化水平的研究。然而，由于缺乏证据，人们一直将这两个明显相关的学科分开进行研究。因为没有实际的证据能将心理活动与学习或行为联系起来，"激进行为主义"的支持者认为，研究人员应假设这两者之间根本没有联系。他们说，或许心灵是某些东西的人造衍生物，而不是统领身体的控制中心。尽管如此，在假设二者存在联系后，这两个领域都得到了迅速发展。当时的主流理论是"一起放电的神经元会紧紧相连"，这表明学习和记忆是通过脑回路完成的，而这些脑回路会通过回忆得到加强。20 世纪 70 年代初，埃里克·坎德尔（1929—）通过展示如何改变海蛞蝓神经细胞的化学物质，首次发现了两者之间的物理联系。

重要发现：

神经科学和心理学仍然必须解决同样的意识难题：例如，我们如何才能研究心灵的内部感觉，比如对颜色或疼痛的感知？到目前为止，这些被称为"感觉"的心理现象完全是个人的体验——每个人都同意天空是蓝色的，可就算人们对这种颜色的感知是相同的，他们就会产生相同的体验吗？

2000 年诺贝尔生理学或医学奖获得者之一——美籍奥地利裔科学家埃里克·坎德尔对神经元记忆存储的生理学基础进行了研究。

生物电 第78页 习得反应 第116页 临床试验 第208页

环境科学

主要科学家： 朱利安·赫胥黎、蕾切尔·卡森、彼得·斯科特、大卫·爱登堡

1962

1962 年，美国海洋生物学家蕾切尔·卡森（1907—1964）写了一篇题为《寂静的春天》的长篇新闻报道，报道描述了人类活动对自然界所造成的诸多危害。当时正处于工业时代的鼎盛时期，卡森警告人们随意丢弃杀虫剂和无数其他化学物质会令自然遭到污染，也会导致生命意外死亡。书名就像一个预言——如果人们对其放任不管，世界上将很快再无生命之声。在该书的影响下，美国化学工业污染得到了清理，世界其他地方也紧随其后。此外，本书掀起了一场草根环保运动。该运动呼吁人们珍视自然，并质疑工业的进步是否应该以牺牲自然栖息地为代价。到 1970 年，环保运动逐渐成熟，美国政府因此成立了环境保护署，其他国家也纷纷效仿。与此同时，国际性组织，如绿色和平组织等利益集团和世界自然基金会（WWF）等非政府环保组织，也开始致力于保护环境。

重要发现：

环境保护是一个复杂的领域，它必须在保障人们对食物和空间需求的同时，保护稀有栖息地和濒临灭绝的物种。保护环境的方法有很多，而关于什么东西需要保护，人们根据世界自然保护联盟（IUCN）的信息达成了共识。该组织有一个濒危动物的"红色名录"，它根据每个物种灭绝的风险大小进行了分类，以便人们能够及时采取措施拯救它们。

英国人类学家珍妮·古道尔（1934—）一生致力于坦桑尼亚黑猩猩的研究和保护。

→ 生命起源 第 140 页　自然选择的进化 第 161 页　人为气候变化 第 178 页　气候模拟 第 212 页

互联网

主要科学家： 保罗·巴兰、温顿·瑟夫、鲍勃·卡恩、蒂姆·伯纳斯·李

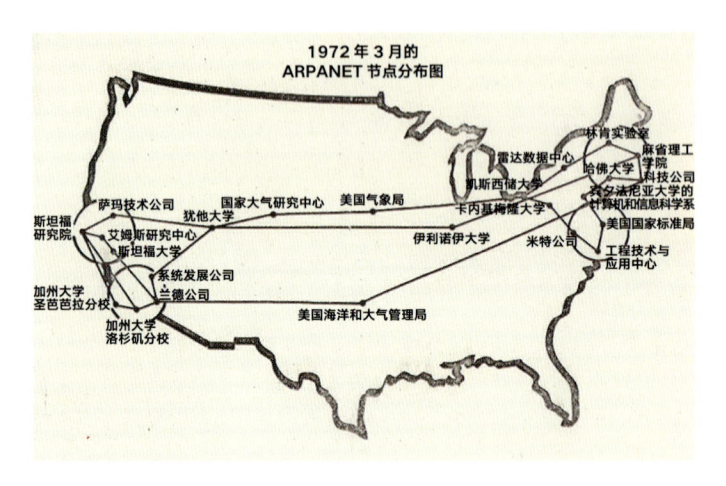

约 1970

当时被称为高级研究计划署（ARPANET）的互联网在运行大约 18 个月后的覆盖范围。

互联网最初主要应用于军事领域。在核时代，作战指挥官需要在运用预警系统和高科技武器库时能够无缝通信，并且越来越依赖计算机来实现这一点。然而，只要切断指挥官与部队的联系，就可以轻而易举地破解这一创新技术。因此，美国国防部想要建立一个更具弹性的系统，于是分组交换系统问世。在这个系统中，数据被分成多个包，每个包能独立地通过通信网络，且可能会采用不同的路由。如果信息包无法送达，接收方的计算机就会要求信息包重新发送，直到组合给出原始信息。1969 年，这项技术在西海岸几所大学之间推广开来，很快就使"网络中的网络"或"互联网"的出现成为可能。互联网要求计算机用户与系统有一个物理连接，这样即使使用者越来越多，也能和任一用户进行通信。学术界人士，尤其是科学家们，是使用网络的先驱，他们利用互联网来轻松地分享大量数据。

重要发现：

万维网是蒂姆·伯纳斯·李（1955—）在 20 世纪 90 年代初设计创建的一种能更有效地共享信息的方法。只要计算机连接互联网，任何网上用户都可以看到它所提供的信息。万维网功能强大，能让人们从以前从不知晓的各种来源中获得自己需要的信息，而且只需要花上几分之一秒。

图灵机 第 138 页 用于建模的计算机图形学 第 211 页

宇宙正在消失

主要科学家： 尼古拉·哥白尼、亚当·里斯、薇拉·鲁宾

20 世纪 80 年代

美国哲学家托马斯·库恩（1922—1996）说，科学必然会进入矛盾和谜团比比皆是的危机时期，随后必须通过"范式转换"重新开始——日心说的发现和相对论的提出就是范式转换的实例。在进入 21 世纪以后，科学，尤其是天文学和宇宙学，面临着重重危机。在 20 世纪 80 年代，科学界不得不承认，"可见宇宙"只占所有宇宙物质的 $\frac{1}{6}$。其余都是只能通过引力探测到的所谓的暗物质，其含量是正常物质的五倍。后来，在 20 世纪 90 年代末，天文学家发现所有物质的能量只占宇宙能量的 $\frac{1}{4}$。剩下的都是一种暗能量，以某种方式存在于虚空之中。因此，几个世纪以来的科学发展，虽然对宇宙奥秘有了越来越详细的解释，但实际上可能只涉及宇宙的 5%，剩下的 95% 仍然是个谜。

重要发现：

天体物理学家杰米·法恩斯（1984—）在 2018 年提出暗能量和暗物质是假想物质"暗流体"的组成部分。他认为随着宇宙的膨胀，虚空之中充满了负质量。负质量物体的引力会把它们分开，而非使其聚拢。这种负质量能比正常质量更有力地束缚星系，这与暗物质理论的观测结果相吻合。该理论虽然很有趣，但支持者寥寥。

上图为美国天文学家薇拉·鲁宾（1928—2016）在瓦萨学院读书时的照片。她晚年时期在星系旋转速率方面的开创性工作有力证明了暗物质的存在。

→ 宇宙微波背景辐射 第 146 页 系外行星 第 148 页 暗能量的发现 第 150 页 暗物质 第 175 页 宇宙暴胀 第 176 页 多世界诠释 第 177 页

遗传修饰

主要科学家： 鲁道夫·耶尼施、珍妮弗·道德纳

1990

到了21世纪，基因工程已经足够先进，其研究成果从实验室走向商店货架，大部分是食品和药品。这引起了公众的注意，也引发了有关食品和农业是否需要应用遗传修饰生物体（GMOs，即转基因作物）的争论。有些人认为，遗传修饰生物体（大多是农作物）能够克服过于恶劣的环境条件茁壮成长，并获得丰硕的收成。它们可能因为被植入来自其他生物的基因而获得耐寒或抗菌的能力，从而提高自身产量，也可能在经过改造后对杀死其他生物的特定化学物质产生抗性，从而让农药的使用更有针对性。另一些人认为，遗传修饰生物体的基因改造是有专利的，也就是说专利所有者掌握了农民的命脉，使他们在种植天然植物时不再仰人鼻息。此外，植物比动物更容易杂交，环保人士担心其可能会蔓延到野外，利用自身基因优势改变自然生态系统。此类争论直到现在仍在继续。

重要发现：

人们对于医疗上的微生物基因改造没有太多争议。例如，用改造过的病毒来制造疫苗；用改造过的细菌和酵母来制造有益于工业生产的生物化学物质。其中最成功的案例之一发生在1978年，当时研究人员创造出了一种新的大肠杆菌菌株，以此合成的"人"胰岛素在治疗糖尿病方面更加有效。

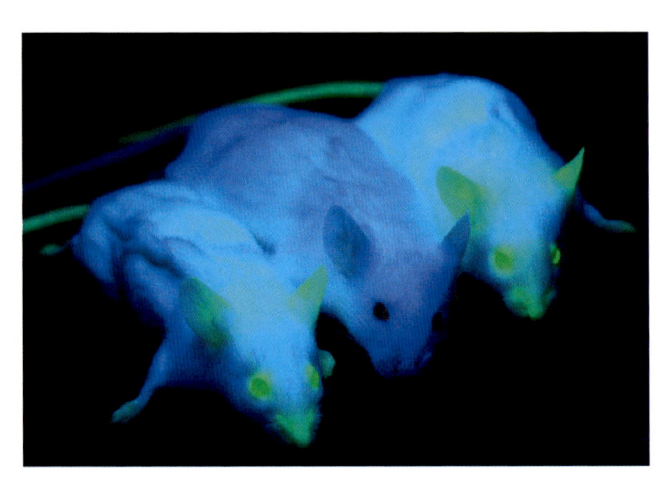

哺乳动物的遗传修饰：两只在紫外线照射下表达增强型绿色荧光蛋白的小鼠，中间是一只来自非遗传修饰亲本系的普通小鼠。

基因的存在 第106页 双螺旋 第142页 生物学中心法则 第172页
DNA图谱 第205页 CRISPR基因编辑工具 第206页

弦理论

主要科学家：彼得·希格斯、爱德华·威滕

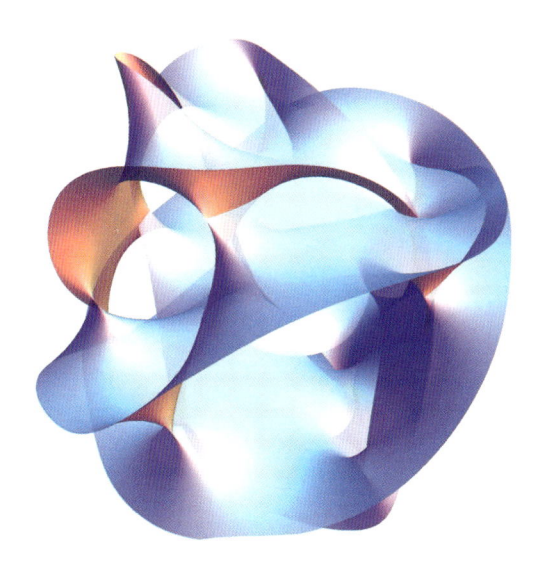

2000

重要发现：

我们所知道的每一种粒子，如电子、光子等，都很可能存在尚未被发现（而且非常重）的超粒子，如超电子或超光子。2012年欧洲核子研究组织（**CERN**）利用瑞士日内瓦附近的粒子加速器"大型强子对撞机"（**LHC**）发现了希格斯玻色子。目前该加速器正在升级，以期达到理论上可发现超粒子所需的能量。

这幅计算机生成的图像是一个四维的物体——比通常的长、宽和高多一个维度。而一些弦理论研究的是十一维的物体。

量子力学和相对论这两大物理学理论存在的主要问题在于二者不能兼容，例如，量子力学不能解释引力。

为了调和这两者，弦理论提出了更深层的理论框架，认为粒子是在无数维度中振动的弦，其中有我们熟知的三个维度，即长度、宽度和高度——根据该理论，还有我们看不到的其他维度。

该理论认为，粒子是一系列的圈状"闭弦"和一维的线状"弦"。而物体则能体现粒子的各种特性——弦的振动发生在八个紧凑的空间维度上，超越构成日常世界的三维空间。

弦理论，或者至少它的许多版本，都为量子引力理论提供了有力支撑，因此有望成为万有理论。然而到目前为止，支撑弦理论的精密数学论据以及证实弦理论的实验方法仍很缺乏。

电子的发现 第114页 原子核 第126页 标准模型 第174页 气泡室 第198页
粒子加速器 第199页 中微子探测器 第201页

A CONVENTION NATIONALE

18 17 16 15 14 13 12

实验

浮力 42 • 地球的周长 44 • 暗箱 46 • 折射与彩虹 48 • 发现同源特征 50 • 钟摆定律 52 • 发现新陈代谢 54 • 重力加速度 55 • 血液循环 56 • 称量空气 58 • 气体定律 60 • 胡克定律 62 • 微生物的发现 64 • 光谱 66 • 飞翔的男孩 68 • 光合作用的发现 70 • 氧气 72 • 地球的质量 74 • 质量守恒 76 • 生物电 78 • 疫苗接种 80 • 物种灭绝的证明 82 • 电解 84 • 双缝实验 86 • 电磁统一 88 • 卡诺循环 89 • 布朗运动 90 • 活力论 92 • 多普勒效应 94 • 热功当量 96 • 光速 98 • 地球自转 100 • 光谱学 102 • 细菌理论 104 基因的存在 106 • 不存在的以太 108 • 染色体的功能 109 • 电磁波的发现 110 • 放射性的发现 112 • 电子的发现 114 习得反应 116 • 性染色体 118 • 电荷测量 120 • 赫罗图 122 • 宇宙射线 124 • 原子核 126 • 波粒二象性 128 • 抗生素 130 • 膨胀宇宙 132 • 重组 134 • 核裂变 136 • 图灵机 138 • 三羧酸循环 139 • 生命起源 140 • 双螺旋 142 • 米尔格拉姆服从实验 144 • 宇宙微波背景辐射 146 • 系外行星 148 暗能量的发现 150 • 激光干涉引力波天文台 152

浮力

阿基米德：《论浮体》· 意大利，西西里岛，叙拉古

约公元前 250

古希腊哲学家 第 13 页

阿基米德的主要著述

《圆的度量》
《十四巧板》
《数沙者》

古希腊科学家阿基米德（公元前287—前212）有个众所周知的故事。某天，他在洗澡时突然跳出澡盆，大喊"尤里卡！"，意思是"找到了"，是说自己发现了一些物体会漂浮于水面而另一些物体会下沉的原因。

当时，阿基米德一直在思考如何测量国王的新黄金王冠的纯度。一天，他舒舒服服地坐进装满水的澡盆时，澡盆溢出了一些水，他立刻意识到可以用同样的方法来测量王冠的体积。在知道了准确的体积后，他就可以比较王冠与一块相同体积的黄金的重量。如果王冠是纯金的，就会和那块金锭一样重。

阿基米德比较了二者的浮力。他把物体挂在一根平衡木上，然后把它们浸入水中。物体自身的重量将水推开，水却以"浮力"将物体向上托。如果浮力大于重量，那么物体就会浮起来；如果浮力小于重量，物体就会下沉。由此可得阿基米德原理：作用于物体的浮力等于物体排开的水的重量。阿基米德知道，若王冠为真，作用于等体积的王冠和金锭的浮力是相等的，但测试时他发现王冠比黄金浮得更高，这表明王冠根本不是纯金的，而是掺进了其他密度小的便宜金属。

阿基米德：

阿基米德是古代最多产的数学家和发明家之一，他住在古希腊西西里岛的叙拉古。他的成就包括求得 π 的值接近 **3.1408**，这在当时是最精确的结果。还有传说说，他制造的武器抵御了罗马人的攻击，其中最著名的是利用曲面镜聚焦太阳光点燃敌舰。罗马人在布匿战争中获胜并占领叙拉古后，阿基米德被杀害。

这幅16世纪的德国版画，描绘了阿基米德原理诞生时的场景。

➤ 标准测量 第185页

地球的周长

埃拉托色尼：《对地球大小的修正》·古埃及，亚历山大港

约公元前 200

公元前 3 世纪的最后几年，埃拉托色尼（公元前 276—前 194），一位住在古埃及亚历山大港的希腊博学家，提出了一种测量地球周长的方法。他是在听说尼罗河沿岸赛伊尼（今阿斯旺）附近的大象岛上有一口非常不寻常的深井后，产生了这个想法。据说在仲夏的中午，太阳光会直射该井底，不会有任何阴影。埃拉托色尼由此知道那天太阳在赛伊尼的正上方，但他知道亚历山大港此时并非如此。于是，他在亚历山大港立了一根小柱子，并测量了它在中午时分影子的长度。然后他用这个值和柱子的高度一起构建了一个直角三角形，计算得出太阳光线约以 7 度的角度照射亚历山大港。埃拉托色尼认为，如果他的柱子一直延伸到地球的中心，那么这条线与从赛伊尼到地球中心的一条直线将同样呈 7 度夹角，这意味着这两个城市之间的距离大约是地球周长的五十分之一（7 度约为圆周 360 度的五十分之一）。埃拉托色尼咨询旅行者后了解到，赛伊尼与亚历山大港之间的距离是 5000 希腊里（1 希腊里相当于 157.5 米），所以地球的周长是 250 000 希腊里——39 375 千米（约 24 466 英里）。这一数字与我们如今的测量结果 40 076 千米（约 24 902 英里）仅仅相差 1.7%。

位于古埃及阿斯旺大象岛的埃拉托色尼井。

古代天文学家 第 12 页 伊斯兰科学 第 16 页

埃拉托色尼的主要著述

《柏拉图哲学》
《赫尔墨斯》
《厄里戈涅》
《时间记录法》
《奥林匹克胜利者》

埃拉托色尼：

埃拉托色尼出生在利比亚沿海的希腊殖民地昔兰尼。年轻时，他在雅典的柏拉图学院进修，师从当时的著名哲学家。他因诗作而闻名，并被邀请至亚历山大图书馆工作。35岁时，他晋升为图书馆馆长。埃拉托色尼为使亚历山大图书馆成为古代文化中心做出了显著贡献。

→ 科学研究过程 第 **182** 页 标准测量 第 **185** 页

暗箱

伊本·艾尔-海赛姆：《光学之书》· 埃及，开罗

约 1000

伊斯兰科学 第 16 页

海赛姆的主要著述

《光学之书》
《论世界的结构》
《关于托勒密的疑问》
《七大行星的运动模型》

伊本·海赛姆（965—1040），拉丁语的尊称是"海桑"，是光学领域的奠基人。该领域研究的是光的行为。海赛姆的大部分工作都围绕着暗箱进行，这个词在拉丁语中意为"黑暗的房间"。暗箱装置在海赛姆的时代已经相当成熟，指的是实验观察所用的房间或帐篷完全黑暗，只有一面墙上有一个针孔。海赛姆注意到，在这样黑暗的房间里观察日食时，太阳的图像在针孔对面的墙上呈倒影。他想象一组来自外部场景的光束汇聚在针孔处并交叉在一起，从而产生了内部可见的倒置图像。由此，海赛姆运用几何方法，将光束视为直线，而当它们从表面反射或通过表面折射时，光束的方向和角度都会改变。海赛姆对于光的理论推翻了古老的视觉发射论，该理论认为人眼向外发出的光线会反射回来，从而形成视觉。与之相反，海赛姆扩展了视觉入射论。根据该理论，从太阳或其他光源发出的光会在物体上发生反射，从而进入观察者的眼睛并形成图像，正如暗箱中所发生的一样。

伊本·海赛姆：

伊本·海赛姆出生在法蒂玛王朝鼎盛时期的巴士拉（如今是伊拉克的一个城市），后来成了当地埃米尔（对某些穆斯林统治者的尊称）的下属官员。据说，他曾夸口自己有办法控制尼罗河的洪水，并因此被当时的哈里发哈基姆邀请到了开罗。很快，海赛姆就意识到自己的言论太过愚蠢。根据更耸人听闻的传记记载，海赛姆曾尝试通过装疯逃避哈里发的雷霆之怒。不管真相如何，海赛姆被软禁了多年，在此期间他进行了光学研究。

这幅1752年的版画说明了光在暗室的墙上形成倒影的原理。

→ 显微镜 第188页 望远镜 第189页 摄像 第192页

折射与彩虹

弗赖堡的西奥多里克：《彩虹和色散印象》·法国，图卢兹

约 1300

伊斯兰科学 第 **16** 页

入射的白光被折射及反射后形成红色、橙色、黄色、绿色、蓝色、靛蓝色和紫色的弧线（从外到内），这就是彩虹。

西奥多里克的主要著述
《论光及其起源》
《色彩》
《混溶物质》
《自然体的元素》

　　小塞内卡（约公元前 4—公元 65）发现彩虹是在水雾而不只是雨水的作用下形成的。他指出，彩虹总是出现在太阳的对面，这种五颜六色的景象是由每个水滴单独反射太阳光而引起的。伊本·海赛姆认为彩虹来自雨滴形成的凹面镜。然而，弗赖堡的西奥多里克（250—311）用一个装满水的玻璃球重现了彩虹的诞生，结束了这场争论。当光线进入球体的外表面时，它被折射和分散成一个狭窄的颜色光谱，然后在球体后方的内表面发生反射，并且在离开球体正面时再次折射。总的来说，光旋转了 318°，几乎重新回到了光源的方向。折射是指当光束从一种透明介质（空气）传播到另一种透明介质（水）中时，方向发生了偏转。折射角取决于光在介质中的相对速度（例如在水中的传播速度较慢）。因此，每颗雨滴都会以相同的方式折射光线，如此累加起来，便有了横跨天空的彩虹。

弗赖堡的西奥多里克：
西奥多里克还有个名字，叫迪特里希，他是颇具影响力的德国哲学家、科学家和神学家大阿尔伯图斯（约 1200—1280）的明星学生。西奥多里克像他的老师一样成了一名多米尼加派修士，并在法国和德国的学术界工作了很长时间。除了自然科学，西奥多里克也对有关形而上学的研究很感兴趣。

→ 显微镜 第 188 页 望远镜 第 189 页 激光 第 195 页

发现同源特征

皮埃尔·贝隆：《鸟类博物志》·法国，巴黎

约 1550

进化论的基石之一是比较解剖学，它主要研究两方面的内容：首先，同样的骨骼和四肢，不同生物是如何进化出不同的形态以适应不同的环境的，例如鲸鱼和蝙蝠的骨骼就具有同源特征；其次，不同结构的生物体如何进化成相似的形态以适应相似的生活方式，例如海豚、鲨鱼和鱼龙（一种已灭绝的海洋爬行动物）。

比较解剖学的创始人是皮埃尔·贝隆（1517—1564），他在16世纪50年代出版了一系列著作，详细描述了海洋生物的结构在解剖学上的相似性。1555年，他出版了《鸟类博物志》，细致地证明了鸟类的骨骼与人类的骨骼同源（结构大致相同）。

贝隆的研究成果为许多问题提供了新的解释，例如，为何基本骨骼架构相同的鸟类和哺乳动物会形成不同的肢体结构，以及这些结构是如何形成的？比较解剖学的发现让这样一种观点逐渐形成，即所有生命的形式一定都是由一个共同的祖先发展、演化或进化而来的。

皮埃尔·贝隆：
皮埃尔·贝隆出生于法国勒芒，曾是一名药剂师学徒，后来去到克莱蒙主教身边工作。他渐渐对动物学和动物研究产生兴趣，在进入维滕贝格大学后，又将研究范围扩大到植物。16世纪40年代，贝隆在巴黎一所医学院待过一段时间，但未能获得医生从业资格。再后来，他遍历欧洲和中东，并以解剖学家的身份闻名于世。但在回到巴黎后，他不幸被盗贼杀害。

文艺复兴 第17页 自然史和生物学 第22页 人类进化 第33页

皮埃尔·贝隆的主要著述

《奇特的海洋鱼类的种类发展史》(书中附有皮埃尔·贝隆观察的海豚及同类生物的插图),巴黎,1551 年

《水生生物》,巴黎,1553 年

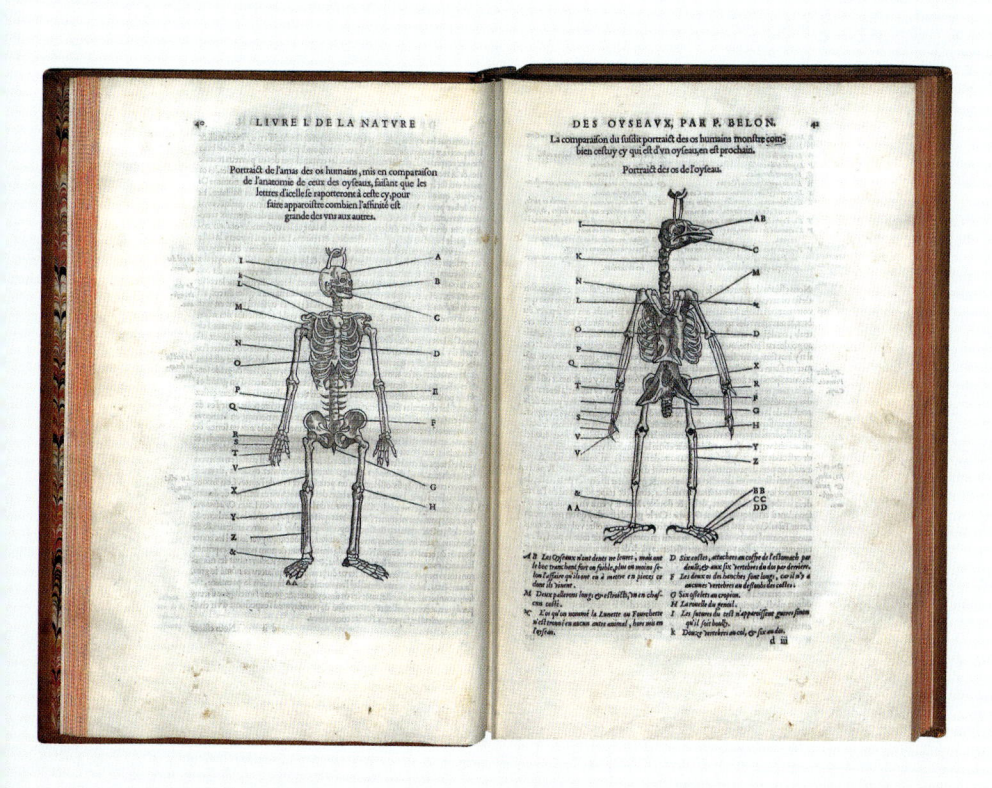

贝隆在自己的著作中绘制了这两页插图(见上图),以此来强调人类骨骼和鸟类骨骼之间的相似之处,此著作是比较解剖学的开山之作。

自然选择的进化 第 161 页 内共生 第 173 页 支序系统学与分类学 第 209 页

钟摆定律

伽利略·伽利雷：《关于两门新科学的对话》·意大利，比萨

1583

伽利略的主要著述

《小天平》，1586 年

《力学》，约 1600 年

《地理军事两用圆规使用指南》，1606 年

摆就是将一个重物（摆锤）挂在绳子或杆子的一端，使其摆动。由于摆这种装置对运动很敏感，因此人们长期以来一直将其用于振动传感器等早期技术中。1583 年，伽利略注意到了摆的一个特性（这可能是这位成就斐然的科学家的第一个发现），这个发现彻底改变了科学和技术。当时，伽利略在比萨大教堂做弥撒，修理工点燃了悬挂在天花板上的一盏大灯的蜡烛，大灯开始摆动。伽利略以自己的脉搏作为参考来计时，发现无论推得多用力，或摆动幅度有多大，大灯每次摆动的时间即周期总是恒定的。20 年后，伽利略又重新研究了这个问题，发现摆锤的质量对钟摆的周期也没有影响，这意味着摆动时间仅由摆的长度决定。他通过计算得出摆动周期与摆长的平方根成正比。摆动周期为 1 秒时，摆的长度为 99.4 毫米（约 3.9 英寸）[①]。这一普遍原理的发现意味着摆可用作计时器。不仅如此，该发现还推动了对振荡物理学的进一步研究，能帮助科学家们更好地理解波、力、引力，甚至是亚原子粒子。

克里斯蒂安·惠更斯：

伽利略未曾用摆制造出钟表。事实上，钟表是 1656 年荷兰科学家克里斯蒂安·惠更斯（1629—1695）制造出来的。惠更斯在包括光学和天文学在内的其他几个领域也有杰出贡献：提出了光的波动说，还在 1659 年发现了土星光环。

[①] 单摆运动的近似周期公式为：$T = 2\pi\sqrt{\dfrac{L}{g}}$。其中，$L$ 为摆长，g 为当地的重力加速度。按此公式计算出的结果与原文有出入。——译者注

实验 53

伽利略通过观察悬挂在比萨大教堂天花板上的一盏灯的摆动,发现了运动的本质。

→ 牛顿运动定律 第 **157** 页 测量时间 第 **186** 页

发现新陈代谢

圣托里奥·圣托里奥：《论医学测量》·意大利，帕多瓦

约 1600

圣托里奥·圣托里奥的主要著述

《避免医学界发生错误的方法》，1602 年
《加伦医术注释》，1612 年
《阿维森纳医典注释》，1625 年
《论医学测量》，1629 年

英语单词"新陈代谢"源自希腊词"变化"，指的是食物通过数千种化学途径转化为维持生命所需的物质。现代人对这个词司空见惯，但实际上直到 19 世纪晚期，人们才对新陈代谢有所了解。古代的医生虽然知道一些进入人体的物质会消失不见，但他们认为这些物质就像汗液一样，是在不知不觉中蒸发了。

为了弄清这个问题，圣托里奥·圣托里奥（1561—1636）进行了实验，这也是科学史上持续时间最长的实验之一。他做了一个称重椅，在每顿饭前记录自己的体重和食物的质量，然后给自己的大小便称重。（他还记录了自己睡觉前后、行房前后和工作前后的体重。）他的研究数据显示，人体排出的物质比摄入的要少。平均来说，他每吃 3.5 千克（约 7 磅 11 盎司）的食物就会排出 1.5 千克（约 3 磅 5 盎司）的废物。这个实验首次明确证实，食物会被人体吸收，为人体提供能量和营养。

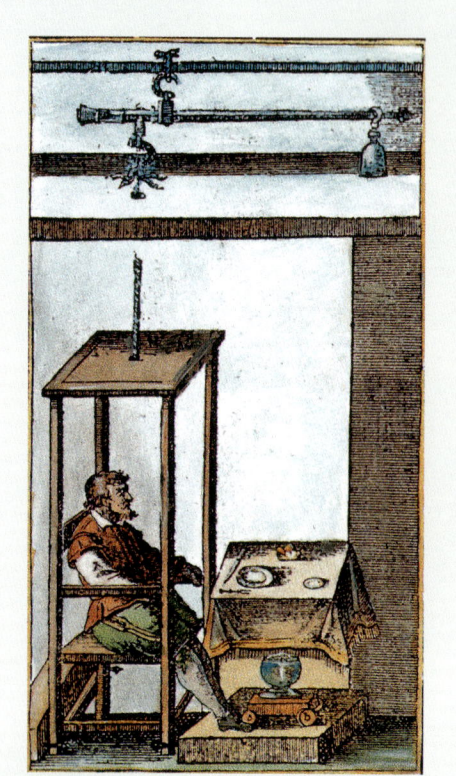

圣托里奥·圣托里奥：

圣托里奥出生在当时的威尼斯共和国，也就是现在的斯洛文尼亚地区，后来在帕多瓦大学学习医学。16 世纪 80 年代，他开始在威尼斯行医，很快就声名鹊起，随后专门为威尼斯最富有的人们提供医疗服务。1611 年，圣托里奥回到帕多瓦大学任教。

左边这幅 17 世纪的图书插图描绘了圣托里奥为确定摄入和排出物的质量差异而称量体重的过程。

医学的诞生 第 14 页　科学革命 第 18 页

重力加速度

伽利略·伽利雷：《运动论》·意大利，比萨

约 1600

伽利略的主要著述

《星际信使》，1610 年

《关于托勒密和哥白尼两大世界体系的对话》，1632 年

《关于两门新科学的对话》，1638 年

伽利略有这样一个实验广为流传：据说，他把一大一小两个铁球从比萨斜塔的顶部扔下去，然后看到它们"均匀地落下"并同时着地。该实验证明了物体的重量对物体下落的速度没有影响，轻的东西和重的东西掉得一样快。然而，这完全是伽利略想象出来的一个思想实验。实际上，他做的实验是让小球滚下设有铃铛的斜坡。小球经过铃铛时会发出响声，他适时调节铃铛的位置，使听到的铃铛声在间隔（近似）上相等。伽利略利用这种装置来研究物体滚动（或下落）时的加速方式。他比较了小球运动的距离和所花费的时间，发现了自由落体定律，即物体运动的距离与时间的平方成正比。换言之，球下落的时间变为原来的两倍，下落距离会变为原来的四倍。也就是说，从原来四倍高的地方落下的球只需要原来两倍的时间就能落地。

伽利略准确预测，从比萨斜塔上落下的两个铁球尽管大小不同，但会同时落到地面。

伽利略·伽利雷：

伽利略出生于比萨，其父亲是一位音乐家。他发明了天文望远镜，并观测到了能证明地球围绕太阳运行的天文现象。他在物体运动方面的实验为牛顿和爱因斯坦的研究奠定了基础。伽利略幼时家里的经济条件不稳定，为了获得固定收入，他开始教授贵族科学和技术。然而，他的研究最终导致他与教会发生冲突，致使他在软禁中度过了生命的最后十年。

→ 文艺复兴 第 17 页 科学革命 第 18 页

血液循环

威廉·哈维：《心血运动论》·德国，法兰克福

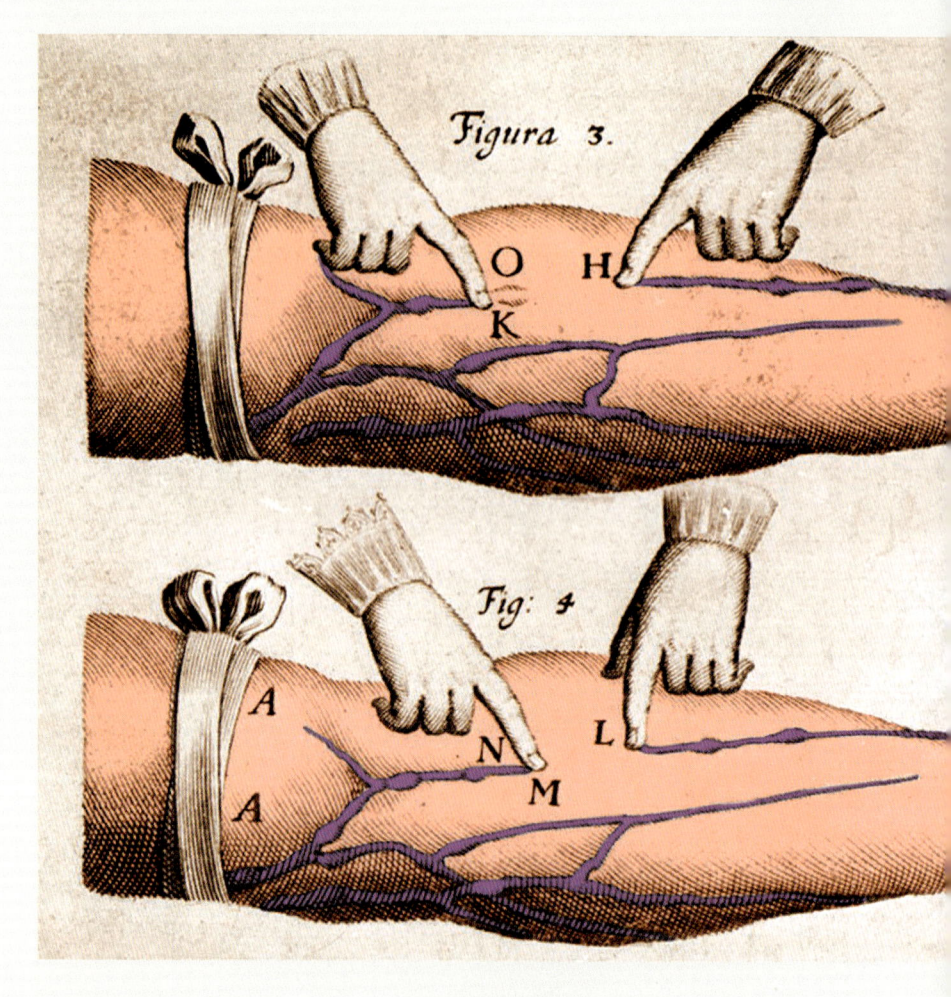

1628

哈维在他 1628 年出版的《心血运动论》一书中展示了血液通过动脉从心脏流出，然后再通过静脉回流，且瓣膜可以防止血液倒流。

威廉·哈维的主要著述

《心血运动论》，1628 年

《论动物的生殖》，1651 年

医学的诞生 第 14 页　遗传学 第 31 页

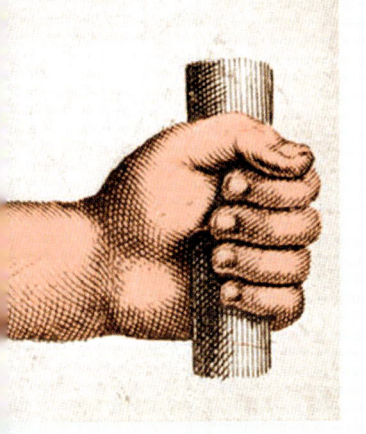

直到 17 世纪，人们仍相信人体内有两种血液：静脉输送来自肝脏的、携带食物的深色血液，而动脉则输送来自肺部的、富含空气的血液。1628 年，威廉·哈维（1578—1657）在他的著作《心血运动论》中对这一观点进行了彻底的反驳。当时社会还不允许解剖人类尸体，所以哈维的大部分论据都来自对动物进行活体解剖后对其心脏活动的观察。当时盛行的理论是：血液是以肝脏中的食物为基础产生的，并不断被身体消耗。哈维对此提出疑问，他认为若果真如此，一个人每天要产出 250 千克（约 550 磅）的新鲜血液，远远超过人体所摄入食物的质量。

事实上，静脉和动脉的血量是相对恒定的，是心脏迫使血液得以循环。哈维通过结扎静脉和动脉，找到了血液进出心脏的路径，并发现人体实际上有两个血管系统。心脏右侧接受来自肺部的含氧血液并使其循环至全身。心脏左侧收集身体里的废血，然后输送至肺里，再从肺里循环到右侧。

威廉·哈维：

威廉·哈维出生于英格兰的福克斯顿，后来在意大利帕多瓦医学院成了外科医生西罗尼姆斯·法布里休斯（1537—1619）的学生。法布里休斯发现了静脉有一个单向瓣膜，这一发现后来帮助哈维解开了血液循环的谜团。1602 年，哈维从剑桥大学毕业后，在英国开始了一段辉煌的职业生涯，最终成为詹姆斯一世和查理一世的御用医生，之后他将更多的时间花在了对解剖学的研究上。

称量空气

布莱士·帕斯卡：《液体平衡和空气重量的论文集》· 法国，巴黎

1643

亚里士多德有这样一句名言："自然界厌恶真空。"他的意思是，大自然不会让真空存在，因为总会有空气或水等东西来填补真空。1643年，伽利略的门徒，意大利福音传教士托里拆利（1608—1647）做了个实验。他在一根管子里装满了水银，把开口的一端堵住，倒过来放在同样盛有水银的浴缸里。他发现管中的水银没有全部溢出且总是维持在一个高度：76厘米（约30英寸）。水银高度为何能固定不变？托里拆利还没找到答案就去世了。后来，法国人布莱士·帕斯卡（1623—1662）接手了他的研究。当时的一些人认为管子顶部的空隙是真空的且对水银有拉力，但帕斯卡认为水银受到的力一定与"空气的重量"有关。倘若果真如此，水银液面会随着海拔高度下降，因为海拔越高空气越稀薄。1648年，帕斯卡带着一根托里拆利管爬山，在登顶的路上，水银高度的读数逐渐下降，他的猜想被证实。我们如今将"单位面积上空气的重量"称为气压，即大气在单位面积上施加的力。托里拆利管则是世界上第一个气压计。此外，压强的基本单位被称为帕斯卡（Pa），以此纪念这位科学家的杰出贡献。

奥托·冯·盖利克：

德国科学家奥托·冯·盖利克（1602—1686）不仅发明了静电发生器，为电磁学研究奠定了基础，还发明了抽气机，直观展示了大气压强的存在。1663年，他从两个铁质空心半球中抽出空气，使它们在大气压强的作用下闭合在一起。即使将十六匹马分为两组同时拉这两个半球，也无法让它们分开。

化学的诞生 第**20**页

布莱士·帕斯卡的主要著述

《关于真空的新实验》，1647 年

《算数三角形》，1665 年

《思想录》，1670 年

这幅由马克斯·德南苏蒂（1854—1913）于 1911 年绘制的画作，描绘了弗洛林·佩里耶在他的妹夫布莱士·帕斯卡的要求下，带着一个装有水银的托里拆利管登上了法国的多姆山。

→ 原子论 第 159 页 科学研究过程 第 182 页

气体定律

罗伯特·波义耳：《关于空气弹性及其物理力学的新实验》·英国，伦敦

17 世纪
60 年代

罗伯特·波义耳的主要著述
《怀疑派化学家》，1661 年
《颜色实验和观察》，1691 年

气体的概念相对较新，甚至直到 18 世纪末，才有了关于气体的科学研究。气体的英语单词 gas 来源于希腊语"chaos"，因为与固体或液体不同，气体没有固定的形状和体积。人们起初随意地将其称为"空气"，后来才开始叫它"气体"。现代化学源于 17 世纪 60 年代罗伯特·波义耳对空气的研究。波义耳用一个泵从罐子和容器中吸走空气，并以此证明在缺乏空气的情况下，铃铛无法发出声响、火焰会熄灭、动植物会死亡。不过，他最重要的成果是波义耳定律，该定律指出气体的压强与体积成反比。换言之，即如果一种气体被压缩至原来体积的一半，那么它所施加的压强就会加倍。波义耳定律是气体三定律之一。三定律的第二条是 1780 年的查理定律，它指出气体的体积与温度成正比，所以温度高的气体会膨胀，温度低的气体会收缩。第三条是 1802 年的盖-吕萨克定律，它指出气体的压强与温度成正比——气体受热后，其压强会增大。科学家们以这些定律为基础，弄清楚了分子和原子构成气体乃至所有物质的方式。

罗伯特·波义耳：
罗伯特·波义耳出生在一个富有的爱尔兰地主家庭，从小家境优渥。然而，他很快就成了虔诚的基督徒，并将自己的物质财富全部用于求学。波义耳想用最精湛的工艺技术制造出最好的科学仪器，于是雇用了伦敦最优秀的玻璃匠人和金属工人为他工作。在他的著作《怀疑派化学家》中，他深入细致地驳斥了炼金术是一门科学的观点。

科学革命 第 18 页　化学的诞生 第 20 页

实验 61

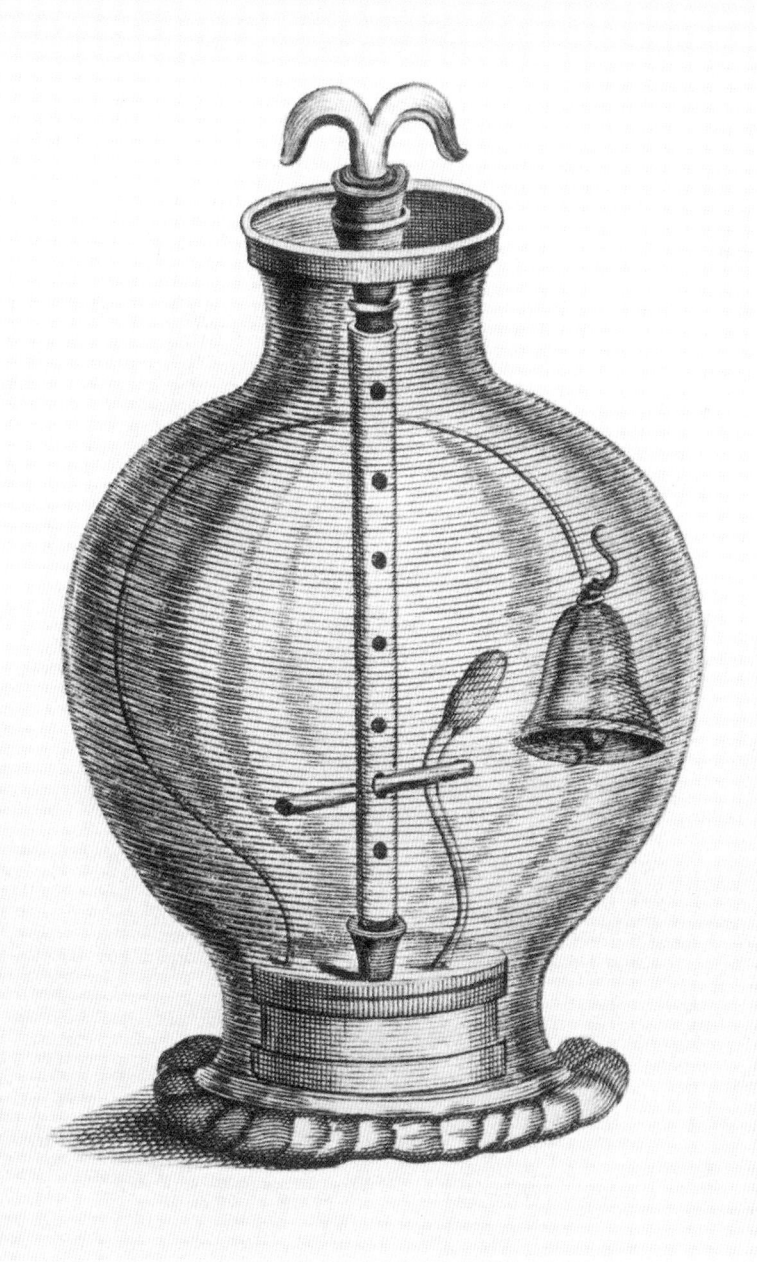

波义耳把一个罐子密封起来，然后把里面的空气抽出来，以此证明如果没有气体，里面的铃铛是不会发出声音的。

原子论 第 **159** 页　热力学定律 第 **160** 页　科学研究过程 第 **182** 页
温度计 第 **187** 页

胡克定律

罗伯特·胡克：《势能的恢复——论说明弹跳体能力的弹簧》·英国，伦敦

1668

上图为伦敦大火纪念碑的内部仰视图。胡克曾用该楼梯作为测量标度。

科学机构的兴起 第 **19** 页

罗伯特·胡克的主要著述
《关于实验自然哲学实用性的思考》，1663 年
《关于寒冷天气的新实验与观察》，1665 年

1666 年的伦敦大火终结了一场瘟疫，也让世界上第一个科学学会——当时新成立的英国皇家学会——有机会展示科学的力量。当时的学会秘书罗伯特·胡克和伦敦大建筑师克里斯托弗·雷恩（1632—1723）被委托为那场大火建造一座纪念碑。结果，胡克把"大火纪念碑"设计成了一个外观像柱子一样的科学仪器。这座纪念碑的柱内中空，碑顶开放，像一架巨大的望远镜，以期可以准确观测天体运动。而里面的螺旋楼梯可以用作标尺，来衡量不同材料在重力作用下拉伸和上下摆动的程度。胡克做了一系列实验，得出了胡克定律，即材料的延展性与其所受重力（或所受的其他力）成正比。力增加一倍，材料的延展程度也就增加一倍。另外，材料内部有一股使其恢复至原来长度的力，与它所承受的力相抗衡。摆中也存在同样的恢复力，将其拉回至中心位置。胡克定律表明，这两种力的作用方向总是相反的，因此产生了摆动。

> **罗伯特·胡克：**
> 罗伯特·胡克从小家境贫寒，其光芒也常常被同时代的其他科学家所掩盖，其中最著名就是艾萨克·牛顿。两人在对万有引力理论的贡献上起了争执，牛顿回应道："如果我看得更远，那是因为我站在巨人的肩膀上。"此话广为流传。牛顿究竟是在承认胡克的贡献，还是在嘲笑他身材矮小，历史学家们对此意见不一。

→ 科学研究过程 第 182 页 显微镜 第 188 页 望远镜 第 189 页

微生物的发现

安东尼·范·列文虎克： 安东尼·范·列文虎克信件中的部分内容：关于绵羊肝脏中的蠕虫及青蛙排泄物里的微生物·荷兰，代尔夫特

1682

安东尼·范·列文虎克的主要著述

《显微镜观察》，1682 年

显微镜究竟在何时问世，我们不得而知。但可以确定的是，到 17 世纪 20 年代，这种用一对透镜放大微小物体的设备已在欧洲传播开来，并作为一种科学工具引起了人们的注意。1665 年，英国科学家罗伯特·胡克将一系列显微镜观察结果绘制成栩栩如生的插图，并汇编成册，同时称软木薄片是由一个一个小隔间（也称为细胞）组成的。这些小隔间后来被证实是生命体的组成单位。

17 世纪 70 年代，荷兰布匹商人安东尼·范·列文虎克（1632—1723）想要确认面料的纱线数量和质量，于是组装了一台可以放大 300 倍的手持显微镜。他在用这个设备观察自然界时，发现原本看起来十分清澈的池塘中充满了微小的生物。他称这些生物为"dierkens"，翻译成英语为"微生物（animalcules）"，他甚至在雨滴里也发现了微生物。后来人们知道了，列文虎克当时观察并详细绘制的生物是细菌和更大的单细胞生物，如变形虫和藻类。

> **安东尼·范·列文虎克：**
> 范·列文虎克出生在荷兰代尔夫特市，曾是布匹商人的学徒，21 岁时开办了自己的商店，经营布匹生意。后来，他手工磨制了至少 500 个透镜，并因此被称为现代最著名的早期绅士科学家之一。1680 年，他当选为当时首屈一指的科学学会——英国皇家学会的院士。

科学革命 第 18 页 科学机构的兴起 第 19 页

实验 65

Animalcules.

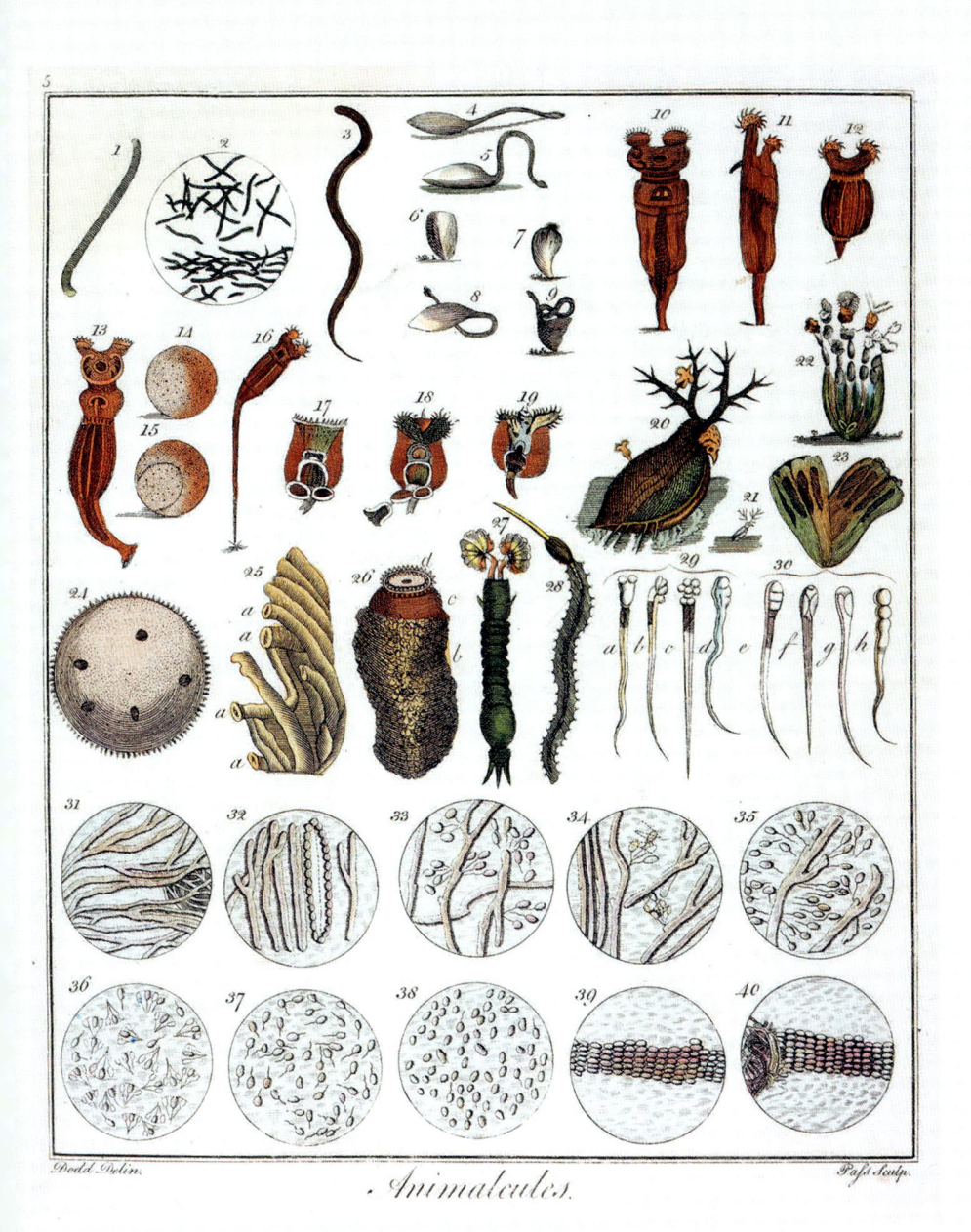

上图是范·列文虎克通过放大镜观察到的一些"微生物"。他的发现在当时受到嘲笑,但在几年后得到了充分证实。

→ 显微镜 第 **188** 页 望远镜 第 **189** 页 支序系统学与分类学 第 **209** 页

光谱

艾萨克·牛顿：《光学》·英国，剑桥

1704

1704 年，时任英国皇家学会会长的艾萨克·牛顿出版了著作《光学》。这本书和牛顿关于引力的那部更著名的著作一样，都是牛顿 30 年研究成果的集大成之作，主要阐述了颜色和光的本质。牛顿将自己在剑桥大学的房子的四周遮蔽起来，只让一缕阳光照进来，并射向一个玻璃棱镜，棱镜将白色的阳光散射成不同的颜色。这在当时是一种相对较新的研究方法。虽然阳光散射出彩虹并不是什么新鲜事，但牛顿是第一个提出光谱这一概念的人，他还确定了光谱应包含七种颜色：红、橙、黄、绿、蓝、靛和紫。尽管牛顿是历史上最有影响力的科学家之一，但他非常迷信，认为 7 是最吉利的数字，因此光谱应包含七种颜色。为此，他说自己发现了一种新的颜色，即靛蓝，它以一种深蓝色植物染料来命名，这种染料在不久前刚从印度进口到英国。牛顿认为，光束由粒子或微粒组成，这些粒子就像一个个小球，遵循牛顿运动定律，但也有人认为光是一种波。

艾萨克·牛顿：

牛顿最著名的研究成果是牛顿运动定律、万有引力理论和微积分。微积分是一种分析不断变化的现象（包括大多数自然现象）的数学方法。他对热和光也有研究，还发明了一种不一样的望远镜，该望远镜使用的是反射镜而不是昂贵的透镜。不过，或许牛顿真正感兴趣的是炼金术，他曾多次尝试制造黄金，但从未成功。

实验　67

这幅 19 世纪的木雕画重现了牛顿透过棱镜散射白光的过程。

艾萨克·牛顿的主要著述

《运用无限多项方程的分析》，1669 年

《自然哲学的数学原理》，1687 年

《热量等级表：热量说明和标志》，1701 年

→　牛顿运动定律 第 157 页　万有引力 第 158 页　质谱法 第 202 页

飞翔的男孩

斯蒂芬·格雷： 一封涉及几个关于电的实验的信·英国，伦敦

1730

斯蒂芬·格雷的主要著述

《皇家学院院士斯蒂芬·格雷的手稿》，1666/7–1736 年

人类对电的研究至少可以追溯到公元前 6 世纪，当时哲学家泰勒斯（常被认为是史上第一位科学家）发现摩擦琥珀可以产生火花和神秘的吸引力。"电"（electric）这个词就来自希腊语"elektra"，意思是琥珀。公元 17 世纪，人们发明了更好的发电方法，即摩擦发电机——只要让一个玻璃球对着刷子旋转，它就充满了电。然而直到那时，人们仍然认为电是一种静态现象。直到 1730 年，教师斯蒂芬·格雷（1666—1736）证明了电荷可以在某些材料中流动，在其他材料中却不能。在当时，电现象通常是精心设计的餐后表演的一部分，上流社会的客人们用完餐后，"电工"就会上场表演。于是，格雷也以同样戏剧化的方式展示了他的发现。他把一位男学生用绳子吊起来，并让他脸朝下，身体与地面平行，手悬在装了金箔的盘子上方，然后用一个摩擦发电机给男孩的脚充电。通电后，金箔自动飞到了男孩的手中，这表明摩擦产生的电荷已经通过他的身体传到了他的手里。格雷后来发现金属和象牙也携带电荷，而丝绸等其他材料则会阻碍电荷的流动。现在，人们将前一类材料称为导体，后一类则称为绝缘体。

斯蒂芬·格雷：

格雷出生于英国坎特伯雷，幼时在父亲的染衣厂当学徒。他观察到材料在编织时往往会带电，于是发现了电现象。格雷后来为皇家天文学家工作，但生活清贫，因此他的朋友们安排他成了查特豪斯学校的雇员，也正是在这里，格雷做了一系列有关电的实验。1732 年，格雷获得了英国皇家学会颁发的最高奖项：第一枚科普利奖章。

科学机构的兴起 第 **19** 页 电 第 **24** 页

实验 69

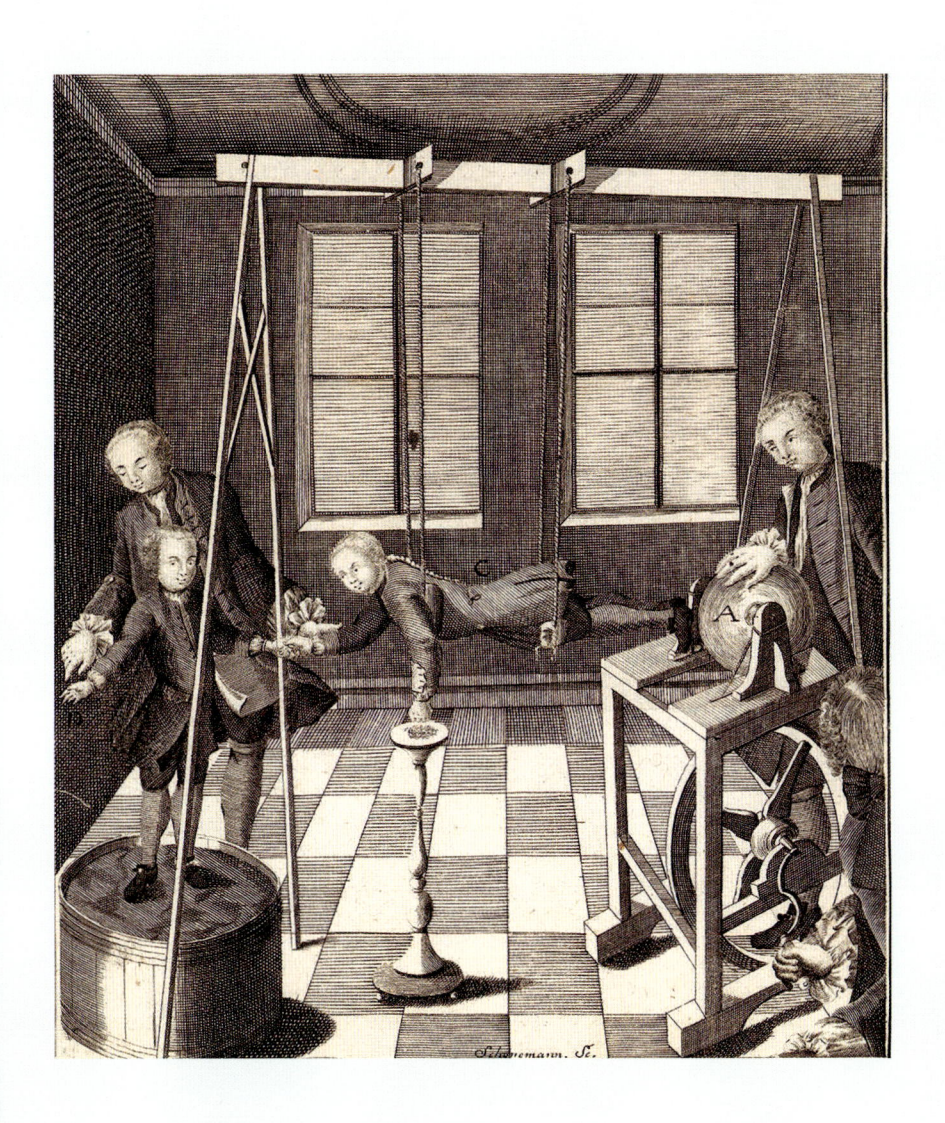

斯蒂芬·格雷的飞翔男孩实验加速了电力的发展,使其从派对上的把戏变成了人类生活中最重要的便利设施之一。

→ 科学研究过程 第 **182** 页 阴极射线管 第 **193** 页

光合作用的发现

简·英格豪斯：用蔬菜做实验——发现它们在阳光下能净化空气，在阴凉处和夜间却能污染空气·英国，约克郡，荆棘山

18 世纪 70 年代

17世纪中期，比利时炼金术士扬·巴普蒂斯塔·范·海尔蒙特（1580—1644）注意到，在一个盆中种植一棵树，树木逐渐长大，土壤的重量却保持不变。他因此得出结论：一定是加到盆里的水促进了树木生长，增加了树木的重量，所以树木缺水就会枯萎。一个多世纪后，荷兰研究员简·英格豪斯（1730—1799）发现，植物在白天释放氧气，晚上吸收二氧化碳（和动物相似，只不过动物是吸收氧气，释放二氧化碳）。英格豪斯与朋友约瑟夫·普利斯特利一起取得了这一突破，后者在不久前才发现氧气。英格豪斯认为，植物从空气中吸收或"固定"二氧化碳，并在自身的生长过程中将其作为滋养枝干和树叶的原料。一个世纪后，这种现象才有了正式的名字——光合作用，意思是"用光制造养料"。原来，是一种名为叶绿素的绿色色素吸收了太阳光中的红光和蓝光，从而获得能量，使二氧化碳与水反应生成葡萄糖（一种单糖）。通过光合作用所产生的葡萄糖是地球上几乎所有食物链的基础。

自然史与生物学 第22页

简·英格豪斯：

英格豪斯出生在荷兰布雷达，在取得医生资格后搬到了伦敦生活。他学习了接种天花疫苗的新技术，并因此发了一笔小财，甚至欧洲王室都请他进行接种。他发现了光合作用，还对电和热有所研究，并经常与本杰明·富兰克林和当时其他一些前沿科学家通信交流。

简·英格豪斯和他的仆人多米尼克展示蔬菜如何利用光产生能量，这一点以前一直不为人知。

简·英格豪斯的主要著述

《简·英格豪斯致本杰明·富兰克林》，1776 年 11 月 15 日

《测量普通空气和亚氮空气混合物体积减小的简单方法》，1776 年

→ 放射性碳定年 第 197 页

氧气

约瑟夫·普里斯特利：《各种空气的实验和观察》·英国，威尔特郡，博伍德

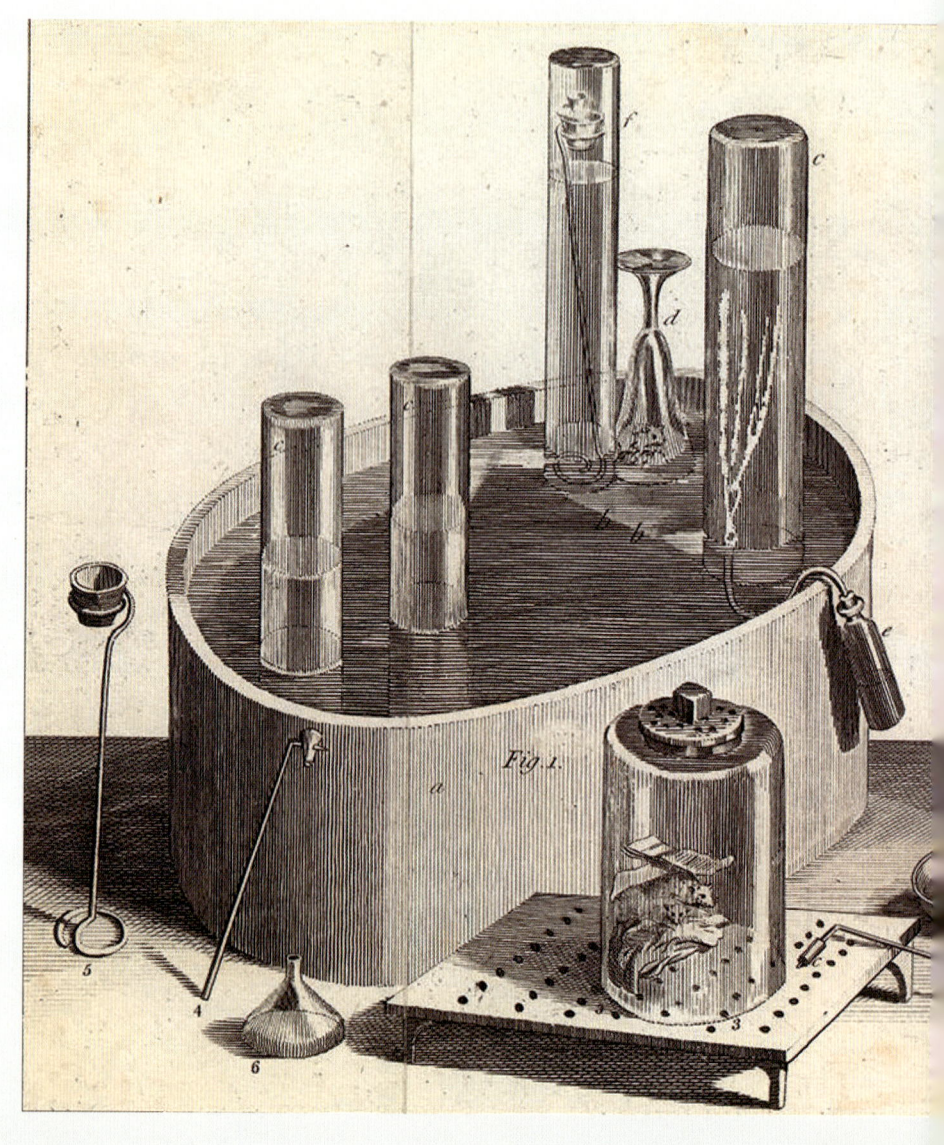

1774

化学的诞生 第 **20** 页

下图是普里斯特利六卷本《各种空气的实验和观察》中的实验仪器插图(1774—1777)。

1756年,苏格兰人约瑟夫·布莱克(1728—1799)发现了能被碱性物质吸收或锁住的"固定空气",即我们熟知的二氧化碳,它可以用来扑灭火焰和结束生命,还有一种"坏空气"也是一样。英格兰人丹尼尔·卢瑟福(1749—1819)在1772年发现,大部分的空气都是"坏空气",后来这种坏气体被命名为"氮气"。然而,要分离出帮助燃烧和维持生命的"好"空气难度很大。1774年,另一名英格兰人约瑟夫·普里斯特利偶然发现了分离空气的办法,当时他正用透镜聚焦阳光并加热一种可怕的橙色汞矿物的样品。该矿物被分解成纯汞,并释放出一种无色无味的气体,该气体不会抑制火焰燃烧,反而会使发光的余烬复燃。后来法国科学巨匠安托万·洛朗·拉瓦锡(1743—1794)对这种新空气进行了研究。他指出氧气会参与燃烧,并产生灰烬、水和二氧化碳,而包括人类在内的所有动物会从空气中吸收氧气,呼出二氧化碳。他还指出水是氧和氢的化合物,并把这两种气体分别命名为"氢气"和"氧气",意为"成水元素"和"成酸元素"。

约瑟夫·普里斯特利:

普里斯特利出生在约克郡,是一位标新立异的牧师和业余科学家。**1772**年,他展示了如何通过混合二氧化碳来制造气泡汽水,这种新颖的饮料为他赢得了足够的社会认可,因此成为舍尔本伯爵的科学顾问。正是在舍尔本伯爵的家里,他发现了氧气。普里斯特利支持美国独立,因此在**1794**年被民族主义者赶出了英国,然后在宾夕法尼亚州度过了余生。

约瑟夫·普里斯特利的主要著述

《电学史》,1766年

《新历史图表》,1769年

《自然宗教和启示宗教学院》,1772—1774年

《物质和精神的研究》,1777年

《哲学必要性学说注释》,1777年

《给不相信哲学的人的信》,1778年

→ 原子论 第**159**页 价键理论 第**168**页

地球的质量

亨利·卡文迪许： 通过实验推算地球的密度 · 英国，伦敦

1789

亨利·卡文迪许的主要著述

科研论文 1，1921 年

科研论文 2，1921 年

《卡文迪许的电子研究》，1879 年

万有引力定律的重大突破之一，就是平方反比定律，它说明引力与物体之间的距离成反比。换句话说就是，两个物体之间的距离增加一倍，两者间的引力就会变为原来的四分之一。但该定律引入了一个常数 G，俗称为"大 G"，用来计算两个物体之间的作用力。1789 年，亨利·卡文迪许（1731—1810）想测量地球的密度和质量。为此，他需要一种比以往都更精确的测量 G 的方法。于是他设计了"扭秤"，这种天平可以随着大小铅块之间的重力作用而轻微扭转。卡文迪许把该装置放置在他伦敦家后面的一幢建筑里，从外面观察里面的运动情况，以确保不会对其构成任何干扰。在知道重物的质量后，他能够根据它们的移动量计算出它们之间作用力的大小，得出想要的结果。他得出的 G 值和我们现在测出的值 6.67428×10^{-11} 相当接近（这确实是一个非常小的数字）。根据已知的重力加速度，卡文迪许计算出了地球本身的质量，因此也算出了地球的密度大约是水密度的五倍。

亨利·卡文迪许：

卡文迪许的父亲是德文郡公爵的第三个儿子，因此卡文迪许几乎拥有无限的资源，以实现自己在科学方面的追求。然而至少直到刚成年时，他都是一个非常害羞的人。他在房子里建了一个单独的楼梯，这样就可以在不会见工作人员的情况下进入实验室。1766 年，卡文迪许发现了"可燃空气"（后来被称为氢气），一举成为英国科学界的领军人物。

实验 75

19世纪亨利·卡文迪许的画像。

→ 万有引力 第 **158** 页 标准测量 第 **185** 页

质量守恒

安托万·拉瓦锡：《化学基础论述》· 法国，巴黎

1789

安托万·拉瓦锡：

拉瓦锡出生在巴黎，曾接受过律师培训，但他对物理和化学等自然科学更感兴趣。1768 年，他成为著名的法兰西科学院院士。拉瓦锡见证了始于 1789 年的法国大革命，但革命者后来开始攻击在社会动荡之前就很富有的人。1794 年，拉瓦锡因出身于富裕的中产家庭被送上断头台。

早前，人们直觉上认为世界是由一组简单的物质或元素构成的，后来这一直觉被证明是正确的。有事实证明，世界上除了土、气、火、水这四种基本物质之外，还有很多其他物质。1789 年，"近代化学之父"安托万·拉瓦锡起草了第一批元素清单。尽管其中不乏谬误，他还是成功地推翻了旧的观念，即物质会慢慢地从一种形式转变为另一种形式，例如从液体变成固体。拉瓦锡将 1.36 千克（约 3 磅）的水放在密封的烧瓶中煮沸 100 天后，发现水的质量并没有发生变化。这一实验确定了物质不能被破坏或创造，而是不断地结合和重组成复合物质。拉瓦锡最著名的研究成果是证明了水是由氢气（当时称"可燃空气"）与氧气共同燃烧而产生的，而且还能再次分裂成这两种气体。作为一个富有的法国贵族，拉瓦锡用得起昂贵而精密的仪器，这使他能够按自己的想法进行实验，从而证明了化学反应前的物质与由此产生的产物（包括释放的气体）在质量上是完全相同的。

安托万·拉瓦锡的主要著述

《燃烧概论》，1777 年

《化学基础论述》，1789 年

《关于热的研究报告》，1780 年

化学的诞生 第 20 页

实验 77

拉瓦锡与妻子的肖像,由雅克-路易·大卫
(1748—1825)于 1788 年创作。

➡️ 元素周期表 第 **162** 页 价键理论 第 **168** 页 蒸馏 第 **204** 页

生物电

路易吉·伽尔瓦尼：《论肌肉运动中的电力》·意大利，博洛尼亚

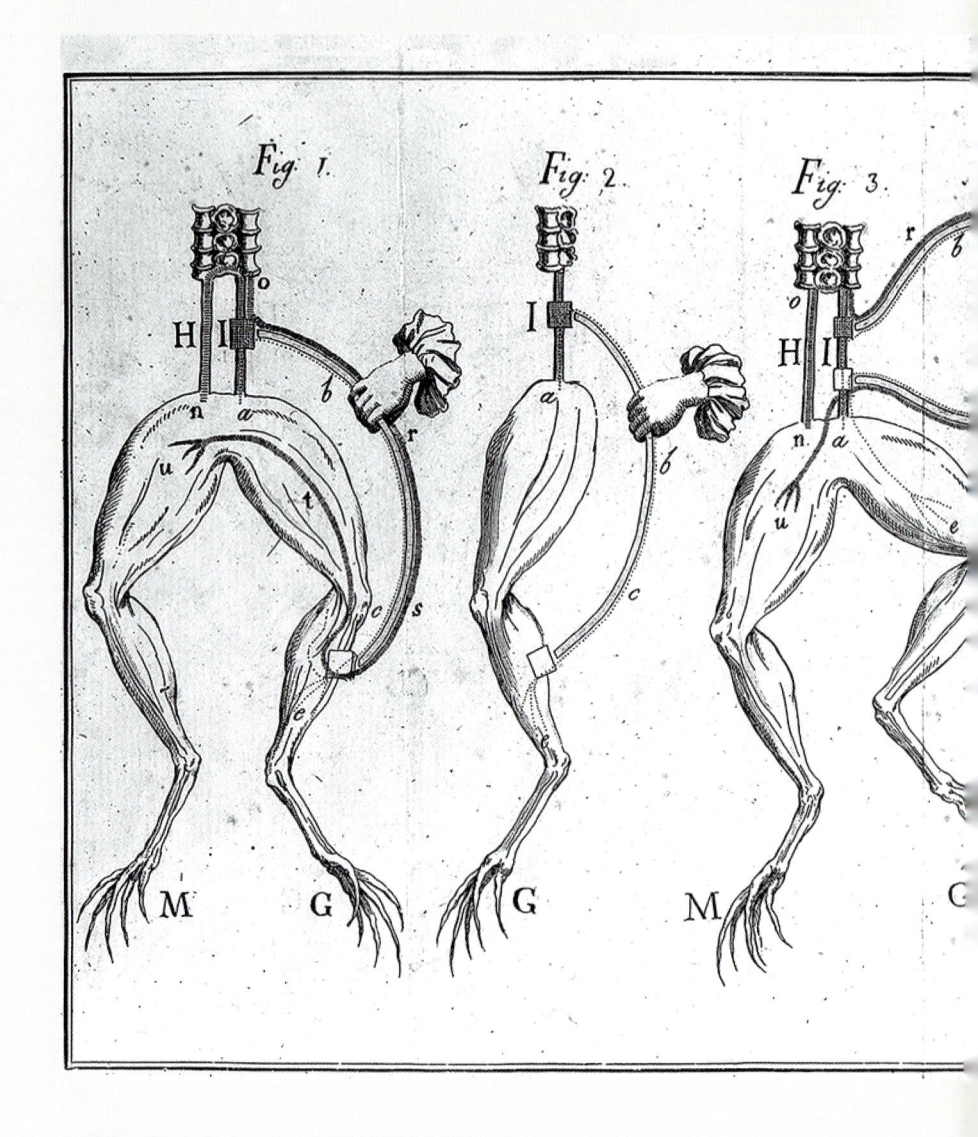

1791

上图是1793年伽尔瓦尼在解剖的蛙腿上所做的实验图示，它标明了金属电极连接的位置。

科学与工业革命 第21页 电 第24页

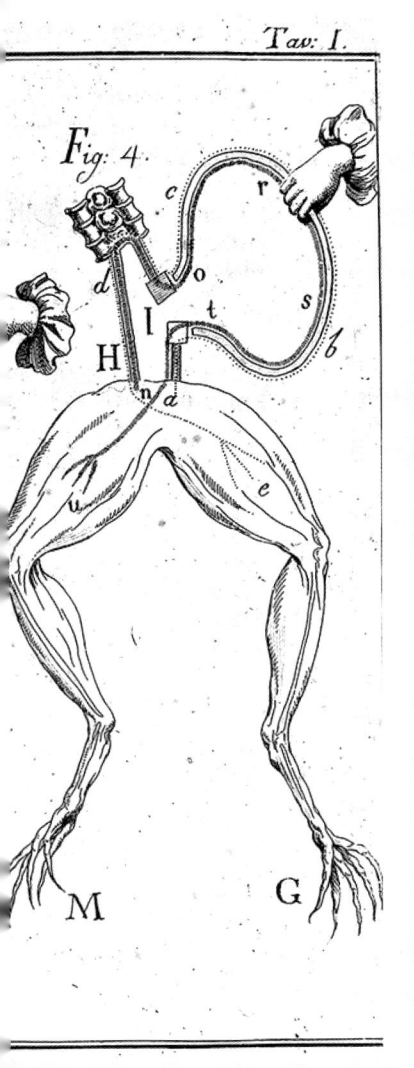

电可以形成电流并发挥实际用途,这一结论最早是通过青蛙腿发现的,这似乎有些让人难以置信。当时的解剖学家路易吉·伽尔瓦尼(1737—1798)把一些切断的青蛙腿挂在铁栏杆上的铜钩上,然后偶然发现了这一现象——两条蛙腿像活的一样开始痉挛,场面令人毛骨悚然(这个故事还有另外一种说法,即伽尔瓦尼用金属钉把蛙腿固定住,在准备用金属刀进行解剖时,看到了这种现象。无论如何,伽尔瓦尼注意到了这两种金属的特殊性,并发明了一个两端分别由铜和铁制成的弧形连接器。他用连接器的两端(现在被称为电极)一起接触蛙腿时,看到了火花,蛙腿也再次出现痉挛。后来,他又在其他动物的肢体上观察到了同样的现象。伽尔瓦尼的侄子乔万尼·阿尔迪尼(1762—1834)在世界各地寻找刚刚被处决的杀人犯的尸体,试图用这种方法让他们"复活",这不禁让人不寒而栗。据说,在这项技术的启发下,玛丽·雪莱写就了科幻小说《科学怪人》。伽尔瓦尼提出,他发现的这种重要的电力可以驱动动物。虽然肌肉和神经确实存在电脉冲,但他的这一发现真正的用处在于,科学家用这两种金属和含盐的动物液体做出了原始的电池。

路易吉·伽尔瓦尼:

伽尔瓦尼一生都在意大利的博洛尼亚度过。在接受医学培训之前,他曾考虑成为神职人员,不过还是选修了外科课程,并最终成了博洛尼亚大学的解剖学教授(他的岳父帮助他获得了这个职位)。

路易吉·伽尔瓦尼的主要著述

《关于伽尔瓦尼电流的最新进展》,乔万尼·阿尔迪尼著,1804 年

→ 四种基本力 第 165 页

疫苗接种

1796

爱德华·詹纳：《关于牛痘预防接种的原因与后果》（对英格兰西部，尤其是格洛斯特郡发现的一种以牛痘命名的疾病的调查）·英国，伦敦

詹姆斯·吉尔雷（1757—1815）于1802年创作的讽刺版画。画中的病人因接种了爱德华·詹纳的疫苗，身上长出了奶牛。

医学的诞生 第**14**页

爱德华·詹纳：
詹纳是格洛斯特郡一名牧师的儿子，小时候也染上了天花，这影响了他一生的健康。他在 14 岁时成了一名外科医生的学徒，并在伦敦完成了医学培训。回到格洛斯特郡后，他便开始行医。疫苗接种工作为他赢得了良好的声誉，1821 年，他被任命为乔治四世的御医之一。

1796 年，英国医生爱德华·詹纳（1749—1823）进行了第一次疫苗接种，使一个名叫詹姆斯·菲普斯的 8 岁男孩对天花产生了免疫力。这种可怕的疾病不但有损容貌，严重时还会致命。詹纳给这位小患者注射了一种含有牛痘病毒的血清。牛痘是一种在乳制品工人中常见的疾病，与天花相似，但没有天花那样危险。另外，詹纳还根据拉丁语"母牛"（vacca），创造了"接种疫苗"（vaccination）一词。詹纳的突破并不是一蹴而就的。早在 18 世纪 20 年代，接种疫苗的做法就传入了英国。人们从天花患者的水泡中收集脓液，然后涂抹在皮肤上的小切口上。这种古老的方法确实可以让人产生免疫力，但前提是人们不会因感染而死亡（当时的死亡率其实相当高）。到 18 世纪 70 年代，一些研究人员开始意识到，感染过牛痘的人似乎永远不会感染天花。据报道，在 1774 年天花暴发期间，一位名叫杰斯蒂的多塞特郡的农民就给他的家人注射了牛痘血清以保护他们。詹纳当时在格洛斯特郡的另一个农场工作，在潜心研究 20 年之后，他才确定这个方法安全可行。在给詹姆斯接种牛痘的几天后，詹纳给他注射了天花脓液样本，男孩没有感染。

爱德华·詹纳的主要著述

《关于牛痘的进一步观察》，1799 年

《种牛痘的原因与效果的探讨》，1798 年

《疫苗接种的起源》，1801 年

临床试验 第 208 页

物种灭绝的证明

乔治·居维叶：《地球理论随笔》· 法国，巴黎

1796

乔治·居维叶的主要著述
《巴黎盆地附近的地质》，1811 年
《动物界》，1817 年
《地球论》，1821 年

自然史与生物学 第 22 页 地质学与地球科学 第 23 页

纵观历史，人们对化石的看法各不相同。古代中国人认为它们是龙骨，螺旋形的鹦鹉螺则被认为是由盘绕的蛇构成的蛇石。有些人认为，化石是上帝放置于岩石中的，以测试人们对造物主的信仰；另一些人则简单地认为，化石是很久以前生命的遗迹，与目前在地球上生活的动物属于同宗同种。

1796 年，法国动物学家乔治·居维叶（1769—1832）发现美洲象的化石与今天的亚洲象和非洲象存在明显的区别。他由此揭示了一个惊人的事实：化石证明了生活在过去的动物与生活在当代的动物不是同一物种。物种灭绝的观点很快成了进化论的基础。化石标本也让人们普遍相信，地球比传统宗教教义所宣扬的还要古老数百万年。

乔治·居维叶：
虽然居维叶被称为"古生物学之父"，但他并不相信灭绝生物的化石就是现今野生动物的祖先，并强烈反对进化论。他认为生物灭绝恰恰证明地球发生过一系列大洪水，其中包括挪亚方舟那次。

乔治·居维叶在法国国家自然历史博物馆讲解古生物学。

→ 自然选择的进化 第 161 页　内共生 第 173 页　放射性碳定年 第 197 页

电解

汉弗里·戴维：《汉弗里·戴维爵士文集》·英国，伦敦

约 1800

电 第 24 页

汉弗里·戴维的主要著述

《化学和哲学研究：有关一氧化二氮及其呼吸作用》，1800 年

《化学哲学原理》，1812 年

《汉弗里·戴维爵士的论文》，1816 年

自从 1800 年电池问世后，科学家们立即开始用这种新的电源进行各种自然科学实验。其中最成功的是康沃尔郡的化学家汉弗里·戴维（1778—1829），他因发明矿工安全灯和笑气而闻名。戴维当时是英国皇家研究院的首席研究员之一，学会的地下室制造了当时世界上最大的电池。戴维知道电流可以把水分解成氢气和氧气（后来人们把这个过程称为电解），所以他想用皇家学会的巨大电池来观察矿物质溶液在通电后会发生什么。他最先使用的是碳酸钾和纯碱，这两种物质在当时都被认为是元素。可电解结果表明，它们实际上是两种未知金属的化合物，戴维将其命名为钾和钠。后来，戴维宣布他用同样的方法发现了镁、钙、硼、锶和钡，还指出氯和碘也是元素之一。电解实验有力证明了组成元素的原子在化合物中是通过某种电力结合在一起的。

汉弗里·戴维：

汉弗里·戴维是彭赞斯一位木雕匠的儿子，在教父约翰·托金的资助下成了一名药剂师学徒。然而，那位药剂师很快就对这个少年危险的化学实验心生不满。于是，戴维搬到了布里斯托尔，在那里的气体研究中心工作。在那里，他发现了一氧化二氮（笑气），就此开启了自己的职业生涯。他资助过许多科学家，还是迈克尔·法拉第的老师，但两人在 19 世纪 20 年代因后者对电动机的秘密研究而分道扬镳。

这幅 19 世纪的版画描绘了伦敦梅菲尔区英国皇家研究院大楼地下室里的巨大电池。

→ 元素周期表 第 162 页

双缝实验

托马斯·杨：《声和光的实验和探索纲要》·英国，伦敦

1804

直到 19 世纪，还存在两种相互竞争又相互排斥的光学理论：牛顿提出光是粒子的级联，而惠更斯认为光束是由波构成的。后者的理论能更好地描述光的行为，例如，当光线遇到狭窄的缝隙时，就会发生衍射（向各个方向扩散），就像池塘中的涟漪，在穿过一个开口后会形成扇形的波阵面。要用粒子理论来解释这一现象就比较困难了——尽管如此，仍有许多人支持牛顿的观点。1804 年，托马斯·杨（1773—1829）把光波与水波进行比较，特别是观察波结合时的干涉现象。如果这些波彼此同步，新波就会是原波的两倍大；如果不同步，波就会相互抵消。杨通过让水波纹穿过两条缝隙证明了：水波在远处形成的波阵面相互干扰，并且形成了一块独特的平静水面和更大的涟漪。然后杨让光线穿过两条窄缝，光束便产生了一块明亮的条带和两块暗淡的条带，前者是光波结合形成的，后者则是光波抵消形成的，就像涟漪一样。他证明了光是波，而不是粒子流。

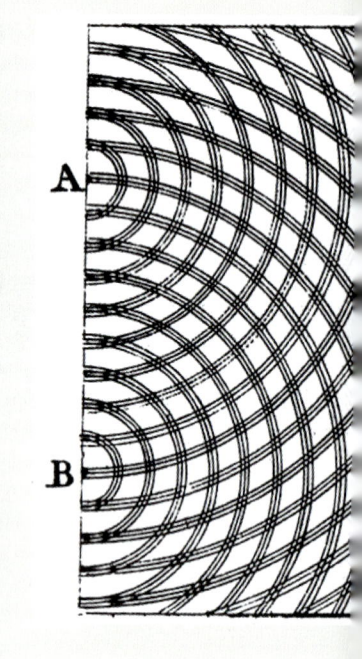

> **托马斯·杨：**
> 杨出生于英国西部一个富裕的贵格会教徒家庭，1801 年开始从事学术研究，之前一直在伦敦行医。除了研究光，杨还因杨氏模量而闻名，这是一种描述材料抵抗形变能力的物理量。

实验 87

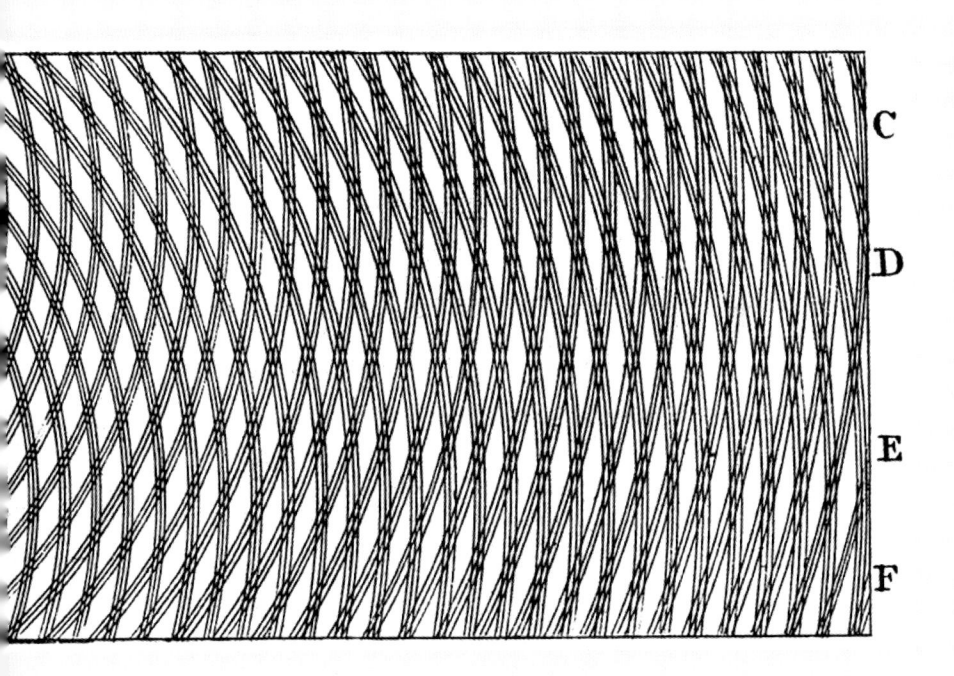

杨的双缝衍射图。A 和 B 处的窄缝是光源，C、D、E 和 F 处是相互干扰的波。

托马斯·杨的主要著述

《自然哲学与机械工艺课程》，1807 年

已故医学博士托马斯·杨的其他著作，1855 年

→ 量子物理学 第 167 页 激光 第 195 页

电磁统一

汉斯·克海斯提安·奥斯特:《论磁针的电流撞击实验》· 丹麦,哥本哈根

1820

汉斯·克海斯提安·奥斯特的主要著述
《自然精神》,1850 年

安德烈·马里·安培:
奥斯特定律指出电流会形成磁场,它是以其发现者的名字命名的。但其实早期关于电磁研究的大部分工作是由安德烈·马里·安培(1775—1836)完成的,他量化了电流和磁力之间的关系。为了纪念他,电流的单位就以他的名字安培命名(A)。

至少在公元前 600 年,人们就已经知道了铁和其他金属具有相互吸引和排斥的磁力,当时的希腊自然哲学家们还撰写了相关文章。过了不到 500 年,中国的风水师开始在风水探测时使用磁针罗盘。在接下来的几个世纪里,人们用指南针来导航,世界就此改变。然而在那时,磁与电的研究是分离的,尽管两者都会产生吸引力和排斥力,且都存在"异性相吸,同性相斥"的现象。1820 年,丹麦教授汉斯·克海斯提安·奥斯特(1777—1851)的一次科学演示让一切发生了变化,他将这两种现象合并为一个领域,即电磁领域,为现代电磁技术奠定了基础。当时,奥斯特在哥本哈根进行演讲,原本是想证明电能使电线发光并散发热量,然而却注意到,每当工作台上的电线通电时,它旁边用于演示的指南针就会摆动,且指向电线,并在断电后重新指示北方。很明显,电流周围存在磁场,而这一发现可广泛应用于从电动机到电信的诸多领域,成了未来几十年发明家关注的焦点。

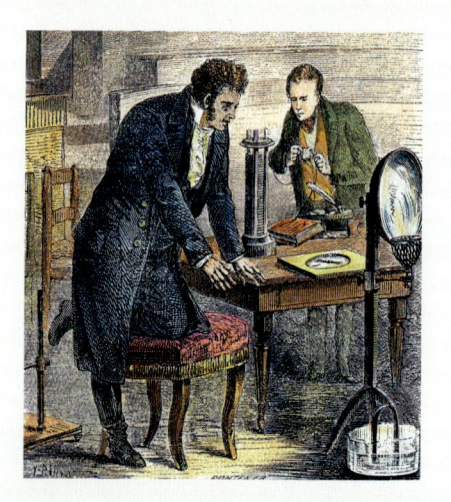

这幅 19 世纪的版画展示了奥斯特的发现,一个磁针朝着携带电流的导体旋转 90 度。

电第 24 页

卡诺循环

1824

萨迪·卡诺：《论火的动力》·法国，巴黎

萨迪·卡诺的主要著述
《论火的动力》，1824 年

19 世纪初，蒸汽时代全面到来。欧洲各地的工厂纷纷安装了强大的蒸汽发动机，这足以证明其优越性，但当时的人们并不完全了解蒸汽发动机的工作原理。一位年轻的法国士兵萨迪·卡诺（1796—1832）决定弄清楚蒸汽机是如何将热量转化为动力的。他在研究之后得出：所有这类发动机的原理都是通过将热量从热源（燃料）转移到发动机外的冷水槽来发电的。发动机所做的功与热源和水槽消耗的热能相等，且能量传递分为四个阶段，现在我们将其称为"卡诺循环"。第一阶段，热量使蒸汽（或任何气体）膨胀而不改变其温度；第二阶段，气体继续膨胀，但由于其热量转化为推动发动机活塞的力，气体开始冷却；第三阶段，气体被下降的活塞压缩，但没有升温。相反，热能会溢出水池；第四阶段，进一步压缩加热气体，使其恢复到原始状态。

萨迪·卡诺：
萨迪受洗时取的名字叫尼古拉斯·莱昂纳尔·萨迪·卡诺，这个不同寻常的名字来自他父亲拉扎尔崇拜的一位波斯诗人。老卡诺是一名革命领袖，但在 1814 年法国君主制恢复后被流放。萨迪入伍后发现自己的军旅生涯毫无前途，于是花了更多的时间研究蒸汽机。1832 年，萨迪死于霍乱。

1813 年，17 岁的萨迪·卡诺穿着巴黎综合理工学院的传统学生制服。由法国画家路易斯－利奥波德·布瓦伊（1761—1845）绘制。

→ 科学与工业革命 第 21 页

布朗运动

罗伯特·布朗:《植物花粉中所含颗粒的显微观察简述》·英国,伦敦

1827

罗伯特·布朗:

布朗在苏格兰蒙特罗斯出生长大,从爱丁堡大学辍学后成了一名军医。幸运的是,布朗几乎没有参与任何军事行动,而是一直负责收集植物标本。他特别喜欢用显微镜观察这些植物。19世纪,布朗作为科学家随船队前往澳大利亚,最终成了一名全职植物学家。

19世纪20年代,人们已经基本确定物质都是由叫作"原子"的微小粒子组成的,通常以原子簇或分子的形式排列。几十年后,人们发现这些微粒的不断振动或运动可以用来解释热或其他形式的能量的转化。这些理论极其有力,即使到今天仍无可争议,但当时没有具体的依据作为支撑。然而,阿尔伯特·爱因斯坦在1905年指出:早在1827年,一位苏格兰植物学家就在研究花粉的过程中发现了能证明该理论的直观证据。这位植物学家就是罗伯特·布朗(1773—1858),他在显微镜下观察从太平洋西北地区采集来的粉红色降生花花粉时,发现花粉颗粒是由更微小的粒子组成的,并在他眼前做着无规则的运动——现在我们知道那些微小粒子是淀粉和油脂。布朗接着又观察了无生命的煤尘,也发现了同样的现象,但他并不理解为何会如此。后来,爱因斯坦回答了这个问题:粒子的无规则运动是由于可见分子和水中的不可见分子发生碰撞造成的。这一现象后来被称为"布朗运动",它也是原子理论的有力佐证。

罗伯特·布朗的主要著述

《新荷兰的未知植物》,1810年

《山龙眼科的自然分类系统》,1810年

《1805—1810年间收集的珍稀新植物名录——按照林奈命名体系排列》,1814年

新物理学 第27页 宇宙的大小 第28页

实验 91

82 岁的罗伯特·布朗。

→ 原子论 第 **159** 页 相对论 第 **163** 页 显微镜 第 **188** 页 气泡室 第 **198** 页

活力论

弗里德里希·维勒：《论尿素的人工制成》·德国，柏林

1828

弗里德里希·维勒的主要著述
《化学课本》，1825 年
《无机化学概论》，1830 年
《有机化学概论》，1840 年

很长一段时间里，生物学家们都认为生物体与非生物体的区别在于它们有一种"活力"，这种难以察觉的力量使生命得以存在。生命体所需的复杂"有机"化学物质只有在有"活力"时才会生成，而不可能在实验室或自然界的其他地方被观察到。他们的证据就是任何微小的物理或化学变化都会让化学物质"变性"，即使其失去活力，从而无法维持生命，且这个过程不可逆。

然而，这个古老的理论被一个偶然的发现推翻了。1828 年，德国化学家弗里德里希·维勒（1800—1882）试图在实验室里合成氰酸铵，但却无意得到了尿素，一种众所周知存在于尿液中的简单有机物。但根据活力论，尿素只能依靠动物的肾脏产生。这一发现证明了无机化学反应可以生成生命体所需的有机化合物。维勒的实验为研究碳基化合物的有机化学奠定了基础。后来，与生命有关的化学物质的研究独立出来，被称作生物化学。

弗里德里希·维勒：
维勒是兽医的儿子，因此最开始选择了从医，并于 1823 年从医学院毕业。然后，他迅速成为一名专职化学家，并开始与颇有影响力的瑞典化学家永斯·雅各布·贝采利乌斯（1779—1848）合作，后者为维勒推翻活力论提供了很大助力。后来，维勒又率先提纯了金属铍和钇。

细胞学说 第 25 页

实验 93

康拉德·冯·卡多夫（1877—1945）于1896年左右创作的弗里德里希·维勒肖像画。

→ 生物学中心法则 第172页 放射性碳定年 第197页

多普勒效应

克里斯琴·多普勒：《论双星与天空其他恒星的色光》·捷克，布拉格

1842

克里斯琴·多普勒的主要著述

《论双星的色光》，1842 年

1842 年，奥地利物理学家克里斯琴·多普勒（1803—1853）提出了一个关于波（比如声波或光波）的问题。每个波都有一个波长，是一个波的峰值到下一个波的峰值之间的距离。波长受频率的限制——频率指的是每秒能完成多少次波长。波长越短，频率越高。耳朵听到的声音频率的高低叫作音调，音调越高，说明其频率越高。光波也存在类似的情况，高频光呈蓝色，低频光呈红色，中间还有黄色和绿色的光。因此，多普勒想知道，当波源朝着观察者移动时，波的频率会发生怎样的变化。他想象一只船在波涛中漂流，那么与船只静止不动时相比，波峰会更频繁地撞击船头，就像波长被缩短了一样。他还指出星光也一样——当一颗恒星向观测者移动时，它发出的光波长被压缩，所以它会偏蓝色，而远离观测者的恒星则会发生"红移"现象。这就是所谓的"多普勒效应"。当一辆超速行驶的救援车鸣笛时，这一效应会表现得更为明显：当它靠近时，声音被压缩，人们听到的是高音；当它经过和离开时，声音被拉长，人们听到的音调变低。

克里斯琴·多普勒：

多普勒出生于奥地利萨尔茨堡，后来移居到维也纳，大学时主修哲学和数学，26 岁即被聘为助理教授。1835 年，他搬到了布拉格，正是在那里，他发表了使自己声名鹊起的伟大著作。之后，他开始深入研究数学和物理学的诸多问题。1848 年，他搬回维也纳，担任维也纳大学物理学院的院长，但不久就死于肺病。

宇宙的大小 第 28 页

实验 95

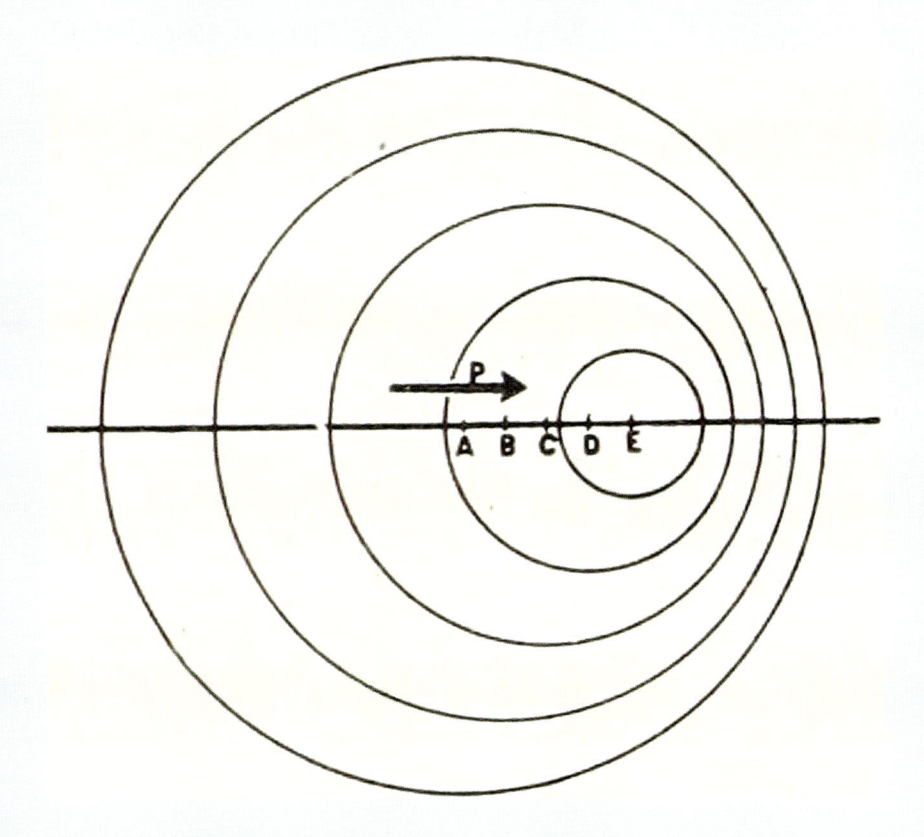

当声源沿路径 P 向听者靠近，在经过和远离听者时，听者所感知到的声音变化。

→ 宇宙大爆炸 第 169 页 望远镜 第 189 页

热功当量

詹姆斯·普雷斯科特·焦耳：《论热功当量》· 英国，索尔福德

1843

本杰明·汤普森（拉姆福德伯爵）：

在著名的焦耳实验之前，1798年，本杰明·汤普森（1753—1814）就发现了同样的现象。汤普森在独立战争中站在了保皇派一边，后来娶了安托万·拉瓦锡的遗孀为妻，并在伦敦创立了英国皇家研究院。在巴伐利亚任军事工程师期间，汤普森发现用浸泡在水桶中的钝钻头磨制炮弹时，水桶里的水会升温，并在两个半小时后开始沸腾。然而，汤普森的实验缺少焦耳那样的实证，因此没有被科学界所承认。

19世纪40年代，热力学第一定律逐渐成形。该理论指出，能量既不会凭空出现，也不会莫名消失，而是从一种类型转化为另一种类型。电动机和发电机就表明电能和动能可以相互转化。德国科学家尤利乌斯·冯·迈尔（1814—1878）提出了热量和运动之间的联系，指出波涛汹涌的海洋比平静的海洋更温暖。1843年，英国啤酒酿造师詹姆斯·焦耳（1818—1889）在研究电加热系统在啤酒酿造中的作用时，对能量和热量之间的联系产生了兴趣。他利用滑轮建造了一个测量热功当量的仪器，让0.45千克（约1磅）的重物下降，并带动密封水箱中的搅拌器旋转。焦耳想知道要使1磅水的温度升高1华氏度（约17.2摄氏度），重物的质量需要下降多少。在进行了几个小时的实验后，他得出了答案：要下降255米（约837英尺）。这说明重物和搅拌器的少量动能转化成了热能。据说，焦耳在蜜月旅行期间还曾试图借助瑞士的瀑布进行类似实验，以比较瀑布下落前后的水温差别，结果不仅淋成了落汤鸡，还一无所获。后来他和其他科学家都解释说，热能实际上就是物质中的原子和分子运动产生的。

科学与工业革命 第 **21** 页

实验 97

詹姆斯·普雷斯科特·焦耳的主要著述
《电解时在金属体和电池组中放出的热》，1841 年
《空气在膨胀和压缩时的温度变化》，1844 年

上图是 19 世纪的一幅彩色木刻作品，描绘了焦耳研究热功当量的场景。

→ 热力学定律 第 160 页 科学研究过程 第 182 页 温度计 第 187 页

光速

希波利特·斐索： 光在空气和水中的相对速度实验·法国，巴黎

1849

即使是最粗略的研究也能证明，光速的确非常快，以至于无法用钟表来测量。有些人认为太阳在瞬间就照亮了整个宇宙，因此光速无限大。然而，在1676年，丹麦天文学家奥勒·罗默（1644—1710）证明了来自外太空的光在地球不同地点被看到的时间不同，从而证明了光是以有限的速度在传播。

第一台能够精确测量光速的仪器是由法国人希波利特·斐索（1819—1896）于1849年发明的，后来莱昂·傅科（1819—1868）在此基础上进行了改进。该仪器利用望远镜将一束光聚焦到8千米外的另一台望远镜上，然后第二台望远镜又迅速将光束直接反射回来，使光束走完往返16千米的路程。光束在刚出发时，会遇到一个旋转的齿轮，并从齿轮的缝隙中照射出来，这就相当于给光束安了一个精确的控制开关。科学家们调整齿轮的速度，直到返回的光束被下一个齿轮的齿刚好挡住，以此阻止光返回其起点。一开始，斐索用这种方法计算出的光速是31.5万千米/秒，这个数字有些高。1862年，傅科对实验进行了升级，得出的速度是29.8万千米/秒，与现在公认的光速29.9792万千米/秒相差不到0.6%。

奥勒·罗默：

1676年，罗默在巴黎天文台工作时，追踪观测了木卫一的运动轨道。木卫一是木星的一颗卫星，会定期在木星后面出现和消失，其间隔时间取决于木星与地球观测者之间的距离。当地球逐渐远离木星时，木卫一蚀的时间间隔会变长，而当地球接近木星时，这个时间间隔会变短。据此，罗默计算出光速为**22.5万千米/秒**。

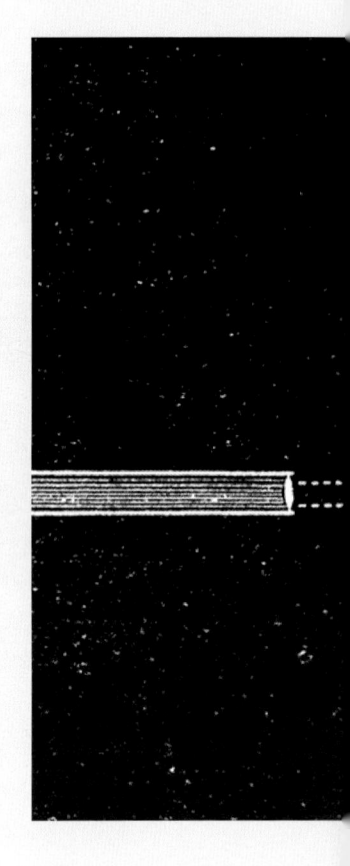

化学的诞生 第**20**页

实验 99

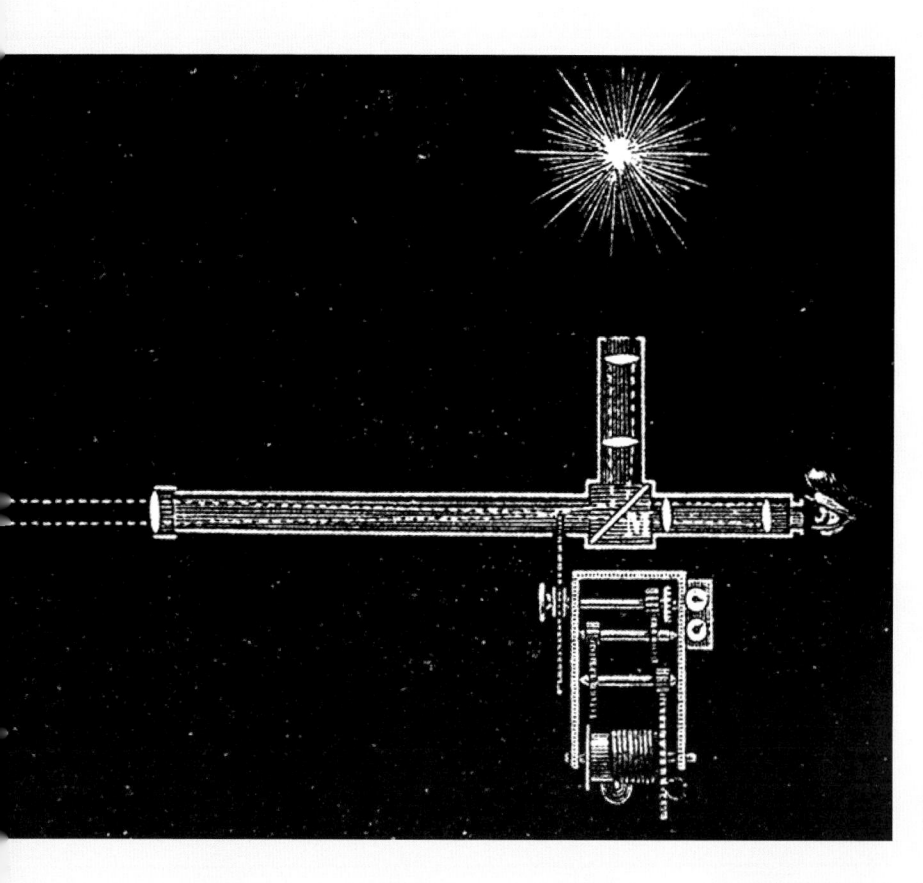

这幅雕刻作品描绘的是希波利特·斐索用来测定光速的仪器。

→ 相对论 第 **163** 页 测量时间 第 **186** 页 粒子加速器 第 **199** 页

地球自转

莱昂·傅科：《傅科科学论文集》·法国，巴黎

1851

莱昂·傅科的主要著述

《傅科科学论文集》，1878 年

哥白尼（1473—1543）在临终之际宣布了一件令当时的人们难以置信的事：地球绕着太阳运行，地球上的人觉得太阳在动是因为地球每天都在绕着一个轴自转。天文学家等科学界花了一个世纪左右的时间才接受这一事实，其他领域的权威人士又花了好几个世纪才理解这个原理。直到 1851 年，莱昂·傅科在巴黎万神庙中建起了一个 67 米（约 220 英尺）长的大钟摆，地球自转因此有了直接证据。正如伽利略很久以前所说的，钟摆摆动时，总是在同一平面上来回移动。傅科让他那个巨大的钟摆摆动时，它似乎也符合这一规律。傅科在钟摆的下方铺了一层细沙，并摆好钟摆的位置，以便使其在摆动时正好能碰到沙子，划出一段凹槽。随着时间的流逝，钟摆划出的凹槽不断沿顺时针方向移动，最后竟转了 360°，又回到原来的位置。其实伽利略的摆动定律并没有错，摆动是在一个平面进行的，于是我们能反推出一个结论：地球在转动。

莱昂·傅科：

傅科出生在巴黎，孩童时期主要在家中接受教育。家人期望他成为一名医生，但傅科晕血，只好转修物理学。他对光产生了兴趣，并致力于探索测量光强度的方法，以及研究不可见的红外热射线的性质。他在 17 世纪构想出了测试地球自转的实验，这个测量仪器现在被称为"傅科摆"。

古代天文学家 第 **12** 页

实验 101

"傅科摆"仍然矗立在巴黎的先贤祠里。

→ 牛顿运动定律 第 157 页

光谱学

古斯塔夫·基尔霍夫：《物体的发射率与吸收比之间的关系》· 德国，海德堡

1859

本生－基尔霍夫光谱仪，于1869年制作完成。

宇宙的大小 第 **28** 页

古斯塔夫·基尔霍夫的主要著述
《数学物理学讲义》，1876—1894 年
《论文全集》，1882 年

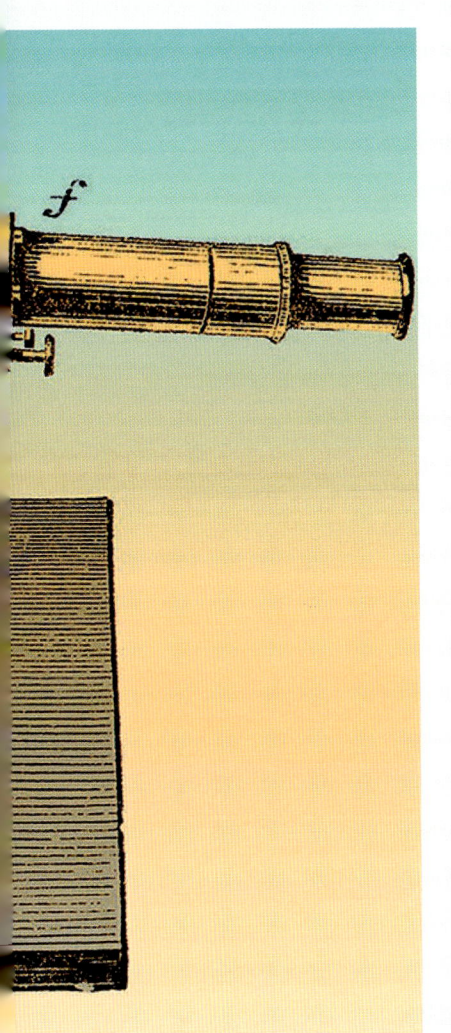

有些元素（主要是金属元素）可以通过点燃样品并观察其火焰的颜色来确认其是否存在。

1859 年，两位德国科学家罗伯特·本生（1811—1899）和古斯塔夫·基尔霍夫（1824—1887）对几个世纪前炼金术士的火焰测试进行了改良，发明了一种能识别元素的好方法。本生最有名的发明是实验煤气灯，此灯可以提供不干扰化学反应燃烧的清洁热源。基尔霍夫则通过使用分光镜（一种用棱镜将火焰中的光分解成其组成颜色的设备），提出了光谱分析法：

1）包括太阳在内的发热物体均会产生连续光谱；

2）高温气体，如火焰内部的气体，只会发射出一些特定的颜色，且每种元素都有自己独特的光谱；

3）冷气体会吸收所有的颜色，形成独特的吸收光谱，即暗隙。

本生和基尔霍夫记录了当时所有已知元素的光谱，还发现了两种新元素：铷和铯。现代天文学家利用这些光谱来识别恒星、星云和其他深空物体中的物质。

约瑟夫·冯·夫琅和费：

在星光中看到的吸收光谱的暗线被命名为"夫琅和费线"，以纪念德国光学科学家约瑟夫·冯·夫琅和费（1787—1826）和他发明的消色差透镜。夫琅和费出身贫寒，11 岁就成了孤儿。1801 年，他在当玻璃学徒时，作坊突然倒塌，夫琅和费差点丧命。好在当时的巴伐利亚王子马克西米利安·约瑟夫救了他，并亲自照顾他。夫琅和费在 1814 年发明了分光仪。

→ 量子物理学 第 167 页 宇宙大爆炸 第 169 页 望远镜 第 189 页 质谱法 第 202 页

细菌理论

路易斯·巴斯德：《关于乳酸发酵的记录》·法国，巴黎

1861

法国科学家巴斯德（1822—1895）1861年做的一项著名实验证明：疾病和腐烂是由空气中的微生物引起的。这种细菌理论与那时广为流传的主流观点相悖——当时的人们认为细菌是从腐烂的物质中产生的，而不是导致腐烂的原因。19世纪50年代，巴斯德受命研究葡萄酒为何会变质，并最终确认其罪魁祸首是微小的酵母，是它改变了葡萄酒的化学性质。

巴斯德知道细菌能在盛有肉汤的敞口容器中生长，并且还知道如果把肉汤放在密封的容器里煮一个小时，细菌就无法生长，以及空气中的灰尘里也有细菌。基于这些知识，巴斯德做了一个实验。他将肉汤放入几个密封的烧瓶中，并将其煮沸，以杀死之前存在的细菌。肉汤消完毒后，巴斯德就将部分烧瓶的口打开，而另一部分的口仍保持密闭，随后观察到那些密封的烧瓶里没有滋生细菌，而敞开口的烧瓶中则出现了微生物。

19世纪70年代，细菌理论得到了更多人的认可，因为人们已经证明某些疾病确实是由细菌引起的。

路易斯·巴斯德：

路易斯·巴斯德并非医生，而是化学家，在细菌理论上取得突破之前，他甚至就已经因为发现分子手征性而被载入史册了。手征性指的是，复杂分子可以以两种构型存在，这两种构型互为镜像。后来他致力于研究炭疽和狂犬病等疾病的疫苗，还发明了著名的巴氏杀菌法——快速加热牛奶，杀死细菌，而不改变牛奶的味道。

路易斯·巴斯德的主要著述

《葡萄酒研究》，1866年
《狂犬病治疗》，1886年

细胞学说 第25页 公共卫生 第26页 科学与公益 第29页

实验　105

芬兰艺术家阿尔伯特·埃德尔费尔特（1854—1905）于1885年创作的画作。路易斯·巴斯德正在自己的实验室里注视着那些鹅颈烧瓶，它们在细菌实验中十分关键。

→ 显微镜 第**188**页 临床试验 第**208**页

基因的存在

1865

格雷戈尔·孟德尔：《植物杂交试验》·捷克，布尔诺

格雷戈尔·孟德尔的主要著述
《植物杂交试验》，1865 年

几千年前的人们就已知道动植物的后代会遗传亲本的特征，并知道利用这一知识来繁育动植物，人工培养出具有特定性状的品种。

然而，遗传并不是简单地将父母双方的特征混合在一起就可以了。尽管达尔文 1859 年提出的自然选择进化论的核心内容就是遗传，但无论是该理论的支持者，还是其他人，都没有真正理解遗传是如何实现的。随后，一位名叫格雷戈尔·孟德尔（1822—1884）的奥地利修道士对豌豆的各种属性是如何代代相传进行了详尽的研究。他花了七年时间仔细研究进行了杂交的植物，然后终于在 1865 年发表了自己的研究成果，其中之一就是所有植物以及所有有性繁殖的生物的基因都有两个副本，但其中只有一个会遗传给后代，而且每个基因的传递是独立于其他基因的。最后，孟德尔得出了孟德尔定律。根据这一定律，控制某些遗传性状（如植物高度）的基因是显性的，在遗传过程中总是能表现出来；而控制某些性状的基因是隐性的，除非有机体从亲本处获得的两个基因都是隐性的，否则隐性性状（如矮小）就无法表现出来。

格雷戈尔·孟德尔：
孟德尔出生在捷克一个贫寒的农民家庭，年幼时总是吃不饱饭，因此极其缺乏安全感。他不想再为填饱肚子发愁，于是去做了一名修道士。起初，他主要用蜜蜂进行遗传学研究，但却培养出了一个非常具有侵略性的品种，因此必须予以销毁，于是他将注意力转向了豌豆。直到 20 世纪初，他的开创性成果才受到重视。

细胞学说 第 25 页 遗传学 第 31 页

实验 107

Plate V

Parent — White: flat standard
F_1
Parent — White: hooded standard

F_2 light wings

F_2 dark wings

F_2 whites

1. Emily Henderson. 2. Blanche Burpee. 3. Purple Invincible, F_1. 4—11. The various F_2 types obtained by self-fertilising F_1. 4. Purple Invincible. 5. Duke of Westminster. 6. Painted Lady. 7—9. Corresponding dark winged types. 7. Purple, with purple wings. 8. Duke of Sutherland. 9. Miss Hunt. 10 and 11. F_2 whites. Notice that there is no *hooded* red.

上图是几代甜豌豆之间的差异。摘自孟德尔《遗传原理》(1909年)，插图五，出自威廉·贝特森之手。

→ 泛种论 第 **156** 页 自然选择的进化 第 **161** 页 **DNA** 图谱 第 **205** 页 **CRISPR** 基因编辑工具 第 **206** 页

不存在的以太

阿尔伯特·迈克尔逊和爱德华·莫雷:《论地球和光以太的相对运动》·美国，俄亥俄州，克利夫兰

1887

阿尔伯特·迈克尔逊的主要著述

《地球的刚性》，1919 年
《地球和海洋潮汐的范围和位移》，1930 年

爱德华·莫雷主要著述

《氢和氧的密度以及它们的原子量之比》，1895 年

阿尔伯特·迈克尔逊：

迈克尔逊（1852—1931）是波兰裔美国人，曾在马里兰州安纳波利斯的美国海军学院任教，他和莫雷就是在那里进行实验的。迈克尔逊是第一个获得诺贝尔物理学奖的美国人，于 1907 年获得。

19 世纪 60 年代，詹姆斯·克拉克·麦克斯韦（1831—1879）提出光是电磁场中振动的波，他假定光波像声波和水波一样需要在介质中才能传播。问题是，光并不与其他波相同，它可以在真空中传播。物理学家们断定这意味着整个宇宙都充满了一种微小到无法感知的物质，他们称其为"光以太"——以太一词可追溯至亚里士多德对宇宙的看法。为了证明以太的存在，阿尔伯特·迈克尔逊和爱德华·莫雷（1838—1923）设计了一项测量"以太风"的实验。他们假设地球在宇宙中运动时会带动以太一起运动，那么不同方向上的光束速度也会因它们与地球运动方向不同而存在微小的差别。为了证明这个假设，他们将一道光束一分为二，以不同的角度反射出去，然后再将两束光汇聚到一起。只要两束光存在任何速度上的差异，在最终汇聚时光束就会闪烁。但实验结果正好相反，光速是恒定不变的。1905 年，阿尔伯特·爱因斯坦利用这一实验结果否定了以太的存在。

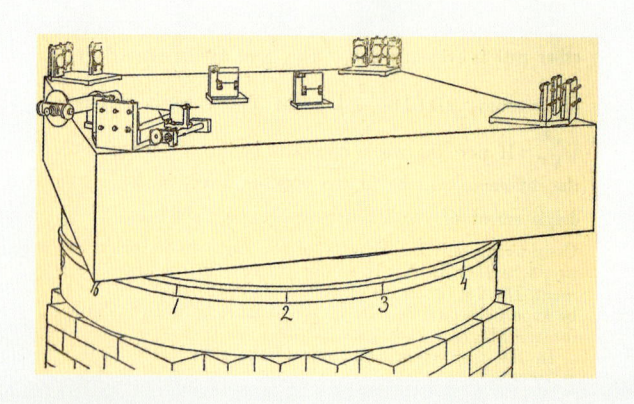

干涉仪示意图，在一块漂浮在水银槽中的石头上安装四面镜子。通过利用该装置传递电磁波，爱因斯坦证明了电磁波（光）不需要物质介质就能传播，并据此否定了光以太的存在。

新物理学 第 27 页 宇宙的大小 第 28 页

实验 109

染色体的功能

西奥多·博韦里：《对细胞核中染色体的研究结果》·德国，慕尼黑

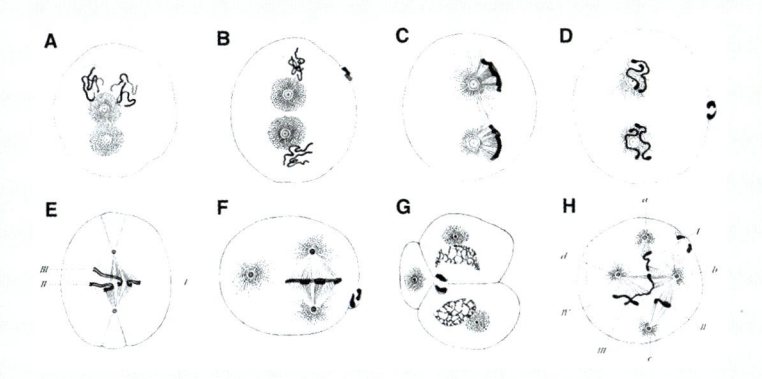

19世纪90年代

A B C D

E F G H

博韦里所画的异常蛔虫卵分裂图。蛔虫是一种能在人类肠道中生活的寄生虫。

西奥多·博韦里的主要著述

《对细胞核中染色体的研究结果》，1904 年

西奥多·博韦里：

博韦里在慕尼黑获得医师资格后，就留在了市动物研究所，开始钻研细胞生物学。除了染色体方面的研究，他还是第一个发现减数分裂的人，即主要研究体细胞分裂成性细胞（精子和卵细胞）的过程。此外，他也是第一个对癌细胞有所研究的人。

我们有关遗传的知识主要来源于两个方面：一是由格雷戈尔·孟德尔开始的关于遗传性状如何代代相传的研究；二是关于细胞分裂的研究，这也是所有生物繁殖的基础。德国生物学家华尔瑟·弗莱明（1843—1905）发明了高倍显微镜，并观察到当细胞准备分裂时，细胞核中出现了丝状物体。这些丝状物被命名为染色体。弗莱明直觉上认为当细胞分裂时，染色体会一分为二，进入到每个新细胞中的染色体数量相同。到了19世纪90年代，西奥多·博韦里（1862—1915）成功地追踪到了蛔虫不同阶段的胚胎细胞中的染色体。他发现，精子和卵细胞中分别只有两条染色体，但当卵子受精时，它们结合成4条染色体。接下来博韦里又在海胆中发现，如果没有染色体，胚胎根本无法发育。这是第一个能证明父母传给后代的信息是保存在染色体中的证据。

→ 遗传学 第31页 遗传修饰 第38页

电磁波的发现

海因里希·赫兹：电波：《论动电效应的传播速度》·德国，卡尔斯鲁厄

1893

海因里希·赫兹的主要著述
《电力传播研究》，1892 年

19 世纪 60 年代，詹姆斯·克拉克·麦克斯韦对电磁场进行了一番计算，找到了磁力与驱动电流的力量之间的联系。他的研究揭示了光在振荡，也就是我们现在所说的电磁辐射。那时的人们对光已经有了一定的了解。除了证明光是一种振荡波，他还发现了不可见的热射线、红外线和紫外线，但麦克斯韦预测还有其他能量更强或更弱的波存在。

1893 年，海因里希·赫兹（1857—1894）发现了现在我们称之为无线电波的东西。他设计了一种仪器，通过向两个铜球之间的缝隙发送强大的火花来产生波。他涂黑了窗户，花了几个星期的时间在漆黑的暗室内寻找"电波"飞过房间时所产生的微不可察的火花。正如麦克斯韦所猜测的，这些"赫兹波"是以光速在移动。赫兹还没来得及深入研究就去世了。但包括古列尔莫·马可尼（1874—1937）在内的许多研究者很快就学会了利用这种电波进行无线通信。

新物理学 第 27 页

海因里希·赫兹：

赫兹是最著名的物理学家之一，频率单位赫兹（Hz）就是以他的名字命名的，用来纪念他发现了无线电波的特征。赫兹的职业生涯很短，因为他 36 岁时便因一种罕见的血液疾病英年早逝。不过赫兹在年轻时就已崭露头角，很早就被任命为波恩大学物理研究所的所长。

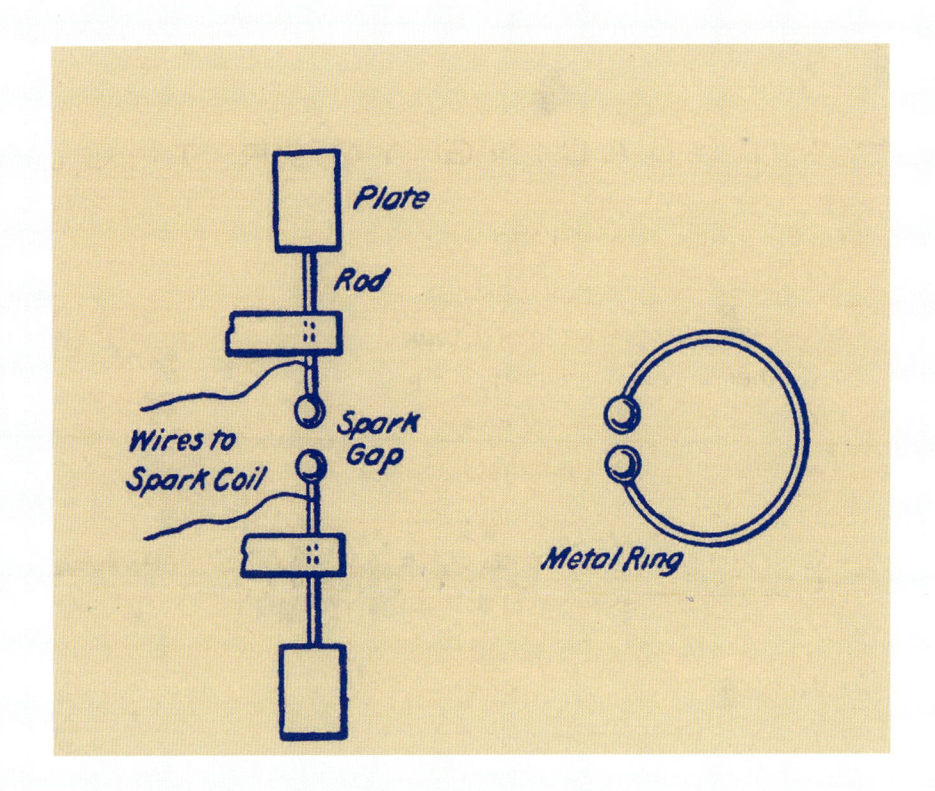

上图是赫兹在 1887 年用于产生和探测无线电波的设备：由偶极天线组成的火花发射器（左），火花间隙是由兰可夫线圈组成的高压脉冲来供电；右为由环形天线组成的接收器。

四种基本力 第 165 页 X 射线成像 第 194 页

放射性的发现

1896

亨利·贝克勒尔：《金属铀释放的新辐射》·法国，巴黎

亨利·贝克勒尔的主要著述
《论放射性，物质的一种新性质》，1903 年

法国物理学家亨利·贝克勒尔（1852—1908）对能发出神秘光芒的荧光矿物很感兴趣。在 1895 年发现 X 射线之后，贝克勒尔开始怀疑这些矿物也能释放肉眼不可见的射线。于是，他仿照发现 X 射线的过程进行各种实验。X 射线能穿过阻挡可见光的材料，所以贝克勒尔用黑纸把感光底片包好，然后将矿物和发出荧光的人造化合物放在纸上。如果几种实验样品都在释放 X 射线，那么感光底片就会变得模糊。1896 年，他用铀的一种氧化物做实验，取得了第一个成果。随后，他将注意力转向了其他铀化合物，甚至是那些不会在黑暗中发光的铀化合物。随之他发现了辐射只与铀紧密相关，而与物体本身是否发光无关（如今的人们认为磷光和荧光是光被原子吸收后释放出来产生的）。世界各地的物理学家都开始研究这种被称为"贝克勒尔射线"的现象。不久，人们便发现钍也会释放这种射线，于是玛丽·居里（1867—1934）开始寻找具有相同性质但尚未被发现的元素。后来，居里夫人发现了被称为放射性的现象，即元素自发地放出射线。

亨利·贝克勒尔：
贝克勒尔家族是 19 世纪的法国科学世家。亨利的祖父发明了一种早期的电池，他的父亲发现了光电效应，即光照射在物体表面会产生电，而亨利则发现了晶体的磁性和光学性之间的联系。他们三人都担任过巴黎国家自然历史博物院的物理学教授。放射性活度的单位也是以亨利·贝克勒尔的名字命名的。1903 年，他与玛丽·居里和皮埃尔·居里夫妇（1859—1906）共同获得了诺贝尔物理学奖。

新物理学 第 27 页 科学与公益 第 29 页

实验 113

上图是居里夫人和她的女儿伊蕾娜（摄于1925年）。1903年，居里夫人成为第一位获得诺贝尔奖的女性；1911年，她成为第一个在两个不同领域（物理学和化学）获得诺贝尔奖的人。1935年，伊蕾娜与她的丈夫约里奥－居里共同获得了诺贝尔化学奖。

→ 四种基本力 第 165 页 X 射线成像 第 194 页 盖革－米勒计数管 第 191 页 放射性碳定年 第 197 页 薛定谔的猫和其他思想实验 第 210 页

电子的发现

约瑟夫·约翰·汤姆逊：《低压下气体中离子质量的研究》· 英国，剑桥大学

1897

约瑟夫·约翰·汤姆逊的主要著述

《通过气体传导电力》，1903 年

《詹姆斯·克拉克·麦克斯韦》，1931 年

到 19 世纪末时，我们现在所说的阴极射线管已经成为一种非常重要的实验设备。简单来说，它是一根装有一个阳极和一个阴极（正极和负极）的玻璃管，科学家们抽干它里面的空气，使其接近真空状态。通电后，该设备会产生阴极射线，即一束从阴极发出的神秘光束，黑暗中也会发光。人们利用改进后的设备发现了 X 射线的存在。而在 1897 年，约瑟夫·约翰·汤姆逊（J.J. 汤姆逊）又用另一个改进后的射线管来研究 X 射线。他那台高性能仪器显示该光束确实会朝着正极移动，因此说明它带负电。但光不带电荷，所以汤姆逊提出这是一束粒子，并且计算了每个粒子的质量，发现它们比氢原子轻 1800 倍。这意味着它们是比任何原子都小的亚原子粒子。当时的人们并不认可他的发现，但这一粒子（汤姆逊称之为"电子"）后来证明正是人们研究电流时所缺失的一环。不久之后，人们发现了更多能够揭示原子结构和性质的其他亚原子粒子。

约瑟夫·约翰·汤姆逊：

约瑟夫·约翰·汤姆逊（1856—1940）在 1906 年被授予了诺贝尔物理学奖。他很早就成了数学家和物理学家，不到 40 岁就被剑桥大学聘为卡文迪许实验室的教授，这已足够证明其非同寻常。在取得亚原子方面的突破之后，他并没有故步自封。1912 年，汤姆逊与其他研究者一起发现了同位素（化学性质相同但质量不同的元素），然后结合所有知识建造了第一台分析原子和分子大小的设备——质谱仪。

电 第 24 页　新物理学 第 27 页

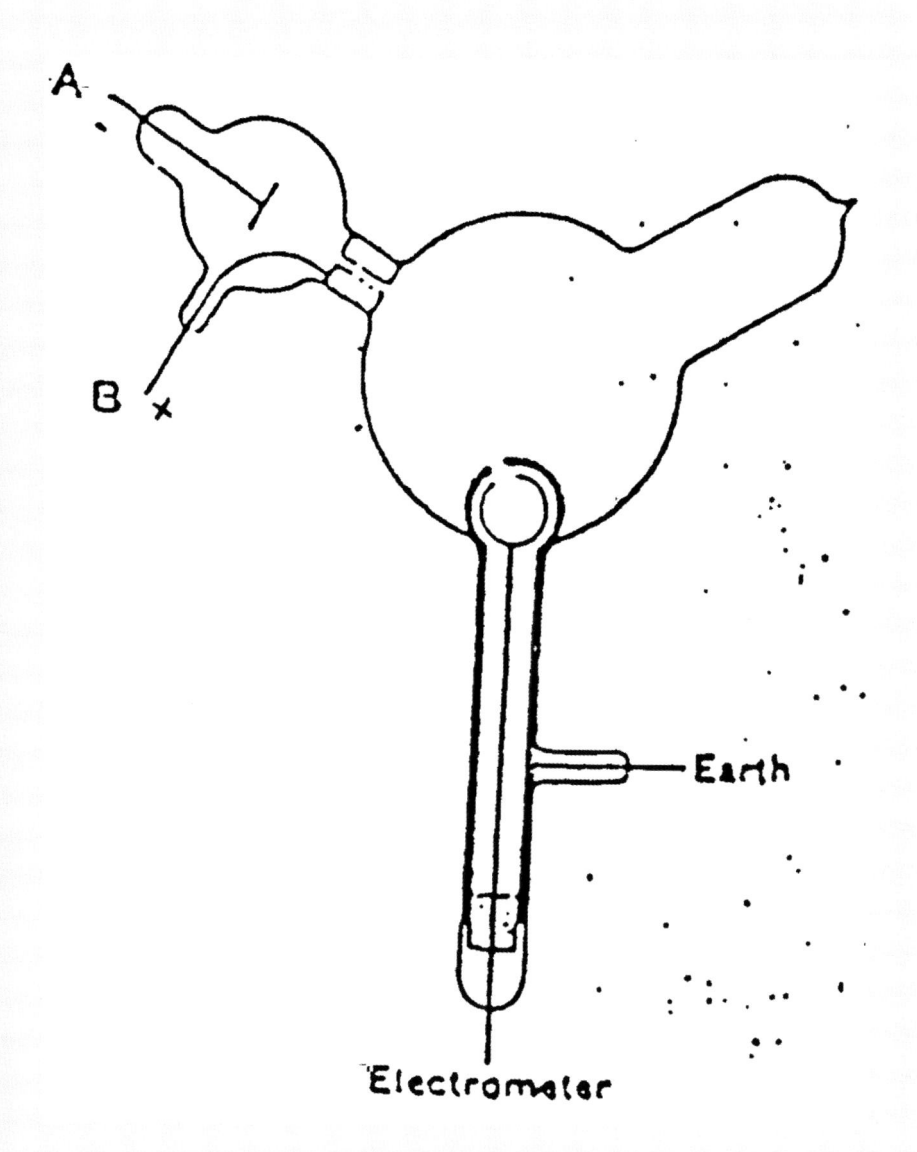

上图是汤姆逊的阴极射线管图示,曾刊登在 1897 年版的《哲学杂志》上。它展示了来自阴极(A)的射线通过射线管颈部的金属插头上的狭缝进入灯泡,其插头会连接到阳极(B)。

量子物理学 第 **167** 页 价键理论 第 **168** 页 标准模型 第 **174** 页
阴极射线管 第 **193** 页 质谱法 第 **202** 页

习得反应

伊万·巴甫洛夫：动物实验心理学与精神病理学·俄罗斯，圣彼得堡

1898 — 1930

伊万·巴甫洛夫（中间，白色胡子）与助手和学生在圣彼得堡皇家军事医学院，准备用他的狗进行演示实验（约 1912—1914）。

自然史与生物学 第 22 页　神经科学与心理学 第 34 页

如今，巴甫洛夫的名字已经成了动物学习行为的代名词。巴甫洛夫反应是指动物的行为因神经刺激而改变。巴甫洛夫最著名的成果是观察到狗在听到铃声（不用喂食）时会分泌唾液，就像准备吃东西时会流口水一样。这一发现纯属偶然。当时，巴甫洛夫已经是消化学方面的世界级专家，正在研究大脑和胃之间是否存在神经方面的联系，特别是胃液是如何产生的。他设计了一个实验，需要收集一组被关在笼子里的狗嘴里滴下来的唾液。他注意到当助手给狗送来食物时，狗会分泌很多的唾液，这很平常。可关键是当助手空手来时，狗狗也会分泌唾液。这表明狗已经知道了食物和助手之间存在联系，并在看见助手时做出了分泌唾液的反应。巴甫洛夫重复做了各种实验，比如在喂食时摇铃，很快，狗就会在铃声响起时流口水。巴甫洛夫认为狗在看到食物时分泌唾液是一种本能反应，并将这种习得的反应称为"条件反射"。这种把刺激与奖励或惩罚联系起来的形式，就称为条件。

伊万·巴甫洛夫：

巴甫洛夫（1849—1936）在莫斯科南部一个小城出生，父亲是位牧师。他在毕业后进入了神学院，但后来对科学研究更感兴趣。1890年，他成了圣彼得堡大学实验医学研究所的生理学实验室主任，并在那里度过了余生。1904年，他获得了诺贝尔生理学或医学奖，那时他条件反射的研究并没有像今天这样广为人知。

伊万·巴甫洛夫的主要著述

《消化腺的作用》，1902年

《大脑两半球机能讲义》，1927年

《条件反射讲座：25年来动物高度神经活动（行为）的客观研究》，1928年

→ 机器学习 第213页

性染色体

内蒂·史蒂文斯：《精子形成的研究（二）：鞘翅目、半翅目和鳞翅目某些物种性别染色体，尤其是涉及决定性别的比较研究》·美国，华盛顿特区

1905

托马斯·亨特·摩尔根的主要著述

《果蝇的伴性遗传》，1910年

我们知道染色体是成对出现的，分别遗传自母亲和父亲，因此每个细胞都会携带两套染色体。而在生殖细胞（精子或卵子）中，染色体的数量会减半，每个精子或卵子只获得每对染色体的一半。精子和卵子结合时，两个生殖细胞的染色体会结合在一起，形成一套全新的染色体。

人类有46条染色体，即23对，其中22对是相同长度的成对染色体，而第23对却有些不一样。女性的第23对染色体是两条长长的X染色体，而男性的第23对染色体是一条X染色体和一条较短小的Y染色体。这意味着卵子（女性生殖细胞）总是携带X染色体，而精子（男性生殖细胞）携带X染色体或Y染色体。受精时，精子将它的X染色体或Y染色体给卵子，这决定了婴儿的性别。这一机制是1905年美国遗传生物学家内蒂·史蒂文斯（1861—1912）发现的。她观察到甲虫幼虫的精子中有的染色体大，有的染色体小。大部分哺乳动物、昆虫和爬行动物也都采用XY性别决定系统。鸟类则是采用ZW性别决定系统——雌性体内有异形的染色体对。

托马斯·亨特·摩尔根：

史蒂文斯发现性染色体的五年后，托马斯·亨特·摩尔根（1866—1945）提出，特定的遗传性状与性别有关。这意味着遗传性状是由X染色体上的基因控制，而非较短小的Y染色体控制。结果，有些疾病在男性身上更常见，而在女性身上则少见，这是因为女性通常遗传到的是携带显性基因的X染色体。人类的伴性遗传包括血友病和色盲的遗传。

细胞学说 第25页　遗传学 第31页　遗传修饰 第38页

实验 119

1909年，美国遗传生物学家内蒂·史蒂文斯（1861—1912）在意大利那不勒斯的动物研究所工作。她在1905年发现了性染色体。

→ 泛种论 第156页 DNA 图谱 第205页

电荷测量

罗伯特·密立根：《关于基本电荷和阿伏伽德罗常数》·美国，伊利诺伊州，芝加哥

1909

1909年，两位美国物理学家设计了一个实验来证明与当时主流观点相反的一个猜想，即电不是带电粒子的流动，而是一种波。

为此，罗伯特·密立根（1868—1953）在哈维·弗莱彻（1884—1981）的协助下开始测量电荷。他们预测电荷的数值不会是固定的，应该是在两个极端之间来回波动。他们采用的方法就是著名的油滴实验：将细小的油滴喷洒到两个水平板之间的强电场中，然后他们通过显微镜观察到液滴在重力的作用下落到了较低的平板上。一些液滴在被喷射时由于摩擦而带上了电荷，因此被电场推回到空气中。通过测量一定大小和重量的液滴移动的速度，就能够比较电磁力和重力的强度，然后计算出液滴携带了多少电荷。经过多次反复实验后，他们发现其结果稳定在 1.5×10^{-19} 的倍数上。所以密立根的假设是错误的，电荷的数值不会波动。更重要的是，电荷确实是由粒子携带的，比如电子，并且总是以固定数量（量子）的倍数存在，这一发现也为量子物理领域的发展提供了支撑。

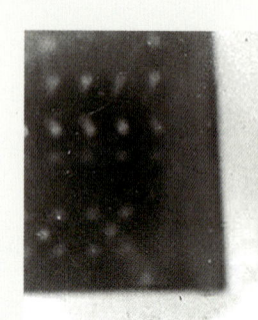

1930年，工作中的罗伯特·密立根。

新物理学 第27页 宇宙的大小 第28页

罗伯特·密立根的主要著述

《电子：其分离、测量及某些性质的测定》，1917 年

《罗伯特·密立根自传》，1950 年

罗伯特·密立根：

密立根在美国中西部长大，是纽约哥伦比亚大学物理系第一个获得博士学位的人。密立根的学术生涯始于芝加哥，并在那里进行了油滴实验。后来的几年里，他开始研究光电效应，即光照射在物体上会产生电流的现象。

→ 原子论 第 **159** 页 量子物理学 第 **167** 页 价键理论 第 **168** 页 气泡室 第 **198** 页

赫罗图

埃纳尔·赫兹普龙：《恒星的摄影光谱调查》·丹麦，哥本哈根

1911

20世纪早期，科学家就发布了全面的星空观测结果，他们不仅对古时候流传下来的星图进行了更新，还标注了恒星和其他天体的相对位置，甚至还包括恒星亮度及星等的准确记录，以及它们发出的光的颜色。此外，测量星际距离的新技术的发现，也意味着天文学家能够根据恒星的亮度来确定它们的绝对大小。

1913年，两位独立进行研究的天文学家——荷兰人埃纳尔·赫兹普龙和美国人亨利·诺利斯·罗素（1877—1957）——试图将所有信息整合在一起。他们知道了恒星的颜色代表着它们的温度：蓝色和白色的恒星比黄色和橙色的恒星温度高，而红色恒星的温度是最低的。他们还发现如果在一张图上标注宇宙中所有恒星的位置，就可以看到它们并不是随机分布的，相反，大多数恒星在一起，会形成"主序"分布，即从图上看是从热、大到冷、小的对角线分布。我们的太阳位于非常中间的位置。而在其他区域，巨星和超巨星的星团往往更冷，而最小的恒星如白矮星都非常热。赫罗图为研究恒星的生命周期打开了一扇窗。绝大多数恒星在主序中度过了数十亿年。然后，当它们耗尽产生热和光的聚变燃料时，就会膨胀成更大、更冷的红巨星。直到最后，巨大的恒星会解体，留下一个小而热的核心，即白矮星。

埃纳尔·赫兹普龙：

埃纳尔·赫兹普龙（1873—1967）在哥本哈根出生，但职业生涯中的大部分时间都是在德国和荷兰度过。尽管他当时在天文学领域已取得重大成就，但都一直默默无闻。正因为他完善了测量恒星间距离的方法，哈勃才得以发现宇宙的膨胀。赫兹普龙是发现银河系在旋转的雅各布斯·卡普坦（1851—1922）的女婿，还是行星科学的奠基人杰拉德·柯伊伯（1905—1973）的老师。海王星外的冰物质运行的区域就是以柯伊伯的名字命名的，被称为柯伊伯带。

古代天文学家 第12页 宇宙的大小 第28页 宇宙正在消失 第37页

实验 123

埃纳尔·赫兹普龙的主要著述
《波茨坦天体物理学天文台出版物》，1911 年

亨利·诺利斯·罗素的主要著述
《碱土光谱的新规律》，1925 年
《太阳大气的组成》，1929 年

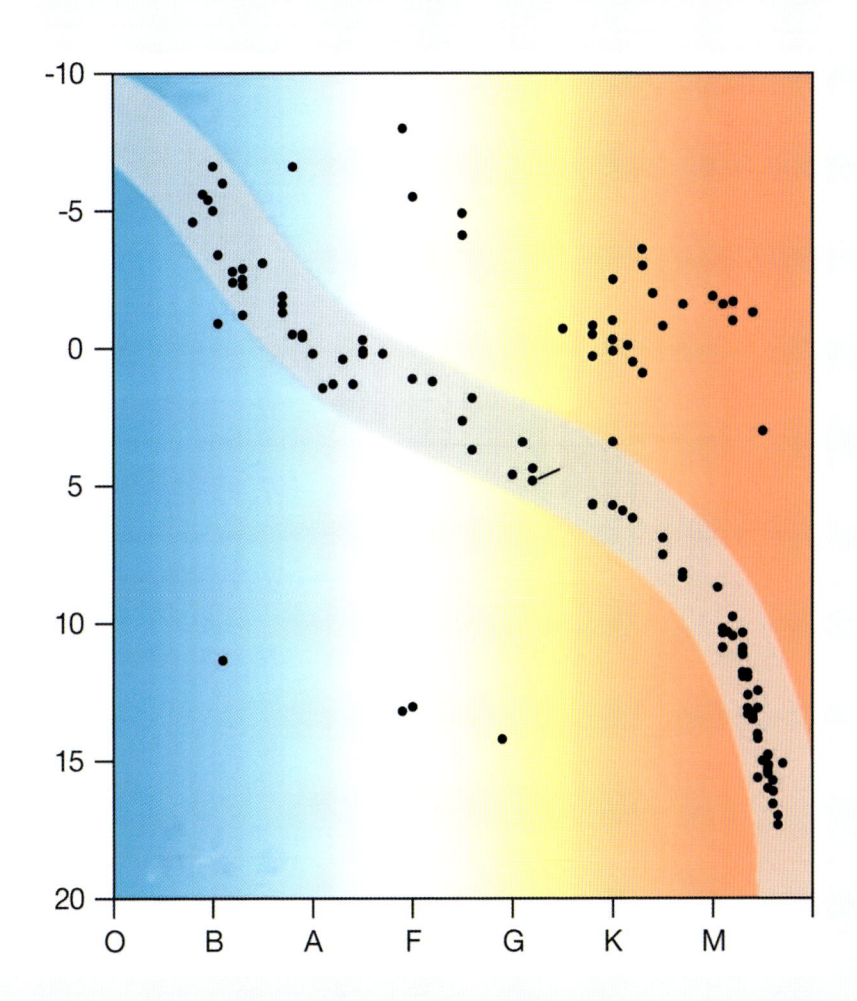

上图是赫罗图，其横轴为光谱类型（恒星的温度），纵轴为绝对星等（恒星的固有亮度）。

→ 宇宙大爆炸 第 169 页　恒星核合成 第 170 页　望远镜 第 189 页

宇宙射线

维克托·赫斯：《对七次气球飞行中高空射线的观测》·德国，皮斯科夫

1911

维克托·赫斯：

维克托·赫斯（1883—1964）出生于奥地利中部，在维也纳科学院任职期间尝试了气球飞行。1921年他移居美国，担任了一段时间的矿业顾问后又返回欧洲任物理学教授。纳粹的暴行又让他不得不从奥地利搬回美国，并在纽约的福特海姆大学任职，直至退休。

1910年，物理学家发明了更加灵敏的电测仪（测量电荷的装置），于是他们在巴黎埃菲尔铁塔的顶部进行了一项著名实验，实验发现随着海拔的升高，空气中的电荷会增加。1911年，维克托·赫斯开始了一系列高空气球飞行，以调查大气的电学性质。他在起飞前事先给验电器充好电，然后发现飞得越高，电荷消散得越快。

赫斯因此得出结论：高空空气比海平面空气更易导电，因为高空中有更多的带电粒子，它们能够从验电器中带走电荷。他认为，空气中的分子是通过与从太空中下落至大气中的高速粒子发生碰撞才带了电（电离）。这一理论有些难懂，但这些粒子流现在被称为宇宙射线。粒子的大小和电荷各不相同，但都来自太阳或太阳系外，都是以接近光速的速度到达地球。

赫斯等人发现，通过观察宇宙射线的碰撞可以更好地研究原子的结构和运动规律。第一个神奇的亚原子粒子，μ子，最初就是在高空碰撞中被探测到的，这促使人们发明了粒子加速器，以便用更为可控的方式来模拟这些反应。

维克托·赫斯的主要著述
《大气导电性及其成因》，1928年

电 第24页 弦理论 第39页

实验 125

1912 年 8 月，维克托·赫斯乘坐热气球飞行归来。

气泡室 第 198 页　粒子加速器 第 199 页　超环面仪器实验 第 200 页

原子核

欧内斯特·卢瑟福：《物质和原子对 α 粒子和 β 粒子的散射》·英国，曼彻斯特

1917

欧内斯特·卢瑟福的主要著述

《放射性》，1904 年

《放射性转化》，1906 年

《放射性物质的辐射》，1919 年

《物质的电气结构》，1926 年

《元素的人工嬗变》，1933 年

新物理学 第 27 页 弦理论 第 39 页

1897 年，第一个亚原子粒子（电子）的发现引出了一个问题：原子由什么构成？电子带负电荷，而原子总体上是不带电荷的，所以科学家们最初的猜想是"李子布丁模型"：原子可以看作是带正电的"布丁"，电子则是"李子"，李子是嵌入布丁里的。到 1909 年，对放射性的研究发现，原子也可以释放出带正电的"α 粒子"。欧内斯特·卢瑟福认为这与李子布丁模型相矛盾，于是和自己的学生汉斯·盖格（1882—1945）与欧内斯特·马斯登（1889—1970）一起做了一个实验：他们朝一张薄薄的金箔发射 α 粒子，并将其放置在荧光屏上，以便捕捉每个粒子发出的闪光。这些粒子中的大部分会在穿过金箔后沿原来的方向前进，只有少数会向左右偏转。他们又将探测器移到了 α 粒子源的后面，结果发现有一小部分粒子被反弹了回来——正电荷被原子的正电荷所排斥。卢瑟福分析了所有粒子的运动轨迹，发现所有原子的正电荷都集中在一个微小的核里，他把这个核命名为原子核。1917 年，卢瑟福发现正电荷是由一些亚原子粒子携带的，他将其命名为质子，而这些质子就包裹在原子核中。

欧内斯特·卢瑟福：

卢瑟福（1871—1937）出生于新西兰，后在加拿大蒙特利尔开始了自己的研究生涯。他将从放射性元素中检测到的辐射分为两种形式：由重粒子（现在所说的氦核）组成的携带正电荷的 α 射线，以及由质量较轻粒子（现在所说的电子）组成的携带负电荷的 β 射线。之后，卢瑟福搬到英国曼彻斯特，在那里进行了原子核实验，并且成了剑桥卡文迪许实验室的负责人。除了发现原子核和质子，他还领导研究团队发现了中子。卢瑟福逝世后被安葬在英国伦敦威斯敏斯特教堂，艾萨克·牛顿墓地的附近。

1937 年，汉斯·盖格（左）和欧内斯特·卢瑟福在蒙特利尔的麦吉尔大学的实验室里工作。

原子论 第 159 页　标准模型 第 174 页　超环面仪器实验 第 200 页

波粒二象性

乔治·汤姆逊：《阴极射线被薄膜衍射》·苏格兰，阿伯丁

1927

乔治·汤姆逊的主要著述

《氢中慢质子的自由路径》，1926 年

《电子光学》，1932 年

《晶体的生长》，1948 年

很少有诺贝尔奖得主的子女能取得与其父母相同的成就，但约瑟夫·约翰·汤姆逊的儿子乔治·汤姆森做到了——他的研究领域与父亲相同，并于 1937 年获诺贝尔物理学奖。约瑟夫发现了电子，而乔治通过重做托马斯·杨 1804 年的双缝实验，证明了光是一种波。他的实验过程是向一层薄薄的金属箔发射一束电子束，粒子会穿过金箔，随机分布到探测器上。然而，乔治发现电子流在探测器上产生了干涉图案，就像波一样。这个结果看似奇怪，但其实早在 20 世纪 20 年代，量子力学的奠基人就预测到了这一现象。他们找到了一种方法来描述电子和其他亚原子物体的行为，即将它们视为会波动或振荡的波状实体，并可以从一种状态变为另一种状态。电子可以同时表现得既像粒子又像波，这种现象现在被称为"波粒二象性"。

乔治·汤姆逊：

为了避免与几位其他领域的同名者产生混淆，这位粒子物理学家通常被大家称为乔治·佩吉特·汤姆逊（1892—1975）。他在第一次世界大战期间为英国皇家航空队（英国皇家空军的前身）效力，主要研究空气动力学。战后，他去了阿伯丁大学，进行电子方面的研究。第二次世界大战中，汤姆逊领导了英国对原子武器的研究。后来这项工作移交给了美国，并为"曼哈顿计划"奠定了重要基础。美国最终在 1945 年制造出了核武器。

新物理学 第 27 页 科学与公益 第 29 页 弦理论 第 39 页

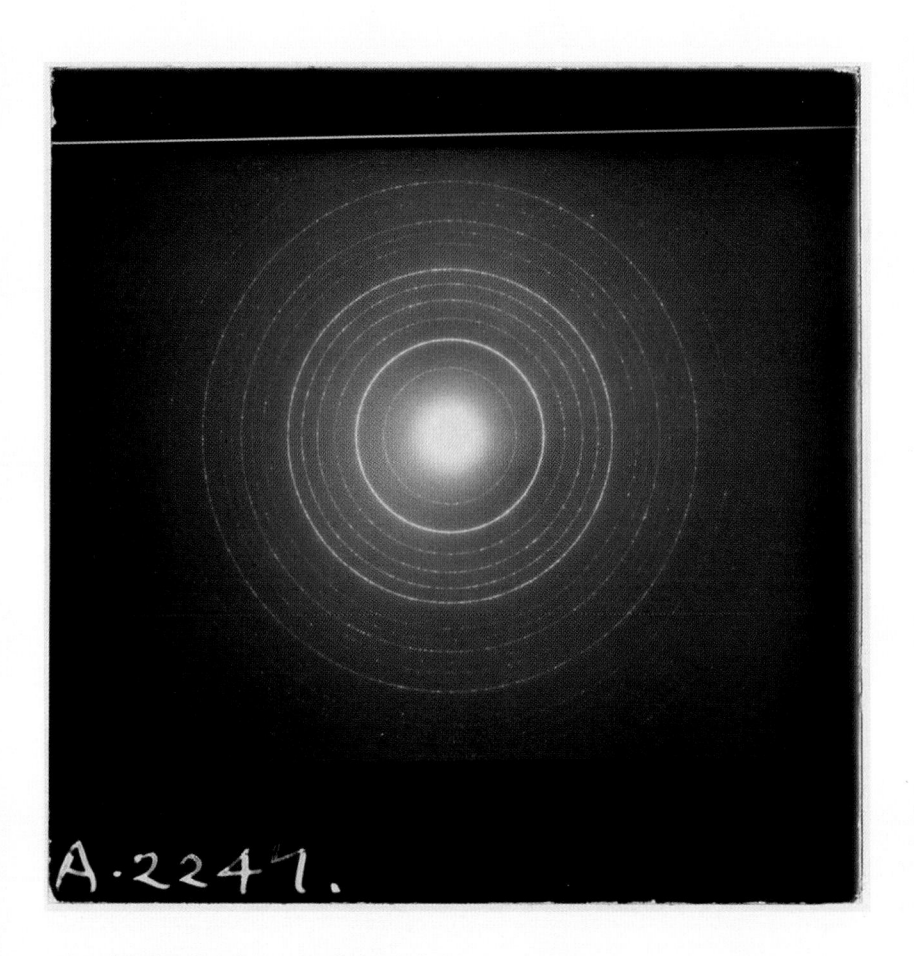

汤姆逊拍摄的这张照片展示了正在进行衍射的电子。

→ 量子物理学 第 **167** 页 粒子加速器 第 **199** 页

抗生素

亚历山大·弗莱明：《关于青霉菌培养物的抗菌作用，特别是在分离流感杆菌时的应用》·英国，伦敦

1928

亚历山大·弗莱明的主要著述
《黄素的生理和杀菌作用》，1917 年
《皮肤组织和分泌物中所发现的奇特细菌》，1922 年

亚历山大·弗莱明：
亚历山大·弗莱明（1881—1955）是一名医生，后来还参加了第一次世界大战。1945 年，因为在青霉素研发方面的突出贡献，他与弗洛里和恩斯特·钱恩（1906—1979）共同获得了诺贝尔生理学或医学奖。

到了 19 世纪 80 年代，人们已经确定感染是由细菌引起的，也有了要找到治疗感染的"灵丹妙药"的想法。那时，人们虽然也发现了几种可以杀死细菌的化学物质，但它们同时也会损害健康的组织。当时的人们需要的是能在不伤害身体的情况下杀死细菌的药物。在尝试了各种化学制剂后，直到 1928 年，苏格兰细菌学家亚历山大·弗莱明才偶然发现了真正具有这种功效的药物，即现代人所称的抗生素。那年夏天，弗莱明离开实验室过暑假，回来后发现自己的培养皿中长出了一团青绿色的霉菌，但它周围却没有细菌生长。他进行了实验，确定这种真菌正在产生一种抗生素，并将其提取了出来，命名其为"青霉素"。他发现青霉素不会伤害人体，于是立即意识到它可以作为对抗感染的"灵丹妙药"。他甚至用这种真菌的粉尘治疗了一位同事的眼部感染，证明其确有此功效。然而，当时很少有科学家相信他，而且那时的生物医学技术也不支持大规模生产这种活性物质。1940 年，霍华德·弗洛里（1898—1968）调制出了制备青霉素的培养液，还进行了临床试验以证明这种抗生素是安全的。据估计，自那以后，青霉素等抗生素至少挽救了 2 亿人的生命。

实验 131

伦敦大学的细菌学教授亚历山大·弗莱明,
在圣玛丽医院的实验室(1943年)。

→ 临床试验 第 **208** 页

膨胀宇宙

1929

爱德文·哈勃：《河外星系的视向速度与距离的关系》·加利福尼亚，威尔逊山

爱德文·哈勃：

尽管哈勃（1889—1953）对数学和科学都很感兴趣，但还是为了满足父亲的愿望学了法律，还因表现出色获得了牛津大学的罗德奖学金。1913年父亲去世后，哈勃成了一名教师，后又拿到了天文学的博士学位。第一次世界大战期间，他在美国军队中服役了一年，然后加入了威尔逊山天文台，并在那里一直工作，直到去世。

爱德文·哈勃因两项重大发现而闻名于世，其一就是1924年时发现我们的银河系并不等于整个宇宙，而只是众多星系（现在估计有两万亿个）当中的一个，这些星系被浩瀚的宇宙空间分隔开来。哈勃是在加州威尔逊山天文台观测天空时发现了这一点，该天文台拥有当时世界上最大的望远镜。当时，亨丽埃塔·斯旺·莱维特（1868—1921）研究出了如何测量亮度不断变化的恒星的距离，为哈勃的研究奠定了基础。其原理就是，恒星变暗或变亮的速度反映了它有多大，而一旦知道了恒星的大小，观测者就可以通过恒星相对地球而言的亮度来计算出它们之间的距离。哈勃利用这一方法得出结论：一些恒星位于银河系之外。这意味着许多模糊的星云物体都是独立于我们银河系之外的星系。同时，科学家们已经发现，这些天体都在不停远离我们。1929年，哈勃的持续观测又表明，离我们更远的天体移动得更快。天文学的研究表明更远的天体也更古老，因此我们与更古老的天体之间的距离比我们与更年轻的天体之间的距离要增长得更快，换句话说，整个宇宙正在不断膨胀。

爱德文·哈勃的主要著述

《星云恒星的颜色》，1920年

《银河系外星云》，1926年

《星云光谱中的红移》，1934年

实验 133

爱德文·哈勃在加利福尼亚州帕萨迪纳市威尔逊山天文台使用 254 厘米（约 100 英寸）的胡克望远镜进行观测。

➤ 宇宙大爆炸 第 **169** 页 暗物质 第 **175** 页 宇宙暴胀 第 **176** 页

重组

芭芭拉·麦克林托克：《玉米出现变异位点的原因和影响》·美国，纽约，伊萨卡

1931

芭芭拉·麦克林托克的主要著述
《芭芭拉·麦克林托克文集，1927—1991年》

1931年，美国遗传学家芭芭拉·麦克林托克（1902—1992）在研究玉米染色体时发现，某些品种的玉米中有一条染色体的末端有一个球形凸起，而与之匹配成对的另一条染色体则没有。可同源染色体总是两两配对，一条来自父体，一条来自母体，只是两条染色单体的基因序列不同。麦克林托克发现球形凸起与玉米种子的颜色和淀粉含量存在关系，并利用这一特征观察减数分裂过程中的染色体。（减数分裂是一种不寻常的细胞分裂：同源染色体对分开变成生殖细胞，染色体数量会减半。亲本的生殖细胞结合后，子代染色体的数量恢复正常。）

令人惊讶的是，麦克林托克发现球形凸起结构在减数分裂期间会在成对染色体之间移动，这是第一个证明染色体会重组的证据。染色体重组是指成对的染色体在减数分裂期间会彼此并排排列，它们的DNA链交叉，因此染色体会交换重组。其结果就是从父母那里继承来的染色体会在后代中混在一起，并产生一组独特的新染色体组。多年来，麦克林托克的研究一直被忽视，主要是因为她的研究远远超前于当时的年代。不过，52年后的1983年，芭芭拉·麦克林托克因发现"跳跃基因"而获得了诺贝尔生理学或医学奖。

芭芭拉·麦克林托克：
麦克林托克于1927年开始从事植物学研究，后来又进入了新兴的细胞遗传学领域，重点研究遗传学在细胞层面的机制。她在20世纪30年代取得了突破性进展，之后又潜心研究20年。然而，由于同事们对她的成果不屑一顾，她在1953年时没有选择发表。直到20世纪70年代，人们才终于意识到她的发现具有重要价值。

细胞学说 第25页 遗传学 第31页 遗传修饰 第38页

芭芭拉·麦克林托克在纽约冷泉港卡内基研究所遗传系的实验室里工作。

→ 泛种论 第 **156** 页 **DNA** 图谱 第 **205** 页 **CRISPR** 基因编辑工具 第 **206** 页

核裂变

1934

恩利克·费米：《中子轰击产生的新放射性元素》·意大利，罗马

欧内斯特·卢瑟福利用 α 粒子揭开了原子核的秘密，恩利克·费米（1901—1954）受此启发，想到用新发现的中子轰击原子，看看会发生什么。与阿尔法粒子不同，中子不带电荷，因此不会受目标原子中的带电电子和质子的影响而发生偏转。1934 年，费米的团队宣布他们通过轰击铀创造了一种新元素。费米将其命名为 hesperium，即现在的钚。德国科学家奥托·哈恩（1879—1968）重复了费米的实验，发现费米已经制造出了钡。哈恩的同事莉泽·迈特纳（1878—1968）证明，钡是由多余的中子产生的，这些中子使铀核不稳定，从而分裂成两个更小的原子，这就是核裂变。匈牙利人利奥·西拉德（1898—1964）发现，如果一个原子在裂变过程中释放自由中子，那么它们可以通过链式反应引起更多的裂变。裂变的原子会释放出巨大的能量，且这种反应不受控制，因此可以用来制作炸弹。1942 年，费米在芝加哥大学建造了世界上第一个核反应堆——芝加哥一号堆。它利用石墨块来吸收和聚集中子，从而产生缓慢的链式反应。

恩利克·费米：

费米在罗马出生，在意大利农村度过了童年的大部分时光。他很早就表现出过人的才智，20 岁时就发表了第一个科学发现；24 岁时，就在罗马当上了物理学教授。正是在那里，他成了世界领先的原子物理学家。由于法西斯主义的迫害，费米被迫于 1938 年离开欧洲，移居美国。他在建立一号堆后拒绝参与研究核武器的"曼哈顿计划"。由于长时间接触放射性物质，费米患上癌症，英年早逝。

自然史与生物学 第 22 页 新物理学 第 27 页 科学与公益 第 29 页

下图是世界上第一个核反应堆——芝加哥一号堆，于 1942 年在芝加哥大学斯塔格体育场的西看台搭建完工。

恩利克·费米的主要著述

《原子物理学引论》，1928 年

《分子和晶体》，1934 年

《基本粒子》，1951 年

→ 四种基本力 第 165 页 盖革—米勒计数管 第 191 页

图灵机

艾伦·图灵：《论可计算的数及其在密码问题中的应用》·英国，剑桥

1936

艾伦·图灵的主要著述
《计算机器与智能》，1950 年

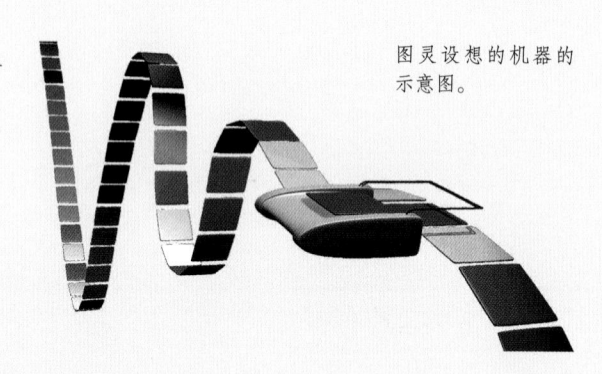

图灵设想的机器的示意图。

现代数字计算机的基本功能是英国数学家艾伦·图灵在 1936 年进行一个思想实验时意外获得的产物。当时图灵想要解决"判定问题"——这是一个数学之谜，探究的是一个逻辑过程或算法是有解还是无解，并需要无限循环下去。要解决这个问题，就要确定是否存在一种算法，可以在不运行程序的情况下给出"是"或"否"的解答。为了进行研究，图灵设想了一个"虚拟机"，即一条带有符号或数据、可以无限延长的纸带，上面有一个可以读取和重写数据的读写头，并可以左右移动。读写头和纸带的动作由一系列规则控制，这就是算法。读写头对纸带上的数据作出反应，然后读出相应的命令，如"移动纸带""重写数据"等。根据算法，图灵机要么在得到一个答案时停止，要么永远继续下去。图灵的这个虚拟机器表明，这个判定问题的答案是否定的，即没有办法区分停止的算法和循环的算法。图灵机成了如今计算机硬件结构和软件算法（不循环！）的一般模型。

艾伦·图灵：

很少有人能像图灵（1912—1954）那样对现代生活产生如此巨大的影响。就计算机而言，他还发明了著名的人工智能测试，即图灵测试（模仿游戏）。此外，他是"二战"时期的关键人物，曾利用原始的计算机破译了德国的密码，缩短了战争时间。1953 年，英国政府因图灵是同性恋而宣判他有罪，他因此受到科研领域的排挤，最终服毒自杀。

电子与计算 第 30 页 互联网 第 36 页

三羧酸循环

汉斯·克雷布斯:《柠檬酸在动物组织代谢过程中的作用》·英国，谢菲尔德

1937

汉斯·克雷布斯的主要著述

《动物组织中酮酸的代谢》，1937年
《生物体内的能量转化》，1957年
《汉斯·克雷布斯：回忆与反思》，1981年

汉斯·克雷布斯：

汉斯·克雷布斯（1900—1981）曾经尝试在祖国德国研究呼吸作用，但一直遭到他的主管的阻拦。1933年，身为犹太人的克雷布斯被迫逃离纳粹统治区，最终在英国定居并自由地从事研究工作。他因"三羧酸循环"而闻名于世。

18世纪晚期，人们发现生物会吸收氧气，释放二氧化碳。这种转换揭示了生物在本质上是通过消耗食物来释放和维持生命所需的能量，这个过程被称为呼吸作用。这就像物质通过燃烧来释放能量一样。

1937年，在英国谢菲尔德工作的德国人汉斯·克雷布斯完成了一系列实验，证明了呼吸作用是一个循环的代谢过程，它以可控、循序渐进的方式释放能量。这一发现表明地球上几乎所有形式的生物体，不管是细菌还是鲸鱼，都以这种方式来维持生命。这一循环的原料是糖、脂肪或蛋白质，它们都会被分解成一种叫作乙酰辅酶A的简单物质，该物质与该循环的最终产物草酰乙酸结合，生成柠檬酸盐（柠檬酸的非酸性化合物），柠檬酸盐继续循环，在经过八个步骤后逐渐去除碳原子，产生废物二氧化碳。每次循环都会产生两个二氧化碳分子。循环中每个连续的分子都会放出一点能量。

最终，新的产物草酰乙酸被制造出来，循环又开始了。克雷布斯给鸽子的肝脏持续注入氧气，然后分析其中的化学物质，从而发现了循环的各个阶段。循环后期，随着氧气供应时间逐渐增加，其主要产物也变得更加丰富。

左图中展示了三羧酸循环的详细工作原理，其发现推动了研究单个细胞结构和功能的细胞学向前发展。

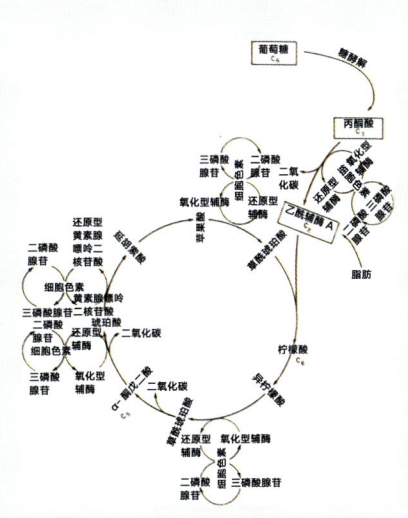

→ 自然史与生物学 第22页 细胞学说 第25页

生命起源

斯坦利·米勒：《在原始地球环境中产生的氨基酸》·美国，伊利诺伊州，芝加哥

1953

所有生命的存在都离不开糖、脂肪和蛋白质等生化物质。如今人们知道这些物质是活细胞通过新陈代谢产生的，但它们最初是如何出现的呢？这个问题的答案迄今依然是个谜，然而在1953年，哈罗德·尤里（1893—1981）和斯坦利·米勒（1930—2007）这两位化学家通过合作，验证了这些物质可以通过非生物过程自发产生的猜想。这个猜想来源于"原始汤"的概念，即生命起源于充满化学物质的海洋。米勒和尤里设计了一个他们认为可以模拟早期地球环境的装置，并将其称为"棒棒糖"。他们将一个容器里装一半的水，然后对其慢慢加热直到液体蒸发，产生的蒸汽循环会进入一个含有甲烷、氢和氨的空间。他们还给气体混合物定期通电以模拟闪电，气体冷却凝结成水滴，返回至水箱中。容器中的物质循环流动，不到一天，透明的混合物就变成了粉红色。一周后，10%的甲烷合成了氨基酸和其他复杂的有机化学物质，这些都是蛋白质的基本组成部分。如今我们已知生物体包含20种氨基酸，而据米勒说，该实验就生成了其中的11种。

哈罗德·尤里：

尤里在职业生涯的后期才开始研究原始汤。他当时已经是世界闻名的化学家，并因发现氘（氢的同位素，又称重氢，由氘制成的水被称为"重水"）而获得了 **1934** 年的诺贝尔化学奖。尤里在研发原子弹的"曼哈顿计划"中也起了重要作用。"二战"后，他开始探索另一个研究领域——宇宙化学，即宇宙中所发现的化学物质。他想知道地球形成时存在哪些化学物质。

自然史与生物学 第 **22** 页 细胞学说 第 **25** 页 遗传学 第 **31** 页

实验　141

斯坦利·米勒和哈罗德·尤里进行开创性实验时使用的仪器。

斯坦利·米勒的主要著述
《地球生命的起源》，1974 年

➔ 泛种论 第 **156** 页 自然选择的进化 第 **161** 页 放射性碳定年 第 **197** 页 干细胞 第 **207** 页 支序系统与分类学 第 **209** 页

双螺旋

1953

詹姆斯·沃森和弗朗西斯·克里克：《核酸分子结构：脱氧核糖核酸的一种结构》·英国，剑桥

罗莎琳德·富兰克林：

富兰克林是科学史上最具争议的人物之一。她出生在伦敦一个富裕家庭，毕业后不久就开始进行科学研究。第二次世界大战期间，她先是在剑桥和伦敦，然后去了巴黎，最后来到伦敦国王学院。她在 DNA 方面的研究成果与克里克和沃森的发现发表在同一家杂志上，但两人比她获得了更多的赞誉，她的成果却被忽视。1962 年，克里克和沃森与莫里斯·威尔金斯（1916—2004）共同获得了诺贝尔生理学或医学奖，而威尔金斯是富兰克林在伦敦国王学院时的上司。彼时，富兰克林已因癌症不幸离世。

　　脱氧核糖核酸简称"DNA"，是 1869 年被发现的一种化学物质，而直到 1909 年，人们才分离出其化学成分——核糖、磷酸盐及被称为核酸的有机环状分子。后来，人们又证明了 DNA 是参与性状遗传的物质，但当时没人知道遗传的机制是什么。为了寻找答案，人们首先必须明确 DNA 的所有组成部分是如何组合在一起的。20 世纪 50 年代初，几个研究小组开始研究这一问题，方法主要分两种。在剑桥大学，弗朗西斯·克里克（1916—2004）和詹姆斯·沃森（1928—）试图在纸上用小棍和球建立分子模型。在伦敦国王学院，罗莎琳德·富兰克林（1920—1958）则使用 X 射线晶体衍射技术进行成像，以获取与 DNA 结构有关的线索。富兰克林获得了一张 X 射线照片，即著名的"照片 51 号"，它表明 DNA 具有螺旋状结构。这一信息被私下传递给了克里克和沃森，二人以此为基础在 1953 年建立了一个精确的分子模型：磷酸与核糖相连，构成两侧的骨架，而核酸则两两配对，交叉连接。核酸排列的顺序就决定了遗传的密码。

遗传学 第 31 页　遗传修饰 第 38 页

实验 143

詹姆斯·沃森的主要著述
《基因的分子生物学》，1965 年
《双螺旋》，1968 年

弗朗西斯·克里克的主要著述
《惊人的假说：灵魂的科学探索》，1994 年

詹姆斯·沃森（左）和弗朗西斯·克里克（右）与他们的 DNA 双螺旋模型，摄于 1953 年。

自然选择的进化 第 161 页 DNA 图谱 第 205 页 CRISPR 基因编辑工具 第 206 页

米尔格拉姆服从实验

1961

斯坦利·米尔格拉姆：《服从行为研究》·美国，康涅狄格州，纽黑文

斯坦利·米尔格拉姆的主要著述

《城市生活体验》，1970年
《电视与孤僻行为》，1973年
《对权力的服从》，1974年

斯坦利·米尔格拉姆：

米尔格拉姆的父母是移民到美国的犹太人，他幼时在纽约生活，听闻家人在欧洲的纳粹大屠杀中遇难后备感震惊，于是决定学习心理学，想要知道人们为何会做出如此不人道的事。博士毕业两年后，米尔格拉姆做了"服从实验"并因此声名鹊起。他还试图寻找看电视与不良行为之间的联系，但没能成功。他51岁时因心脏病发作离世。

斯坦利·米尔格拉姆（1933—1984）在1961年做了一个实验，从一个新奇的角度解释了人们对权威的服从程度。他以提前支付报酬的方式从耶鲁大学的学生中招募志愿者，每次只测试其中的一名志愿者，只告知他们要扮演教师的角色，而且要听从实验者的指示——实验者就是房间里的权威人物。教师的工作是当"学习者"做错简单的任务或答错问题时对他实施电击。实验者会提前说明电击很痛，但对人体无害。学习者待在另一个房间里，因此"教师"会认为学习者也是志愿者。然而，学习者实际上是研究人员假扮的。当教师实施电击时，他会假装因痛苦而发出尖叫。学习者不时故意回答错误问题，实验者就会要求教师逐渐增加电压。所有的志愿者都按照他们的指示行动，直到电击设备的电压高达300伏。这时，学习者会惨叫连连，而只有大约三分之一的志愿者会停止电击，其余三分之二的志愿者则选择了继续，即使学习者越来越虚弱并恳求他们停止，甚至因遭受更强的电击而"晕厥"时，他们仍选择继续实验。

神经科学与心理学 第**34**页

实验 145

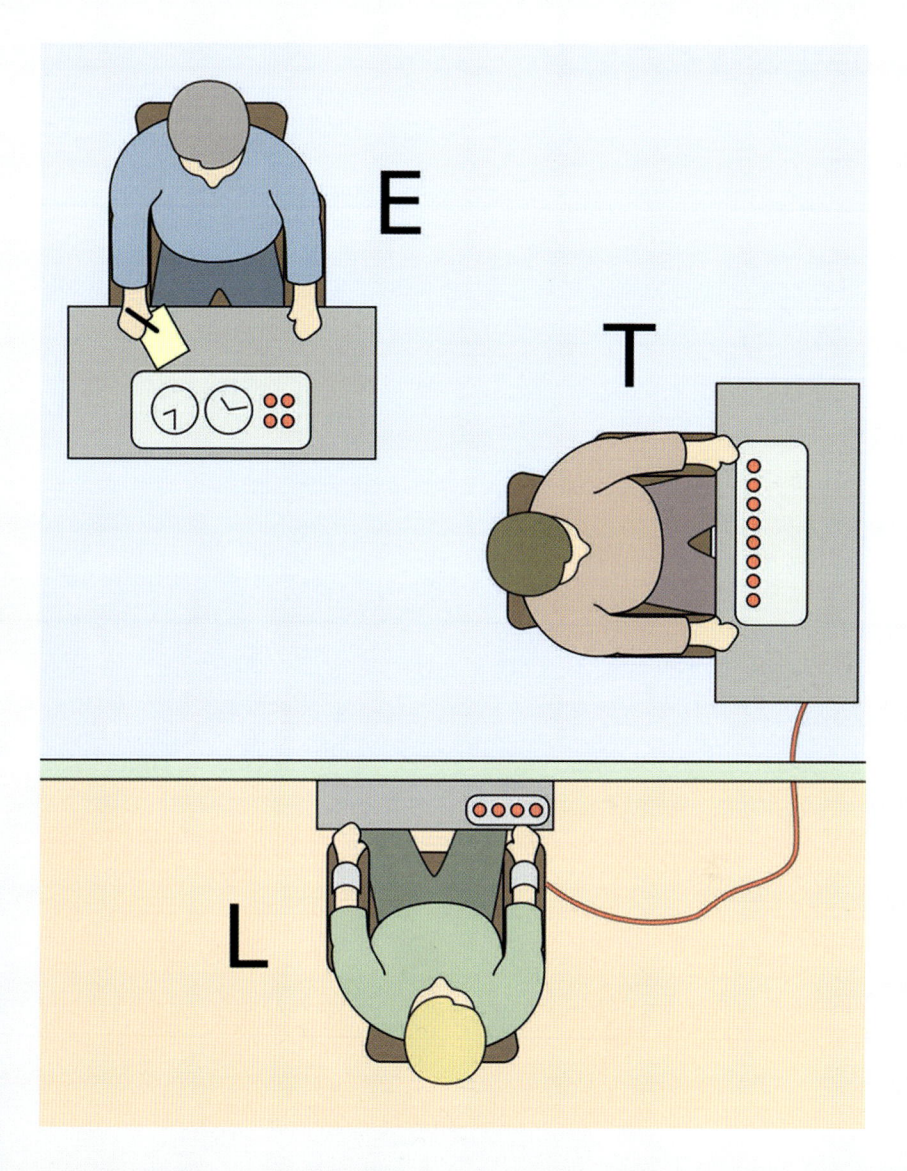

实验人员（E）说服实验对象"教师"（T）给另一个假的实验对象"学习者"（L）实施电击，并让他（T）以为该过程是痛苦的。

→ 科学研究过程 第182页 临床试验 第208页 机器学习 第213页

146 科学三万年

宇宙微波背景辐射

乔治·斯穆特 等：《时间的折皱》·美国，纽约

1965

宇宙正在消失 第 **37** 页

乔治·斯穆特的主要著述

《知识的统一》，2002 年

乔治·斯穆特：

乔治·斯穆特（1945—）是宇宙背景探测器（COBE）的主要研究者之一，他与合作者约翰·马瑟（1946—）一起获得了 2006 年的诺贝尔物理学奖。据报道，斯穆特将奖金全数捐给了慈善机构。三年后，他出现在《你比五年级学生聪明吗？》节目上，并赢得了 100 万美元的节目奖金。他现在仍在研究宇宙微波背景辐射（CMB）以及暗能量和红外天文学。

在过去的 30 年里，没有任何物理证据能证明大爆炸理论——宇宙始于 138 亿年前的一场大爆炸。然而，1965 年，人们发现了一种弥漫在天空每个角落的微弱辐射——微波。这与大爆炸理论相吻合，根据该理论，这是宇宙最初的闪光，是宇宙在形成大约 30 万年的时候因第一个原子的产生而释放出来的。这束被称为宇宙微波背景辐射的辉光是科学家们在使用灵敏的无线电接收器研究卫星通信时偶然发现的。原子最初释放的光被不断膨胀的宇宙拉伸成频率很低的微波，但它让我们知道了早期宇宙结构的大致模样，在那时，物质和能量要比现在密集得多。1989 年，宇宙背景探测器绘制出了 CMB 的温度图。该温度曲线在大部分时候都是"光滑"的，且温度一直很低，只比绝对零度高 3.5 摄氏度。然而，探测器发现某些区域存在细微的温度差，随后便进行了更详细的调查，发现那些温暖的区域就是宇宙进一步膨胀时形成星系团的地方，而那些寒冷的区域现在就是巨大的空洞——无尽的空虚。

在斯穆特和马瑟之前，20 世纪 60 年代，美国天体物理学家阿诺·彭齐亚斯（图左，1933—）和罗伯特·伍德罗·威尔逊（图右，1936—）通过新泽西州霍姆德尔的贝尔实验室的霍恩无线电天线偶然观测到了宇宙微波背景辐射。1978 年，两人共同获得了诺贝尔物理学奖。

宇宙大爆炸 第 169 页 暗物质 第 175 页 望远镜 第 189 页

系外行星

美国国家航空航天局（NASA）： 开普勒任务

1995

主要著述

迈克尔·佩里曼，《系外行星手册》，2018年

人们很难相信宇宙中只有太阳这一颗恒星拥有围绕它运行的行星。然而，探测太阳系外行星（系外行星）的过程并不容易。从地球上看，它们不仅微小得难以观测，而且它们的光也完全被淹没在恒星的强光中。

第一颗围绕恒星运行的系外行星是1995年使用一种光谱技术发现的，该技术可以探测到恒星发出的光的颜色变化，这些变化表明恒星在行星引力的作用下发生了轻微的摆动。2009年，NASA的开普勒天文台启动了太空望远镜，开始以这种特别的方法寻找系外行星。当行星运行到其母恒星前面时，它会挡住部分光线，使恒星变暗，这叫作"凌日"。开普勒太空望远镜远离因大气层而扭曲的区域，只盯着天空的一小块地方，并努力寻找先变暗后变亮的恒星，那些恒星可能就位于太阳系外，有围绕它运行的行星。在地球上使用分光镜也可以确认系外行星的存在。科学家还能利用变暗的程度和移动的幅度来计算系外行星的大小和轨迹。那么，是否存在和地球相似的系外行星呢？开普勒太空望远镜一直工作到2018年，共扫描了530506颗恒星，发现了2662颗行星（还有许多有待考证），其中有几个足够小且位于适居带上，它们与地球类似，因此可能藏有外星生命。

约翰尼斯·开普勒：
开普勒是德国天文学家，系外行星探测器就是以他的名字命名的。开普勒利用其他天文学家所收集的数据总结出了行星的运动规律，说明了行星围绕恒星运行的轨道是椭圆形的，而不是圆形的。

古代天文学家 第**12**页

实验 149

在科罗拉多州博尔德的鲍尔航空航天技术公司一间洁净室中的开普勒宇宙飞船（2008 年）。

→ 太阳系的起源 第 **179** 页 望远镜 第 **189** 页 行星探测车 第 **215** 页

暗能量的发现

亚当·里斯、布莱恩·施密特和萨尔·波尔马特:《宇宙加速的观测证据》·智利,托洛洛山美国洲际天文台;美国,夏威夷,凯克天文台

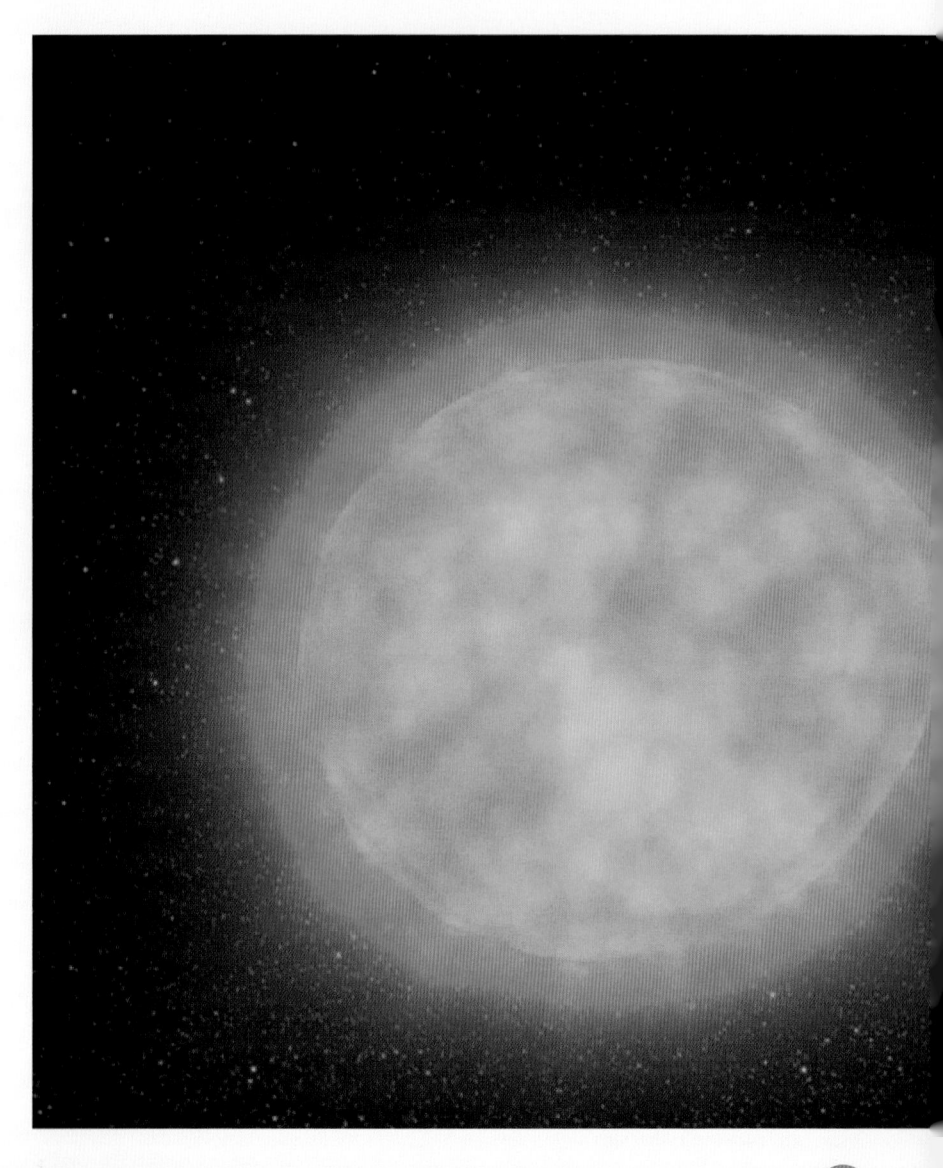

1998

古代天文学家 第 **12** 页 宇宙的大小 第 **28** 页 宇宙正在消失 第 **37** 页

亚当·里斯的主要著述

《好奇的物理学：为什么要学习物理学》，2016 年

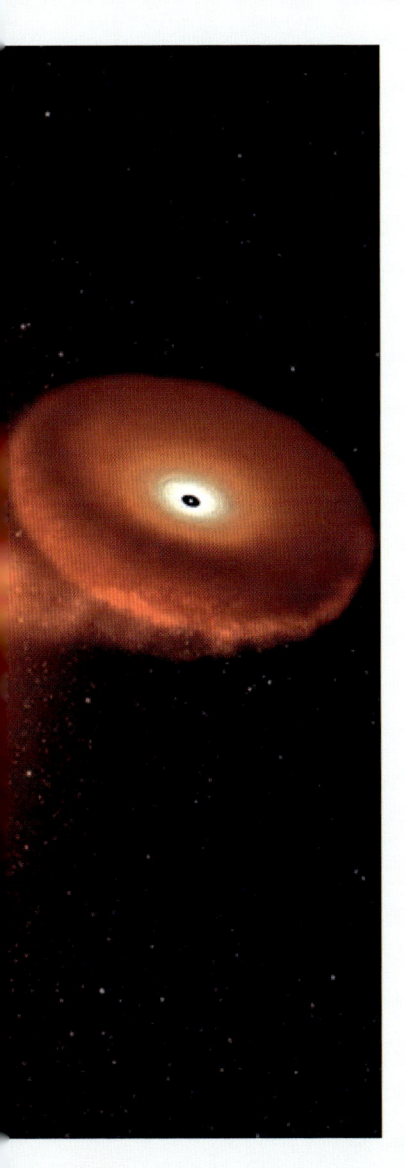

亚当·里斯：

暗物质最初是通过两项独立的调查发现的：一项是澳大利亚人布莱恩·施密特（1967—）和美国人亚当·里斯（1969—）一起做的；另一项是里斯和萨尔·波尔马特（1959—）一起做的。这三人都获得了 2011 年的诺贝尔物理学奖。里斯此前还获得了多个奖项，包括 2008 年的麦克阿瑟"天才奖"，奖金 100 万美元。

1929 年，人们发现宇宙正在膨胀，这在一定程度上促成了大爆炸理论的提出，但也引出了一个悬而未决的大问题：宇宙会永远膨胀下去吗？还是所有恒星的引力会减弱，减缓膨胀，甚至有一天宇宙会由膨胀转为收缩？

答案取决于宇宙的质量。这里所说的宇宙包括所有我们看不见的暗物质。因此，在 20 世纪 90 年代，人们开始参考 1a 型超新星研究宇宙的膨胀——那些恒星会在达到太阳质量的 1.44 倍时爆炸。知道了这些恒星的大小，天文学家就可以利用它们的相对亮度计算出它们与地球之间的距离，而越暗的恒星离我们越远。由于多普勒效应，空间的膨胀也使恒星的光发生了红移。据预测，将宇宙中较古老的部分的膨胀速率与较新的部分的膨胀速率进行比较，就可以得出宇宙的膨胀速度正在逐渐减缓。然而令人惊讶的是，1998 年人们发现的事实与该猜想恰恰相反：宇宙正在加速膨胀。这是由于存在一种神秘的反引力效应，即暗物质——储存在真空中的能量。随着宇宙的膨胀，会产生越来越多的真空，从而继续膨胀。

白矮星的质量达到太阳质量的 1.44 倍时，就再也无法维持自身引力平衡，会像图片展示的那样发生爆炸。

宇宙大爆炸 第 169 页 暗物质 第 175 页 宇宙暴胀 第 176 页

激光干涉引力波天文台

基普·索恩和罗杰·布兰福德：《现代经典物理学》·美国，普林斯顿

2016

爱因斯坦于 1915 年提出的广义相对论解释了物体会扭曲或弯曲其周围的空间。该理论的预测之一是，穿过宇宙的物体会在空间中留下波纹。人们花了约 100 年时间才发现了这样的波纹，而在 2016 年，激光干涉仪引力波天文台（LIGO）实验确定了深空中两个黑洞碰撞会产生涟漪或引力波。引力波本身很稀有，且被压缩了，所以很难测量它们的影响，因为测量设备也会随之被拉伸和挤压。LIGO 使用激光来探测引力波。一束激光被分成两束垂直光束，沿着 4 千米长的隧道发射。隧道远端设有镜子，会将光束反射回去。两面镜子之间的距离为波长的一半（几十亿分之一米），所以当光束回到探测器时，它们因完全不同步而相互抵消。一个经过的引力波会拉伸其中一个隧道和里面的光束，改变后者的波长，导致返回的光束不再相互抵消，而是结合形成闪烁的激光信号。LIGO 现在提高望远镜技术，可以通过宇宙内容物的引力成像宇宙。

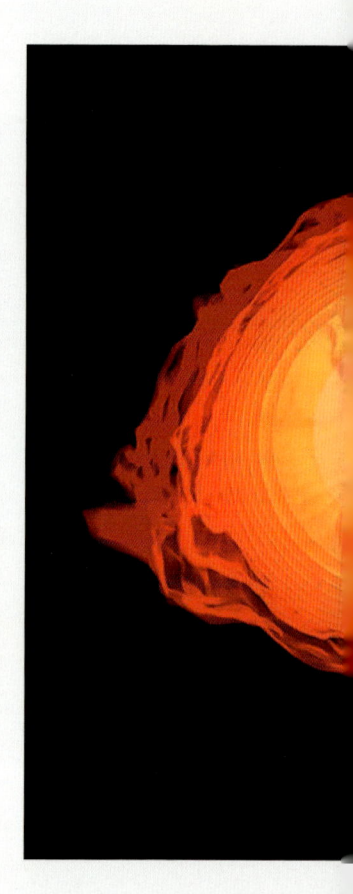

一对中子星碰撞、合并形成黑洞。

> **基普·索恩：**
>
> 基普·索恩（1940—）是美国犹他州人，他与发明激光干涉测量系统的雷纳·韦斯（1932—）和巴里·巴里什（1936—）一起获得了 2017 年的诺贝尔物理学奖。索恩在 1984 年创立了 LIGO 项目，也是黑洞和虫洞方面的世界级专家。他还是 2014 年的科幻电影《星际穿越》的科学顾问。

古代天文学家 第 12 页 宇宙的大小 第 28 页

基普·索恩的主要著述

《黑洞与时间弯曲——爱因斯坦的幽灵》，1994 年

《〈星际穿越〉背后的科学》，2014 年

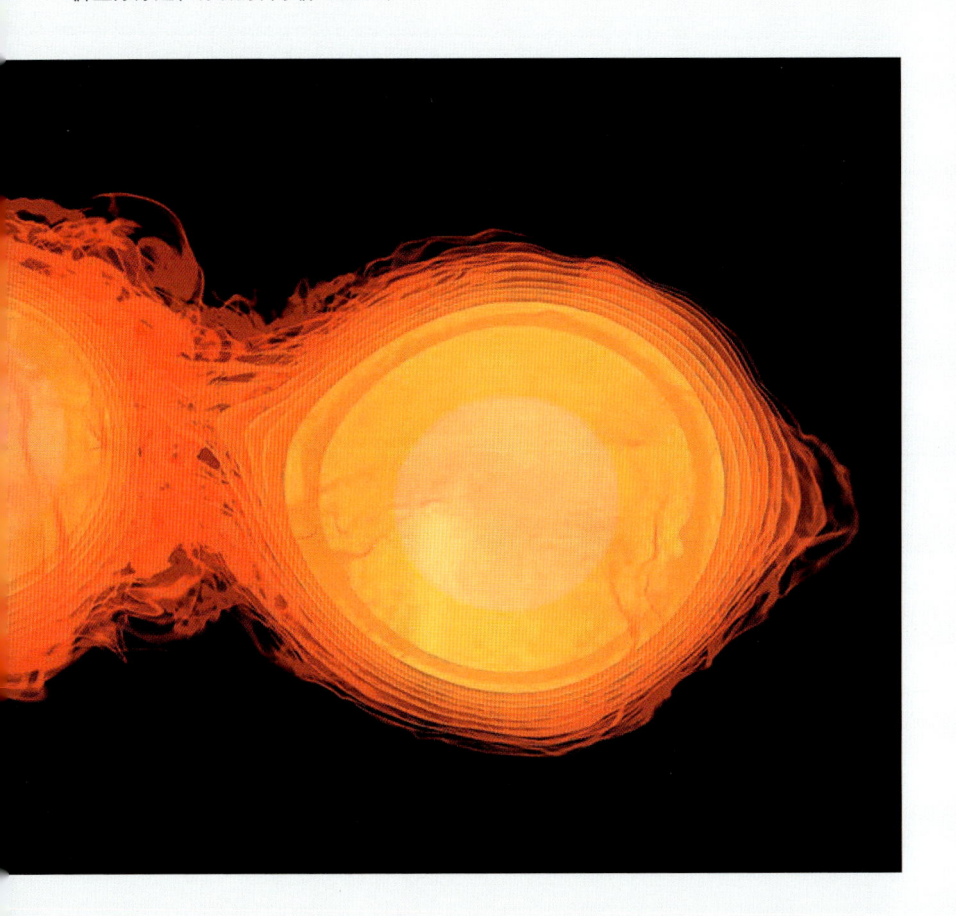

→ 万有引力 第 **158** 页 相对论 第 **163** 页 望远镜 第 **189** 页

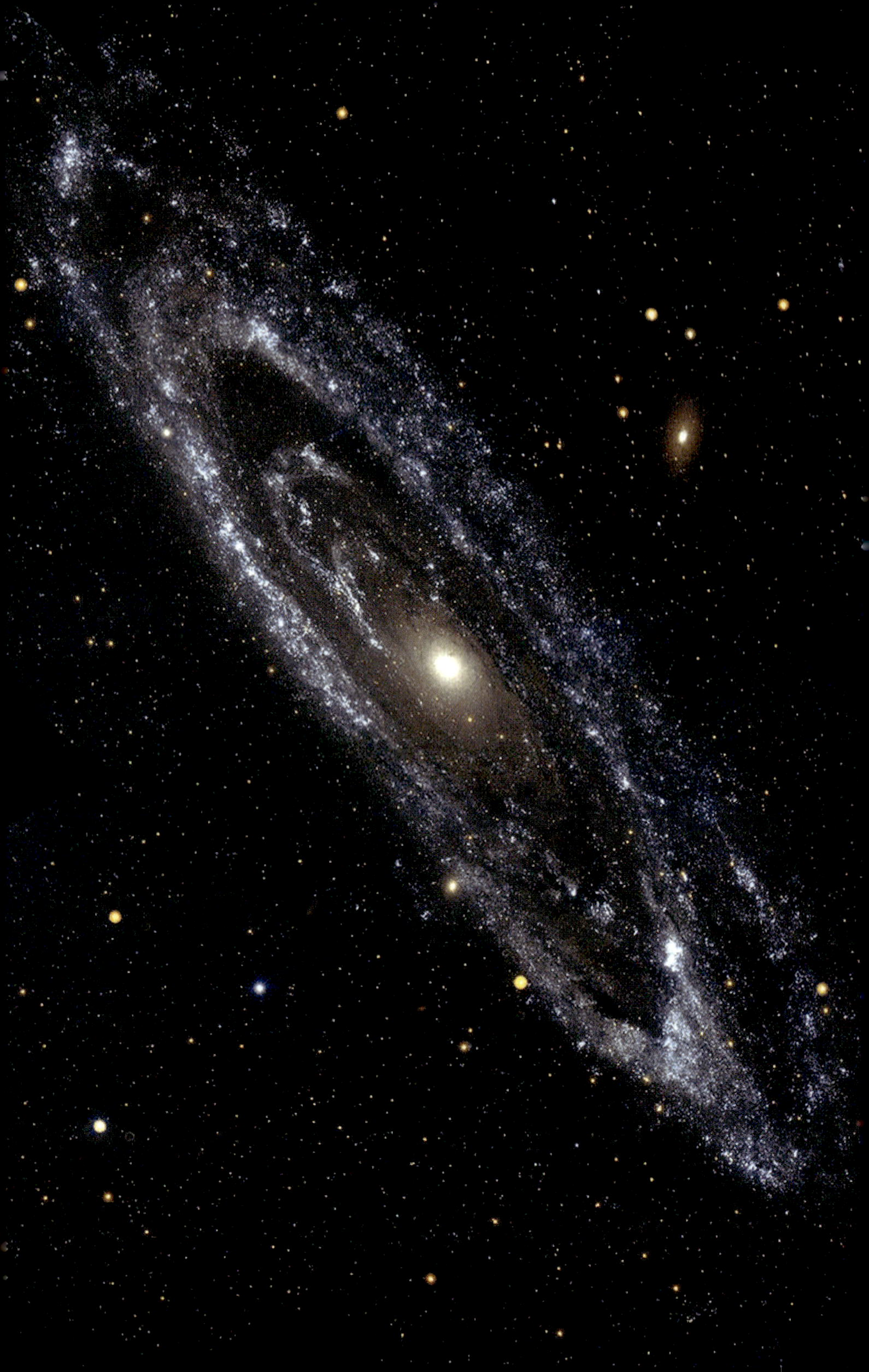

理论

- 泛种论 156 • 牛顿运动定律 157 • 万有引力 158 • 原子论 159
- 热力学定律 160 • 自然选择的进化 161 • 元素周期表 162
- 相对论 163 • 板块构造学 164 • 四种基本力 165
- 不确定性原理 166 • 量子物理学 167 • 价键理论 168
- 宇宙大爆炸 169 • 恒星核合成 170 • 锁钥学说 171
- 生物学中心法则 172 • 内共生 173 • 标准模型 174 • 暗物质 175
- 宇宙暴胀 176 • 多世界诠释 177 • 人为气候变化 178
- 太阳系的起源 179

泛种论

主要科学家： 阿那克萨戈拉

生命的起源是什么？泛种论提出，地球上的第一个生命，或者至少组成生命的复杂化学物质来源于外太空。这是一个非常古老的观点，是由古希腊哲学家阿那克萨戈拉（约公元前500—前428）首先提出的。在他看来，燃烧的流星从天而降，为地球带来了生命。该理论的本质后来没有什么变化，但随着人们对生物化学、遗传学及生命进化的了解不断深入，该理论得到了充实。泛种论的基础是复杂化学物质如DNA不能自发形成，米勒模拟实验对此提出的强烈质疑。然而，最新的泛种论提出，陨石的冰冻内核中有着石生生物（以吃岩石为生的微生物），它们随着陨石来到地球并在撞击中幸存下来，由此形成生命。如果有人愿意相信生命起源于其他地方（例如太阳系其他地方），这个理论也不算太牵强，但事实真相如何，我们仍不得而知。

重要发现：

植物是自养生物（自行制造自身生长所需的营养），动物是异养生物（吃其他东西），而石生生物是相对简单的单细胞微生物，它们以岩石中的铁、硫或氮作为能量来源。这类生物是在地壳下至少3千米处被发现的，可能占地球生物总量的一半。

1783年的铜板雕刻画作，描绘的是英格兰特伦特河畔纽瓦克上空流星雨划过的壮观景象。

古希腊哲学家 第13页　生命起源 第140页　双螺旋 第142页

牛顿运动定律

主要科学家： 艾萨克·牛顿、伽利略·伽利雷

艾萨克·牛顿在他 1687 年出版的巨著《自然哲学的数学原理》中提出了钟表宇宙观。他总结道，从光束到行星，宇宙中的所有物体都遵循三大运动定律，无一例外。牛顿第一定律指出，任何物体都保持静止或匀速直线运动状态，直到其他物体的作用迫使它改变这种状态为止。第二条定律为，物体加速度的大小与它所受到的合外力成正比，与它的质量成反比，加速度的方向与作用力方向相同。公式：力 = 质量 × 加速度（$F=ma$）。换言之，某物受到的撞击越猛烈，就移动得越远。最后一条定律最常被人引用："每个作用力都有一个大小相等、方向相反的反作用力。"如今的人们对这句话的理解更宽泛，但牛顿的意思是，当一个力作用在一个物体上时，这个物体会以大小相等的力作用于相反方向。这就是为什么推重物反而会使人后退，而物体却保持静止。

重要发现：

运动总是相对的。为了方便，地球（通常指其表面）这个参照物通常都被认为是静止的。当然，相对于太阳或银河中心，地球正以巨大的速度飞驰。最早提出这个概念的人是伽利略，后来牛顿也提出了相同的观点，而爱因斯坦在发现有些物理现象（尤其是光学现象）与牛顿的宇宙学说不相符后，对其进行了完善。

牛顿的旷世巨著《自然哲学的数学原理》第一版第一页。

科学革命 第 18 页　钟摆定律 第 52 页　重力加速度 第 55 页　地球的质量 第 74 页

万有引力

主要科学家： 艾萨克·牛顿

艾萨克·牛顿在他 1687 年的巨著《自然哲学的科学原理》中除了提出三大运动定律，还提出了一个完整的万有引力理论。该理论说明了使苹果从树上掉下来的力与使月球和行星在轨道上运行的力是相同的。牛顿的创新之处在于认识到万有引力作用于所有物体之间，所以苹果被地球引力吸引，地球也被苹果引力吸引。地球在这场拔河比赛中胜出，因为它的质量大得多，于是苹果落在地球上。此外，这种力与距离之间存在平方反比关系，即当两个物体之间的距离加倍时，作用在它们之间的引力会变成原来的四分之一。而距离增加 10 倍，引力就会减少到原来的 1%，下降得非常快。牛顿的万有引力定律可以解释为什么炮弹的运行轨迹是一条抛物线，而且说明了如果物体被抛出时速度足够大，就可以被送上环绕地球的轨道，甚至完全摆脱地球引力。

重要发现：

牛顿多年来都对自己的成果秘而不宣，这引起了诸多关于成果优先权的争论。例如，他与戈特弗里德·莱布尼茨（1646—1716）就为谁发明了微积分而争执不休，此事也引起了科学界的分歧。而罗伯特·胡克则称牛顿万有引力定律中的平方反比定律是他首次提出的。胡克是英国最多产的科学研究者之一，但牛顿在他去世后销毁了他的全部成果。

万有引力理论的提出者，艾萨克·牛顿爵士的肖像，创作于 1715 年至 1720 年间。

科学机构的兴起 第 19 页 太空竞赛 第 32 页 重力加速度 第 55 页 胡克定律 第 62 页

原子论

主要科学家： 德谟克利特、约翰·道尔顿

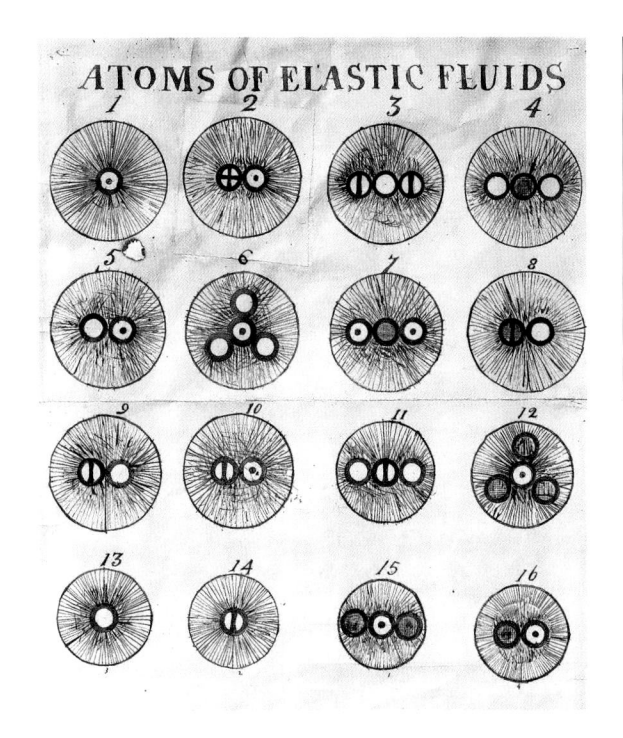

重要发现：

约翰·道尔顿在 1808 年提出了原子理论，并以此为基础说明了定比定律——早已有化学家注意到两种元素的化合物与其组成元素的质量存在一定比例关系。道尔顿认为这是由于元素的原子有序地结合在一起，这种组合就是今天所说的"分子"。

约翰·道尔顿于 1925 年绘制的一系列原子公式图之一。道尔顿的理论基础是不同元素的原子性质各不相同，可根据质量来区分。

原子（atom）一词来源于古希腊语，意思是"不可分割的"，而从那时起，人们就认为存在小到不可切割的粒子。它起源于一个关于空间和运动本质的哲学问题，但后来被德谟克利特（约公元前 460—前 370）用来解释物质的性质。例如，一些原子似乎带钩子，所以互相钩住，聚集在一起，而另一些原子则像锯齿似的参差不齐，摸起来很痛。

直到 19 世纪早期，原子仍然是假想的实体。后来，约翰·道尔顿（1766—1844）发现了证据，证明气体即使混合在一起也表现为不同的物质，混合气体的压力等于各组分气体在同样条件下单独占有该容器时的压力总和。这说明了气体由微小而又独立的单位（粒子或微粒）组成。于是，道尔顿把这些粒子叫作"原子"。

炼金术 第 15 页 化学的诞生 第 20 页 气体定律 第 60 页 布朗运动 第 90 页 电子的发现 第 114 页

热力学定律

主要科学家： 詹姆斯·焦耳、开尔文勋爵、赫尔曼·冯·赫尔姆霍茨

热力学是物理学的一个分支，研究的是能量转化，它以 19 世纪提出的三个基本定律为支撑。此前的几百年里，热和光都被误认为是物质。事实上，能量不是物质，而是一种做功的能力。对于物理学家来说，功就是在给定距离上施加一个力，功率则是做功的速率。为了做功，能量可以有多种形式，这就引出了热力学第一定律：能量既不会创生也不会消灭，只能改变形式，如变成动能、热能、光能或声能。热力学第二定律指出，一个封闭或离散系统的熵（热力学函数）会随着时间的推移而增加。能量的这种复杂的统计特征意味着它总是变得更加离散。热力学第三定律指出，最低的温度是绝对零度（0 开尔文，简称"零开"，等于 $-273.15°C$）。要达到这个温度是不可能的，因为这需要无限大的冰箱和无限长的时间。

重要发现：

除了三大定律之外，还有一条热力学第零定律，之所以如此命名，是因为它比其他定律更早为人所知，但是在第一条定律出现后才被正式提出。第零定律指出，两个相互接触的系统会进入热平衡状态。简而言之，两个温度不同但是相互连通的空间最终会变得温度相同。

威廉·汤姆逊（1824—1907），第一代开尔文男爵，又称开尔文勋爵。他创立了热力学温标，现在国际单位制中的温度单位就是以他的名字命名的。

新物理学 第 27 页　气体定律 第 60 页　卡诺循环 第 89 页

自然选择的进化

主要科学家： 查尔斯·达尔文、阿尔弗雷德·拉塞尔·华莱士、让－巴蒂斯特·拉马克

进化论是科学在人类探索自我的过程中最重要的贡献之一，也是最有争议的理论之一。来自岩石和化石的证据告诉我们，地球确实非常古老，现今的生物与过去的生物截然不同。此外，新的生命形式是从旧的生命形式发展或进化而来的。为什么会这样呢？查尔斯·达尔文（1809—1882）在他 1859 年的著作《物种起源》中给出了这个问题的答案。达尔文发现，一个物种的成员之间存在着巨大的差异，有些成员比其他成员更有机会赢得生存的挑战。大自然选择了它们，它们寿命更长，且能够繁殖更多后代，而那些不能适应环境的动物则无法繁育后代，渐渐被淘汰。自然选择确保优秀的性状代代相传，无法在竞争中获胜的性状都会被剔除。另外，变异一直都在发生，新的性状不断出现，所以自然选择一直在汰劣留良，逐渐改变地球上的所有生命。

重要发现：

达尔文的理论并非无中生有。他的祖父伊拉斯谟斯·达尔文（1731—1802）早已注意到对于生存的渴望使得留下来的都是最适应环境者。与伊拉斯谟斯同时代的让－巴蒂斯特·拉马克（1744—1829）提出，性状的获得使生物逐渐演变，比如铁匠的双手长满老茧、肌肉发达，这样的特征就会遗传给下一代。查尔斯·达尔文的理论与阿尔弗雷德·拉塞尔·华莱士（1823—1913）的看法相似，两人还就此观点共同发表了一些文章。

这幅 1874 年的漫画证明了起初人们并不喜欢人类与类人猿有亲缘关系的观点。

基因的存在 第 106 页 染色体的功能 第 109 页 生命起源 第 140 页 双螺旋 第 142 页

元素周期表

主要科学家： 德米特里·门捷列夫

元素周期表（1925年），俄罗斯西里尔文字版。

1869年，德米特里·门捷列夫（1834—1907）总结出了著名的元素周期表，将科学已知所有元素按其化学性质分组排列，系统而清晰地展现了元素的相关信息。该列表反映了每种元素独特的亚原子结构的差异，而当时的门捷列夫（以及同时代的所有人）还不知道原子是由电子、质子和中子构成的。门捷列夫从最轻的氢开始，按原子质量（1个原子的质量）递增的顺序排列元素，还把性质相似的元素放在一个纵列，使其形成一定重复或周期。元素周期表通常有7行（每行为1个周期）18列（每列为1族）。同一周期的元素原子大小、能量和电子性质相似。同族的元素通常具有相同的电子排布。

重要发现：

俄国化学家门捷列夫利用元素周期表成功预测了当时尚未发现的元素的特性，证明了其价值。近50年后，当有人发现此表与亚原子结构的联系时，人们才明白个中缘由。该表中同一周期的元素核外电子层数相同。当最外层排满电子时，会出现一个新的亚层，新的周期就开始了。

化学的诞生 第20页 放射性的发现 第112页 电子的发现 第114页
原子核 第126页 原子论 第159页

相对论

主要科学家： 阿尔伯特·爱因斯坦

重要发现：

1905 年，爱因斯坦就提出了狭义相对论。到 1916 年，他扩展了相对论的范围。相对论的提出与后来的量子力学一起为现代物理学奠定了基础。广义相对论是引力理论：所有能量都会让空间弯曲，而质量是能量的浓缩形式。当另一个有质量的物体进入这个空间时，它的路径不再是直线，而是向第一个物体弯曲，因此它看起来在向第一个物体靠近。

1921 年，阿尔伯特·爱因斯坦被授予诺贝尔物理学奖。

20 世纪初，一些著名物理学家认为他们或多或少已经弄清楚了宇宙的运动规律，而理论和观察之间的任何误差都是由于人为错误和设备不够精确造成的。然而，物理学家阿尔伯特·爱因斯坦并不赞同。他想知道如果宇宙中的一切都遵循牛顿运动定律，那为什么光速是恒定的，其他速度都是相对的。为什么一辆徐徐驶近的火车射出来的光束和轨道旁静止的光束同时到达观察者的眼中呢？按照牛顿的理论，火车的灯光应该移动得更快才对。爱因斯坦的答案是狭义相对论，根据该理论，一个物体（例如火车）在空间中移动得越快，在时间中移动得越慢。这列火车穿越时间的速度已经放缓到足以让它的光不打破宇宙的速度极限——光速。

新物理学 第 **27** 页 宇宙正在消失 第 **37** 页 布朗运动 第 **90** 页 不存在的以太 第 **108** 页 电磁波的发现 第 **110** 页 激光干涉引力波天文台 第 **152** 页 牛顿运动定律 第 **157** 页

板块构造学

主要科学家： 阿尔弗雷德·魏格纳、玛丽·萨普

1961 年左右，美国哥伦比亚大学拉蒙-多尔蒂地球观测所，玛丽·萨普在大厅的绘图桌前工作。

16 世纪后期，人们第一次绘制出了较为精确的世界地图，于是地理学家说，我们的大陆似乎是一幅大拼图的碎片，如果没有被海洋分割开来，就能拼成一整块。也许它们在地球的作用力下分开之前，曾经连成一片呢？20 世纪初，阿尔弗雷德·魏格纳（1880—1930）的研究为这种说法提供了论据。他证明了大西洋两岸的岩层在年代和组成上是相同的，它们是在同一时间同一地点形成的。大约 40 年后，"大陆漂移说"发展成为"板块构造理论"：地壳分解成几十个板块；这些板块漂浮在地幔内部翻腾的熔融物质之上，在板块之间的边界处，熔融的岩石（岩浆）向上喷射，迫使板块分离。在有些边界处，岩浆填满了缝隙，形成了新的地壳；还有些"破坏性"的边界处，一个板块下沉到另一个板块之下，熔化成地幔。

重要发现：

板块构造学中"构造学"一词意为"与建筑有关"。1953 年，人们发现了大西洋中脊，这是板块构造学发展的一大步。当时，地质学家玛丽·萨普（1920—2006）利用回声测深技术绘制出了大西洋海底地图，从而揭示了中间从北向南延伸的巨大山脉。这个山脊后来被确定为一个重要的板块边界，是板块被拉开的地方。

四种基本力

主要科学家： 艾萨克·牛顿、阿尔伯特·爱因斯坦、玛丽·居里、默里·盖尔－曼

物理学将宇宙中的所有活动归结为四种基本力的相互作用。其中人们最熟悉的是最弱的引力，但它是长程力，作用距离在宇宙范围内几乎是无限远。万有引力是所有物体都具有的吸引力，与质量成正比，像黑洞这样大质量的物体就有着巨大的引力。其次是电磁力，比万有引力强100万亿亿倍，尽管我们很少用到这样的数量级。它的特点是"异性相吸，同性相斥"，磁力和电流背后都是它在起作用。从根本上说，电磁力是使原子中带负电的电子和带正电的质子结合在一起并维持化学键的力。另外两种力分别是强相互作用力（强力）和弱相互作用力（弱力），只作用于原子核的微小范围内。强力是四种作用力中最强的，将质子和中子及里面的夸克粒子束缚在原子核内。而弱力使原子核在不稳定的情况下释放粒子，产生放射性现象。

重要发现：

大统一理论（GUT）认为，在宇宙的早期阶段，电磁力、强相互作用力和弱相互作用力这三种力是统一的，叫作电核力。由于温度过高，电核力只存在了 10^{-36} 秒，随后强相互作用力分离出去。但该理论指出，尽管电磁力和弱相互作用力在低能量下分别起作用，二者仍保持统一。至于如何将引力纳入大统一的范畴，仍有待研究。

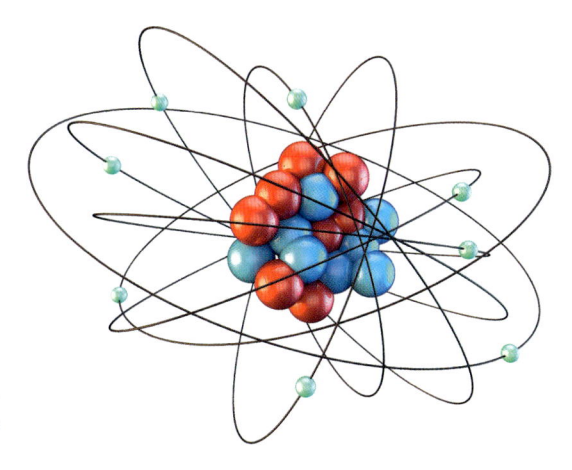

在一个氧原子中，8个电子围绕8个质子和8个中子旋转。

标准模型 第174页 盖革－米勒计数管 第191页 粒子加速器 第199页

不确定性原理

主要科学家： 沃纳·海森堡、路易·德布罗意、马克斯·玻恩

沃纳·海森堡（摄于 20 世纪 60 年代末）。人们经常将不确定性原理称为"海森堡不确定性"原理。海森堡是量子力学的领军人物，量子力学使用数学工具来解释和理解亚原子世界。

光像波和粒子一样运动，这已经足够令人困惑了，1924 年，法国理论物理学家路易·德布罗意（1892—1987）提出，不仅仅是光的粒子——光子，所有的亚原子粒子都这样运动。人们已经知道，光波的频率和波长与所携带的能量有关，但德布罗意建议将所有粒子都视为"波形"，以一种统一的方式代表光的能量、位置和其他物理性质。

1927 年，乔治·汤姆逊（J.J. 汤姆逊的儿子）证明了电子确实也是一种波。与此同时，两位德国物理学家沃纳·海森堡（1901—1976）和马克斯·玻恩（1882—1970）发现波形只在一定的概率下才有效。这意味着如果一个粒子的位置是已知的，那么我们只能估测它的动量（反之亦然）。位置越精确，对动量的估计就越不确定。这个与量子特性相关的概念，就是不确定性原理。

重要发现：

因果关系： 不确定性原理说明量子具有一种可怕的能力，即叠加态。一个粒子可以同时出现在多个地方，而且只有当波形"坍缩"并固定在一个确定的位置时才能测定。量子力学的不确定性打破了因果之间的联系，因为一个原因可能产生多个结果，而哪个结果会发生，全凭偶然。

新物理学 第 **27** 页 双缝实验 第 **86** 页 光谱学 第 **102** 页 电磁波的发现 第 **110** 页 电子的发现 第 **114** 页 波粒二象性 第 **128** 页

量子物理学

主要科学家： 马克斯·普朗克、阿尔伯特·爱因斯坦、尼尔斯·玻尔

量子物理学起源于对电子和质子的研究。20 世纪初，马克斯·普朗克发现，对于物体辐射出光、热等辐射类能量的唯一解释是，它们以微小的能量包或量子的形式释放能量。量子体积大小不一，但吸收或释放能量后大小也不会改变。1905 年，爱因斯坦假设量子是由被称为光子的粒子携带的，光的行为既像波，也像粒子流。每个光子的能量决定了光的波长或颜色。后来，尼尔斯·玻尔（1885—1962）对这一观点进行延伸，他发现原子只能吸收和释放一定大小的能量包。这就解释了为何特定元素的原子总是释放出一种或一系列独特的彩色光（以及不可见的辐射）。

重要发现：

原子模型：玻尔关于原子结构的模型引入了电子轨道的概念。这些轨道围绕在原子核周围，可以容纳一定数量的具有一定能量的电子。每种原子携带的能量是特有的。当携带适当能量的光子撞击原子时，就会被吸收，并使电子发生"量子跃迁"，进入能量更高的轨道。当电子回到原来的位置时，它又会以光子的形式再次释放能量。

尼尔斯·玻尔是量子物理学"哥本哈根诠释"的支持者，根据该理论，每一种特定的物理性质都是偶然出现的。照片摄于 1923 年。

宇宙的大小 第 **28** 页 双缝实验 第 **86** 页 光谱学 第 **102** 页 电子的发现 第 **114** 页 电荷测量 第 **120** 页 波粒二象性 第 **128** 页

价键理论

主要科学家： 莱纳斯·鲍林

在自然状态下，几乎所有原子都与一个或多个原子相连，形成分子。元素有时是单质，但更多情况下，它们会与一种或多种其他元素结合形成化合物，如水（氢和氧元素结合）。大多数元素的原子最外层轨道是不完整的，有空间容纳更多的电子。而原子形成键就是为了填满最外层轨道，达到更稳定的状态。只有稀有气体（如氦）的外层轨道是完整的，所以它们几乎很难发生化学反应和形成化学键。目前已经发现超过1000万种化合物，其中90%以上的化合物包含共价键。在这种化学键中，相邻的原子共享电子，用来填充它们的外层轨道。人们对化学键的认识在20世纪初得到了发展，这尤其要归功于美国科学家莱纳斯·鲍林（1901—1994）1931年发表了具有划时代意义的论著《化学键的本质》。

重要发现：

原子之间以金属键和离子键连接。金属元素只有几个外层电子，所以很容易失去。金属元素失去外层的电子，变成正离子；非金属元素接受电子，变成负离子。这些带相反电荷的离子被吸引到一起，形成离子键。在纯金属和混合金属中，外层电子从单个原子中挣脱出来，形成一个共享电子的海洋，将原子聚集在一起，金属键就形成了。

鲍林与他的分子模型。他一生两次获得诺贝尔奖（1954年和1962年），第一次就是因为价键理论获得诺贝尔化学奖。

化学的诞生 第20页 电 第24页 氧气 第72页 原子论 第159页

宇宙大爆炸

主要科学家： 乔治·勒梅特

重要发现：

大爆炸不是一个一成不变的单一理论，而是一系列阐释宇宙如何演变成如今这个模样的想法的总称。虽然大爆炸核合成理论成功阐述了早期宇宙是如何形成原子、恒星和星系的，但宇宙最早的面貌仍是一个未解之谜，而且该理论没有提供关于时间、空间和能量如何形成的洞见。

乔治·勒梅特是第一个将宇宙膨胀的概念理论化的科学家。

爱因斯坦的相对论表明，宇宙不可能是静止的。牛顿以及之前许多人想象中恒定不变的完美钟表宇宙只是一个神话。相反，宇宙要么变得越来越大，要么变得越来越小。1927年，比利时物理学教授、天主教神父乔治·勒梅特（1894—1966）提出支持爱因斯坦的理论（1929年宇宙的暴胀得到了证实）。如果宇宙确实一直在膨胀，那么它一定在遥远的过去某个时刻是空间中一个单一、无量纲的点。勒梅特称它为"宇宙蛋"，而20世纪40年代末的研究则说明了一个葡萄柚大小的超热宇宙是如何膨胀和冷却，并在此过程中一步步地形成了宇宙的原子物质。一位科学家试图贬低该理论，称其为"某种大爆炸"，谁知这个名字和该理论一起流传至今。

← 宇宙的大小 第28页

恒星核合成

主要科学家： 拉尔夫·阿尔菲、乔治·伽莫夫、亚瑟·艾丁顿、弗雷德·霍伊尔

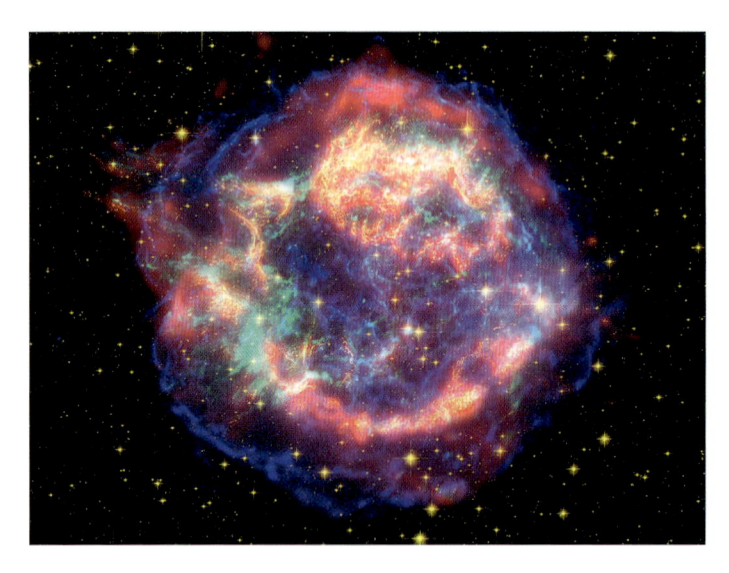

美国国家航空航天局的三个天文台拍摄的仙后座 A 的合成伪彩色照片，这是一颗距离地球 1 万光年的超新星。

"我们都是散落的星骸。"这句话可能要追溯到 20 世纪 60 年代，当时它的含义与现在完全不同，但也代表了公众刚刚开始理解关于元素形成的普遍真理，即恒星核合成理论。该理论说明了宇宙中的许多元素是如何形成的。

地球上大约有 90 种自然存在的元素，外太空的高能量事件还会形成一些元素。大爆炸后不久形成的氢原子占宇宙质量的 75%，氦原子占 23%。碳、氧和铁等常见的元素是由恒星内部较小的原子聚变形成的。恒星是巨大的热氢等离子体球体，其核心内部压力极大，以至于氢聚变成氦。这种聚变会释放出巨大的能量，这些能量就是光和热的来源。当氢耗尽时，恒星利用氦合成更重的元素，最终形成气体云和尘埃云，它们能形成新的恒星及其行星、卫星，也许有一天还会形成生命。

重要发现：

大多数恒星，包括太阳，都是矮星，体积和能力都不够强大，不足以产生比铁更重的元素。这些恒星变成红巨星后接着燃烧氦，扩散成星云（留下一个炽热的核心，即白矮星）。然而，在爆炸中消亡的超巨星，由于爆发规模巨大，可以合成更重的金、铀和氙等更加稀有的元素，形成超新星。

光谱学 第 102 页 宇宙射线 第 124 页 宇宙大爆炸 第 169 页

锁钥学说

主要科学家： 埃米尔·费歇尔

    锁钥学说阐述的是酶的作用机制，酶是一种生物催化剂，它能催化原本不会发生或非常缓慢的反应。所有生物体都需要酶，它们在所有细胞和唾液、胃液等分泌物中发挥着作用。

    锁钥学说是德国化学家埃米尔·费歇尔（1852—1919）在 1894 年提出的。他假设酶和它的目标化学物质相互作用，形成一种临时结构。所有的酶都是由蛋白质构成的，而蛋白质这类聚合物会折叠形成独特的形状。该形状的一部分是活动位点（锁）。酶作用的物质被称为底物，它们就是钥匙，精准地插入锁中。一旦被活性位点控制，底物就会发生反应，使得一个分子分裂或两个分子结合在一起。

    第一个被发现的酶是淀粉酶，于 1833 年被分离出来。淀粉酶是将淀粉消化成单糖的活性化学物质。目前人们已经鉴定出了 5000 多种酶。

重要发现：

蛋白质的形状对其功能至关重要。蛋白质是一种聚合物，是由被称为单体的小分子链组成的化学物质。这些单体中有氨基酸，其中约有 20 种氨基酸为生物体所用。氨基酸的排列顺序，即所谓的蛋白质一级结构，决定了蛋白质分子的折叠方式，从而决定了酶的形状。

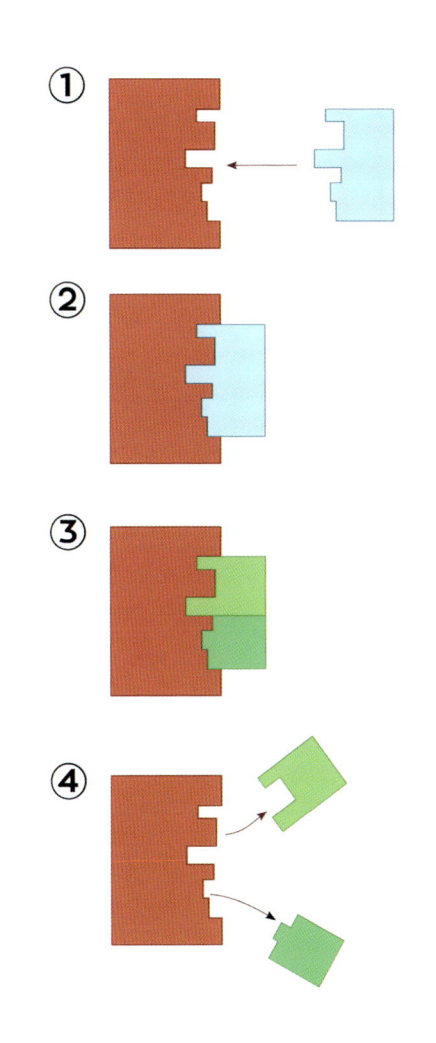

酶锁钥机制的图解：（1）底物向酶活性位点移动；（2）底物开始反应；（3）反应完成，形成两种产物；（4）产物离开活性位点。

细胞学说 第 25 页　三羧酸循环 第 139 页　生命起源 第 140 页

生物学中心法则

主要科学家： 弗朗西斯·克里克、詹姆斯·沃森

这个著名的理论旨在说明遗传信息在生物体内转移的机制。弗朗西斯·克里克在 20 世纪 50 年代末首次提出了这一理论，其基本思想是：虽然遗传信息可以从核酸转移到核酸，然后转化为蛋白质，但一旦转移完成，就不能再逆转。

中心法则的提出离不开脱氧核糖核酸（DNA）双螺旋结构的发现，它将遗传信息传递的方式分为三种，其中最重要的一种为 DNA 的复制，这是生物信息传递的常见形式。DNA 也可以被转录成信使 RNA（mRNA），然后逆转录为 DNA。但成形的蛋白质永远不能以 RNA 的形式传递回细胞核。

重要发现：

核糖核酸（RNA）在蛋白质合成过程中负责传递遗传信息。遗传密码以 mRNA 的形式从染色体转录到核糖体，核糖体本身是由核糖体 RNA（rRNA）缠结而成的。它穿过 mRNA 的密码子（每个密码子由三个碱基组成），与相应的转移 RNA（tRNA）片段相匹配，tRNA 则会接附特定种类的氨基酸。然后 mRNA 向前移动，下一个密码子指示接下来需要哪一种氨基酸。

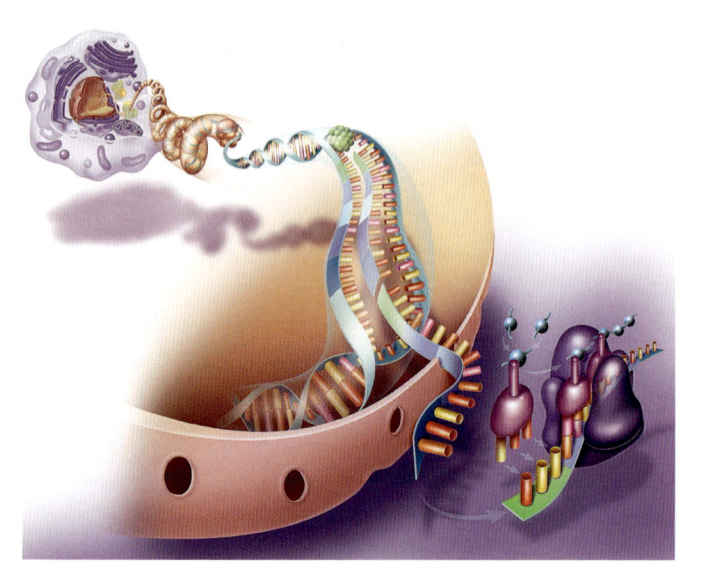

这张图展示了 DNA 双螺旋结构是如何被 RNA 解开的。DNA 中的密码携带着构建特定结构的化学物质的信息，这些物质对于生物体来说不可或缺。

细胞学说 第 25 页 遗传学 第 31 页 双螺旋 第 142 页 锁钥学说 第 171 页

内共生

主要科学家： 林恩·马古利斯

美国生物学家林恩·马古利斯的研究和教育工作极大地提高了公众对这一领域的认识，以至于人们认为她对共生理论的贡献可以与查尔斯·达尔文对进化论的贡献相提并论。

地球上的生命可分为两类：原核生物和真核生物。前者包括细菌和一种类似的微小生物——古生菌。这些生物的细胞很小，没有明显的内部结构。真核生物是指除原核生物外的其他所有生物，从藻类和变形虫到橡树和人类都囊括其中。真核细胞比原核细胞约大 10 倍，包含一个细胞核和一系列复杂的内部结构，称为细胞器。化石证据表明，原核生物是更原始的生命形式，出现在 35 亿年前的岩石中，比真核生物早了整整 20 亿年。内共生理论是美国生物学家林恩·马古利斯（1938—2011）的研究成果。1967 年，她提出真核生物是由不相关的共生原核生物进化而来的，而古生菌得益于表面积增加，进化出了复杂的细胞膜。然后，细菌偶然进入这个宿主细胞，形成了第一个真核生物。这一事件是否发生过不止一次，我们尚不清楚；也许答案是否定的，因为如今所有的真核生物都是从一个细胞进化而来的。

重要发现：

随着显微镜技术的发展，细胞器越来越清晰地展现在人们面前，关于内共生的想法开始浮现。早在 20 世纪初，人们就注意到叶绿体（植物细胞中进行光合作用的部位）和线粒体（将葡萄糖转化为细胞能量的细胞器）与细菌相似。线粒体甚至有独立于染色体的遗传密码，而对 DNA 的分析表明，这些细胞器最初就是现在依然很常见的自由生活的紫细菌，而叶绿体则是由蓝藻（也被称为蓝绿藻）进化而来的。

细胞学说 第 25 页　自然选择的进化 第 161 页

标准模型

主要科学家： 约瑟夫·约翰·汤姆逊、默里·盖尔－曼、彼得·希格斯

标准模型指的是一组亚原子粒子，它们构成了宇宙并推动了宇宙的所有进程。目前的模型包括 18 个以不同方式划分的粒子，主要是费米子和玻色子。费米子是构成原子等普通物质的粒子，能分裂成夸克和轻子。夸克与夸克或反夸克结合会形成强子。轻子带负电荷，其中包括电子。玻色子则是传递作用力的粒子。

标准模型准确地预测了夸克和轻子之间的相互作用，但不能预测这些粒子的质量或它们相互作用的强度。尽管它存在局限性，科学家仍然坚持使用这一模型并希望它能逐渐发展成一个完整的统一理论，涵盖所有强的、弱的和电磁的亚原子粒子。

> **重要发现：**
>
> 多年来，所有已知的玻色子都是载流子。但在 2012 年，人们发现了新的玻色子——希格斯玻色子，它不是载流子，而是赋予费米子质量。此外，标准模型中的每个粒子都有一个大小相同但电荷相反的反粒子。当粒子和反粒子相遇时，它们会相互湮灭。

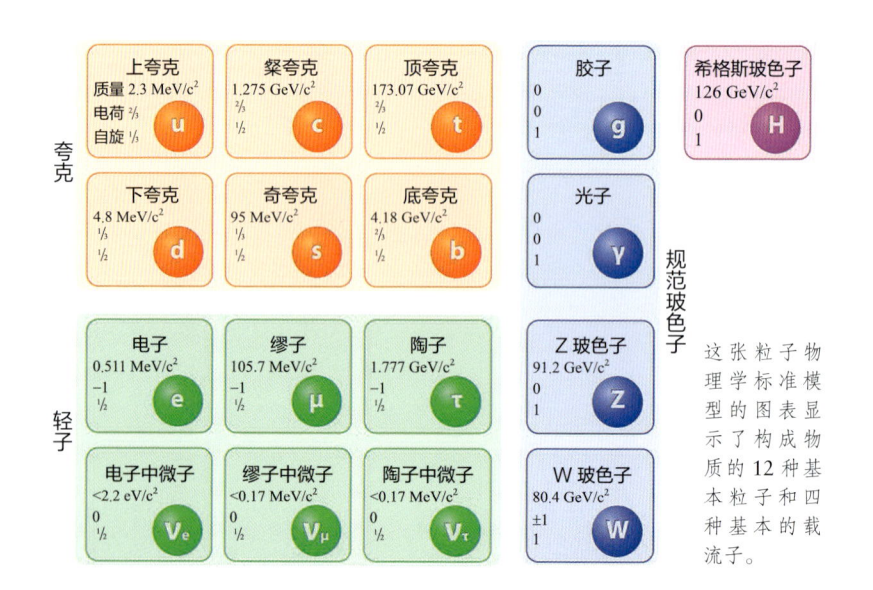

上夸克 质量 2.3 MeV/c^2 电荷 2/3 自旋 1/2 **u**	**粲夸克** 1.275 GeV/c^2 2/3 1/2 **c**	**顶夸克** 173.07 GeV/c^2 2/3 1/2 **t**	**胶子** 0 0 1 **g**	**希格斯玻色子** 126 GeV/c^2 0 1 **H**
下夸克 4.8 MeV/c^2 −1/3 1/2 **d**	**奇夸克** 95 MeV/c^2 −1/3 1/2 **s**	**底夸克** 4.18 GeV/c^2 −1/3 1/2 **b**	**光子** 0 0 1 **γ**	
电子 0.511 MeV/c^2 −1 1/2 **e**	**缪子** 105.7 MeV/c^2 −1 1/2 **μ**	**陶子** 1.777 GeV/c^2 −1 1/2 **τ**	**Z 玻色子** 91.2 GeV/c^2 0 1 **Z**	
电子中微子 <2.2 eV/c^2 0 1/2 **νe**	**缪子中微子** <0.17 MeV/c^2 0 1/2 **νμ**	**陶子中微子** <0.17 MeV/c^2 0 1/2 **ντ**	**W 玻色子** 80.4 GeV/c^2 ±1 1 **W**	

夸克 / 轻子 / 规范玻色子

这张粒子物理学标准模型的图表显示了构成物质的 12 种基本粒子和四种基本的载流子。

弦理论 第 39 页 电荷测量 第 120 页

暗物质

主要科学家： 弗里茨·兹威基、薇拉·鲁宾

到 20 世纪 30 年代，人们已经清楚地认识到太阳系是一个名为银河系的星系的一部分，而银河系本身与其他星系之间存在着虚空。当天文学家开始研究该星系的大小和形状时，他们发现它的旋转速度似乎比其表观质量所允许的要快。如果星系的质量仅仅是基于其恒星的数量，那么当星系高速旋转时，恒星应该被抛向各个方向。于是，大多数天文学家认为观测数据出了错。然而，瑞士裔美国人弗里茨·兹威基（1898—1974）认为这是因为银河系中可能存在一些看不见的物质，他称之为暗物质。

这个问题一直未得到关注，直到 20 世纪 70 年代，美国天文学家薇拉·鲁宾（1928—2016）宣布她对银河系的一个邻居仙女星系的旋转进行了精确测量，结果表明该星系确实含有暗物质，数量约为可见物质的六倍。这一结论至今仍成立；这说明宇宙中的大部分物质都是不可见的。

重要发现：

暗物质只能通过其引力效应被探测到，由于它不与光或任何其他辐射相互作用，所以是不可见的。目前对暗物质来源的猜测主要有两种：在观测中很容易被忽略的晕族大质量致密天体（**MACHO**）或星系外围致密昏暗物质。然而，两者都不太可能解释为何很多物质会缺失。也许更有说服力的说法是无处不在的弱相互作用大质量粒子（**WIMP**），但人们尚未探测到。

宇宙正在消失 第 37 页 暗能量的发现 第 150 页

宇宙暴胀

主要科学家： 阿兰·古斯

到 20 世纪 70 年代末，太空探索已经清楚地表明，大爆炸理论无法解释所观测到的宇宙的一些特征。其中一个未解之谜就是"平坦度问题"，即为什么宇宙向各个方向均匀扩张。大爆炸理论预测除非空间在其存在之初膨胀和冷却得更快，否则它不应该如此均匀。

答案就是美国理论物理学家阿兰·古斯（1947—）在 1980 年提出的宇宙暴胀理论。根据他的假设，在最初的 10^{-35} 秒的时间里，宇宙的大小增加了 100 倍，暴胀的速度比光速还快。因此，宇宙开始时的大小是质子的十亿分之一，小到足以让整个宇宙的物质均匀地混合在一起，然后变成大理石大小，最后慢慢膨胀到现在的规模。

重要发现：

古斯的暴胀理论很完善，解释了大爆炸理论所提出的所有矛盾之处。自 20 世纪 80 年代早期以来，人们对太空的调查更详细，特别是对宇宙微波背景的研究，于是得以发现正如古斯所预测的那样，宇宙确实是极其同质的。虽然这个理论没有直接的证据，但仍然是我们目前持有的最好的解释。

宇宙的演化，从大爆炸开始。红色箭头表示时间的流逝，请注意后续的暴胀。

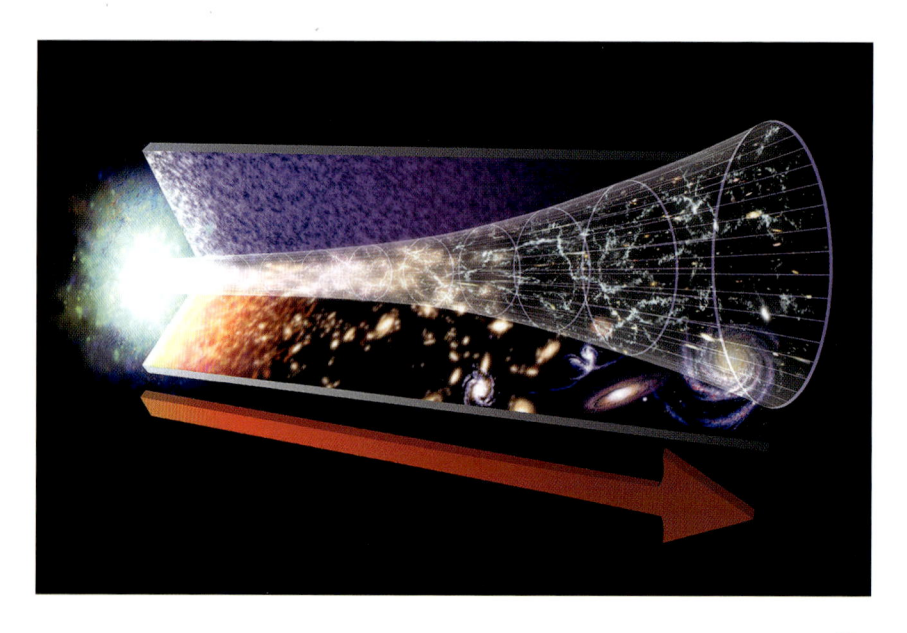

膨胀宇宙 第 **132** 页 宇宙微波背景辐射 第 **146** 页

多世界诠释

主要科学家： 休·艾弗雷特

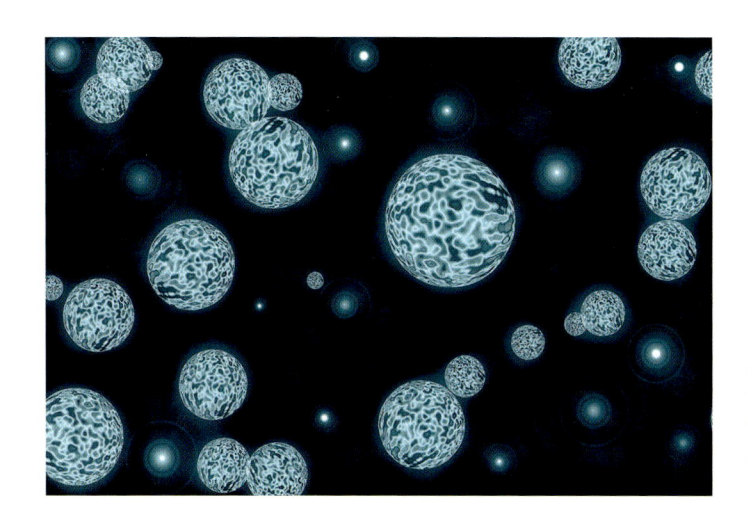

这是一幅抽象的图画，画的是想象中的大爆炸和多重宇宙的诞生。

量子理论的怪异是出了名的——它表示量子层面事件的发生纯属偶然。这也是20世纪早期哥本哈根诠释的主要内容，该理论指出，一个量子物体在被观察到并测量其特性之前，它可以以任何数量的状态存在。物理学家以前用波函数来表示物体，这是一组假设，而每个假设都有被观测到的可能性。当这个波函数被简化为一组固定的可观测属性时，这个波函数就会"坍缩"，在此之前，它所有可能的状态都是叠加的，这意味着一个粒子可以同时出现在几个不同的地方。

1957年，美国物理学家休·艾弗雷特（1930—1982）对这一理论提出了质疑。他认为波函数不是一个假设，而是真实存在的，并大胆地猜测整个宇宙是一个单一波函数，且复杂到难以想象。

重要发现：

艾弗雷特猜想的核心是波函数不会坍缩，它只是消失了，因为这个宇宙中的现实被平行宇宙的波函数抵消了。这是因为局部现实之间的差异开始改变局部波函数，使它们不再与邻近世界或宇宙的波函数相匹配。

双缝实验 第86页

人为气候变化

主要科学家： 尤妮丝·牛顿·富特、斯万特·阿累尼乌斯、查尔斯·基林

美国科学家、发明家和女权活动家尤妮丝·牛顿·富特很早就对现在被称为"温室效应"的现象进行了研究。

自 1880 年以来，地球的平均气温上升了 0.8 摄氏度。这种全球的小幅度升温意味着能源消耗导致气候发生了巨大变化，如果继续升温，将出现更加极端的天气。

全球变暖源于自然的温室效应。阳光可以穿过地球的大气层，被地球表面吸收，以热的形式辐射出去。然而，热量不能简单地散发到太空中，因为二氧化碳等温室气体将其困在大气中，使地球的平均温度保持在 14 摄氏度。如果没有温室气体，地球将非常寒冷。所有生物体都向空气中释放二氧化碳，而植物通过光合作用吸收二氧化碳，生成糖类。这种碳循环使大气中的碳含量保持在近乎恒定的水平。化石燃料是在远古时期形成的，不参与碳循环。出于工业需要所燃烧的煤炭导致大气中的碳在过去 250 年里增加了约三分之一，而人们有充分的证据证明，二氧化碳的迅速增加和全球变暖之间存在联系。

重要发现：

尤妮斯·牛顿·富特（1819—1888）曾说过，纯二氧化碳在阳光下比其他气体升温更快，但她关于二氧化碳和地球温度之间联系的成果被世人忽略了。20 世纪 60 年代，她的美国同事查尔斯·基林（1928—2005）拿出了人类活动导致全球变暖的证据，相关争论才宣告结束。现在人们的研究重点是模拟未来气候，来研发预防措施。

环境科学 第 35 页

太阳系的起源

主要科学家： 罗德尼·戈麦斯、哈尔·李维森、亚历山德罗·莫比德利、克莱奥门尼斯·钦加尼斯

太阳系内部有四颗由岩石和金属构成的类地行星，其中最大的是地球；此外还有四颗由气体和冰构成的外行星。另外，小行星带中有数百万颗岩质行星，海王星之外的柯伊伯带中有数百万个彗星状的冰体，其中就包括冥王星。据推测，太阳系是太阳形成时留下的尘埃、冰和气体逐渐演变而来的，所以才有了现在的结构。岩石和金属等密度较大的物质在较高的温度下仍保持固态，沉入了靠近太阳的轨道；更易挥发、密度低的物质则飘到更冷的地方，形成了冰冷的巨行星。物质碰撞会合并，形成越来越大的天体，即星子。在引力作用下，这些不断增大的物体形成球形，而较大的物体吸引合并较小的物体，变得越来越大。它们合并了轨道上的其他天体，形成了八大行星。剩余的岩石和冰则组成了小行星带和柯伊伯带。

重要发现：

天文学家在 20 世纪 90 年代末开始观察太阳系之外的星系时，发现了一些奇怪的现象——气态巨行星的轨道似乎经常离它们的恒星很近。这些所谓的"热木星"让我们重新思考太阳系是如何形成的，于是有了尼斯（和法国城市同名）模型。该模型的机制是，巨行星最初十分靠近太阳，而每次它们把一个小行星从更远的地方拉进来，就会因引力而慢慢地向当前的轨道移动。

一位艺术家创作的原行星盘形成的场景，原行星盘是太阳系，也许也是任何星系的前身。

← 太空竞赛 第 32 页 系外行星 第 148 页

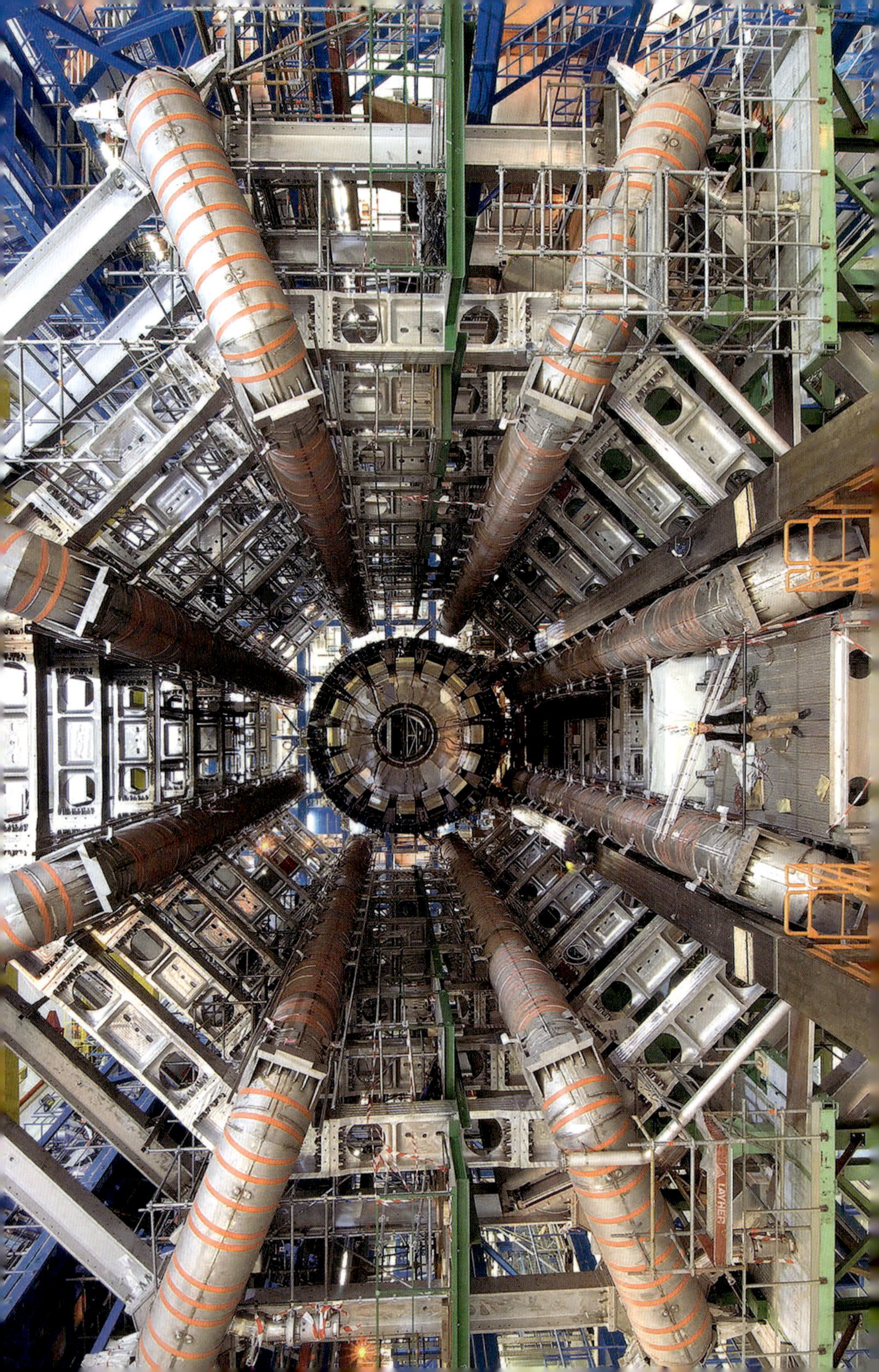
LAYHER

方法与设备

科学研究过程 182 • 图形与坐标 183 • 概率论与不确定性 184

• 标准测量 185 • 测量时间 186 • 温度计 187 • 显微镜 188

• 望远镜 189 • 传声器与扬声器 190 • 盖革-米勒计数管 191

• 摄像 192 • 阴极射线管 193 • X 射线成像 194 • 激光 195

地震计 196 • 放射性碳定年 197 • 气泡室 198 • 粒子加速器 199

超环面仪器实验 200 • 中微子探测器 201 • 质谱法 202

• 色谱法 203 • 蒸馏 204 • DNA 图谱 205

• CRISPR 基因编辑工具 206 • 干细胞 207

临床试验 208 • 支序系统学与分类学 209 • 薛定谔的猫和其他思想实验 210

用于建模的计算机图形学 211 • 气候模拟 212 • 机器学习 213

• 大数据 214 • 行星探测车 215

科学研究过程

主要科学家： 奥卡姆的威廉、弗朗西斯·培根、卡尔·波普尔、托马斯·库恩

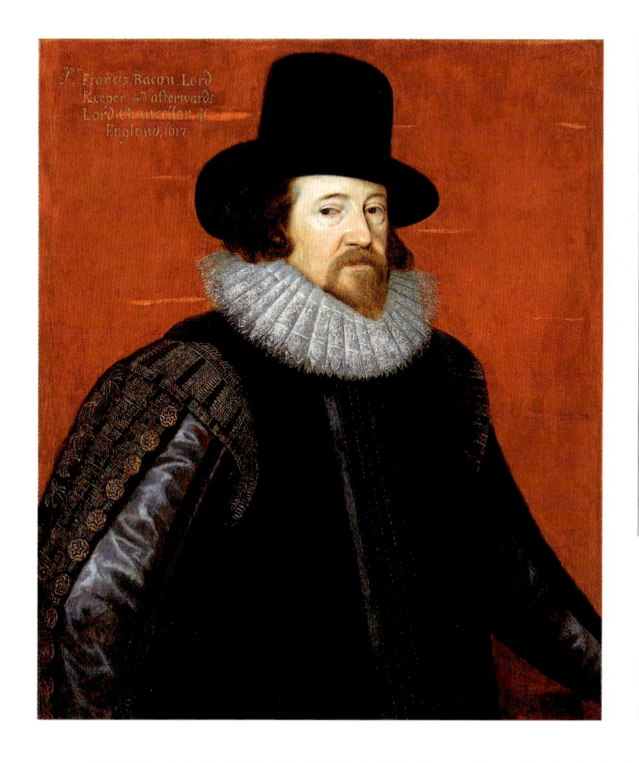

重要发现：

培根的方法论是对自亚里士多德时代以来不断发展的思想的概括。奥卡姆剃刀原则可以追溯到中世纪，至今仍是一种有效的工具，该理论认为最简单的解释可能是正确的。哲学家卡尔·波普尔（1902—1994）在20世纪30年代更新了这一方法论，他明确表示：科学并不是揭示真理本身，而是一种尚未被证明是错误的想法。

弗朗西斯·培根多才多艺，他不仅是哲学家、政治家，还是科学家和作家。

科学是研究自然和揭示新知识的有力工具，它可以分为五个步骤。第一步，科学家观察自然，提出问题。第二步，研究关于该问题的已知信息。第三步，对问题提出解释或假设。第四步，设计一个实验来验证这个假设。他们必须根据自己的假设预测实验结果。最后一步是对结果进行解释，并判断假设是否成立。按照这五个步骤进行研究，就不会失败；即使得到的结果并不理想，它也是有意义的。人们通常认为这一过程的提出归功于英国学者弗朗西斯·培根（1561—1626），他在1620年发明了一种"新的科学工具"。很多人都因为他受到了启发，其中包括后来在17世纪的科学革命中起到关键作用的罗伯特·波义耳、埃德蒙·哈雷和罗伯特·胡克。

炼金术 第 15 页　伊斯兰科学 第 16 页　科学革命 第 18 页　科学与公益 第 29 页

图形和坐标

主要科学家： 勒内·笛卡尔、艾萨克·牛顿、戈特弗里德·莱布尼茨

将科学实验和观察的结果用图形的方式表示出来，有助于分析实验意义及得出结论。此外，将实验结果绘制在一张图上，数据就可以连成一条线或一个几何图形。这种被称为综合几何学的方法是由法国人勒内·笛卡尔（1569—1650）开创的。为了纪念他，用于表达简单几何图形的 x-y 坐标系也被称为"笛卡尔坐标系"。据说，笛卡尔躺在床上，看到苍蝇在天花板上沿一定线路飞行，他受到启发，认为可以用一组数字来表示苍蝇着陆的位置。由此，笛卡尔创建了坐标系。

综合几何学也是将数据连成一条线，然后使用代数方法来解释其中蕴含的信息。例如，直线的陡峭度表示所记录数值变化的速度，而任何振荡的频率都可以通过直线的上升和下降来表示。

重要发现：

笛卡尔逝世约10年后，艾萨克·牛顿和戈特弗里德·莱布尼茨（1646—1716）发明了微积分，用以分析不断变化的数据，比如那些常见的自然现象。二人独立进行研究，都坚称成果属于自己。不过他们采用的原理是一样的，都是研究在某个时刻，数据在图上一个无穷小的点处发生的变化。

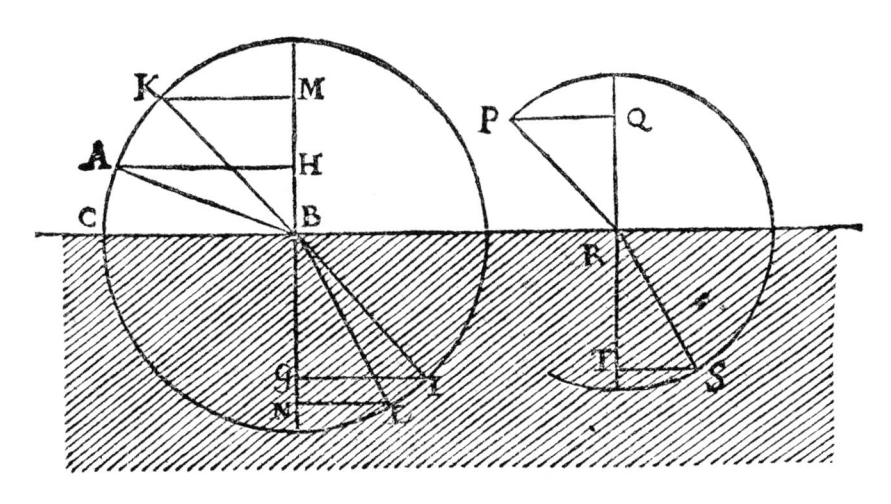

这张图摘自第一版的《方法论》（1637年），笛卡尔运用数学来制定一种适用于所有科学的演绎推理方法。

科学革命 第18页 钟摆定律 第52页 重力加速度 第55页 不确定性原理 第166页

概率论与不确定性

主要科学家： 皮埃尔·德·费马、布莱士·帕斯卡

不管是老鼠的体温还是恒星释放的能量，人们对自然现象的测量结果始终存在一定误差。因此，科学家必须进行统计检验，表明所收集的数据是有意义的，而不是随机、毫无关联的。统计学属于应用数学领域，其核心是概率论，指的是计算所有可能结果出现的比例，用数学的方式表示未来结果出现的可能性。

概率论的开端要追溯至1654年，当时一位绅士兼赌徒向欧洲两位著名思想家布莱兹·帕斯卡（1623—1662）和皮埃尔·德·费马（1617—1665）提出了一个关于赌博策略的问题。概率论表明，我们关于概率的直觉往往是不正确的。例如，在掷硬币时，掷出正面的概率并不会随着抛出反面的次数增加而增加；它一直保持不变。此外，该理论表明，对于变量（如一群人的身高）来说，平均值比极端值（特别高或矮）更常见。这种数据分布被称为"正态分布"，有时也称为"钟形曲线"，它是评估观察结果是否符合平均值或与平均值差异明显与否的有力工具。

重要发现：

到20世纪20年代，对亚原子物理本质的研究揭示了自然的概率性。这意味着一个粒子在任何时候都有可能处于多种状态，其中有些状态出现的概率更高。

法国数学家皮埃尔·德·费马，他有许多关于数字、概率和几何的发现。

公共卫生 第**26**页 新物理学 第**27**页 波粒二象性 第**128**页
热力学定律 第**160**页 量子物理学 第**167**页

标准测量

主要科学家： 约瑟夫－路易斯·拉格朗日、皮埃尔－西蒙·拉普拉斯

实验观测结果的比较和复制在科学研究过程中至关重要，因此，科学家们使用被称为 SI 的标准单位系统。

SI 单位制（又称国际单位制）共有 7 个基本单位，分别是时间（秒；s）、距离（米；m）、质量（千克；kg）、电流（安培；A）、温度（开尔文；K）、数量（摩尔；Mol，通常用来计算原子数）、光源的发光强度或功率（坎德拉；cd）。其他单位，如速度和力的单位，都是基于它们推导出来的。

SI 系统最近废除了一些旧的单位，现在根据恒常的物理现象校准单位。1 秒是铯 -133 原子的振荡速率；1 米是光子每 3.335641 纳秒所走的距离。千克是根据物质中储存的能量来计算的，也是根据时间和距离计算的。安培和坎德拉同样由其他物理常数定义，这些物理常数依据的是原子水平的能量行为。1 摩尔是包含 $6.02214076 \times 10^{23}$ 个基本单元的物质的量，即 1 克气体中氢原子的数量。

重要发现：

人们早前曾将法老前臂的长度作为标准单位，叫作"埃及腕尺"。美国采用的是英制度量衡，是从罗马的度量衡单位演变而来的。单位换算率通常是 12，即被分为 12 份。例如 1 英尺等于 12 英寸，1 磅等于 12 盎司。

右侧的铂铱圆柱体多年来一直是美国的千克衡量标准。左侧钟形罩下面的是法国的。

科学机构的兴起 第 19 页 地球的周长 第 44 页 地球的质量 第 74 页

测量时间

主要科学家： 克里斯蒂安·惠更斯、约翰·哈里森

重要发现：

人们在日常生活中以太阳的运动为基础来计时，例如昼夜周期和年份。古埃及人将白天分为 10 个小时，黎明和黄昏各增加一个小时，从而创造了 24 时的昼夜计时方法。最初，一个月是指两次满月间隔的时间，大致分为 4 周，以匹配 4 个月相。

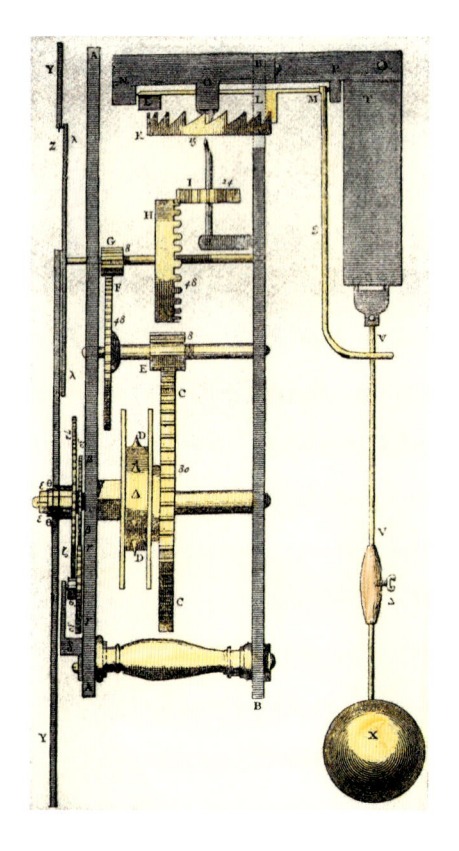

研究时间计量的科学叫作计时学。尽管许多关于时间本质的基本问题（甚至它是否真的存在）都是物理学中经久不衰的谜团，但计时学家们已经发明了越来越精确的计时器，来记录时间的流逝。一般而言，精确的时钟总是以一个周期（完成每次振荡所需的时间）恒定的振荡运动为基准。早期的时钟依靠的是钟摆的摆动，现在的时钟往往使用石英晶体。石英是一种具有压电特性的物质，通电时便会振动，这种有节奏的运动还能产生毫秒量级的脉冲波。

专业原子钟更加精确：在这类时钟里，振荡是由铯原子（或类似金属的原子）吸收和发射能量产生的。一个好的石英计时器可能每年只会产生几秒的误差，而原子钟至少在 1 亿年之后才会慢 1 秒。

手工彩色木刻画，展示了 17 世纪 60 年代由克里斯蒂安·惠更斯制作的摆的侧面视图，它是最早的钟表之一。

钟摆定律 第 52 页　光速 第 98 页　地球自转 第 100 页　相对论 第 163 页

温度计

主要科学家： 伽利略·伽利雷、奥勒·罗默、丹尼尔·加布里埃尔·华伦海特、安德斯·摄尔修斯、开尔文勋爵

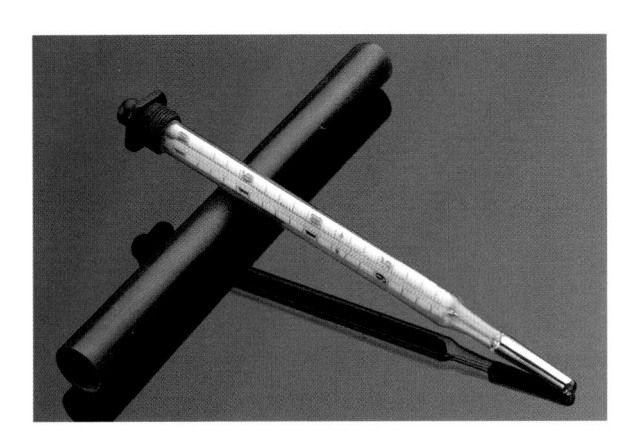

华氏温度计是19世纪末用华氏度校准的一种医疗温度计，该刻度以发明华氏度的波兰—荷兰科学家丹尼尔·加布里埃尔·华伦海特（1686—1736）命名。水的结冰温度为32华氏度，沸腾温度为212华氏度。

热或热能是原子和分子运动的表现形式。它们运动的速度越快，所含的能量就越多。温度是物质平均热能的量度。温度计用刻度来描述温度，刻度尺上最高点和最低点可以依据具体需求进行设置。最实用的刻度尺是将这两点设定为常见的温度。例如，摄氏温标设定在水的冰点和沸点，两者之间的温度用100个等量单位（或度）表示。数字温度计使用电子元件，一种随着温度变化而变化的热敏电阻。激光温度计则用激光来瞄准测量人体或其他物体发出的红外线。早期的温度计里装的是水银或酒精等液体，通过液体在狭窄的校准管内膨胀或收缩来显示温度的变化。

重要发现：

第一个测量"空气温度"的装置是密封的水柱。18世纪时，人们发现金属的膨胀更加稳定，于是用汞取代了水。如今，科学家们以开尔文（K）为单位衡量温度，每升高1K相当于升高1摄氏度。开尔文零度（0K）为亚原子粒子的最低热能，即绝对零度。

气体定律 第60页 热功当量 第96页 热力学定律 第160页

显微镜

主要科学家： 罗伯特·胡克、安东尼·范·列文虎克

至少在公元前 700 年时，人们就有了利用透镜放大物体细节的想法——他们把透明晶体雕刻出特别的弧度。透镜有着光滑弧度意味着光线到达透镜的角度略有不同，相应的折射方向也不同，因此所有的光线就会聚焦在透镜另一侧的一个点上。把透镜放在眼睛前方，让焦点与视网膜重合，就会看到比原物体大得多的"虚拟图像"，看清隐藏的细节。而显微镜则使用至少两个透镜来增强放大效果。较低的物镜在显微镜内形成物体清晰的"真实"图像，然后目镜将其放大为一个可能比原始物体大数百倍的虚拟图像。光学显微镜还配备了从上面或下面照射标本的光源，并使用滤光片来提供不同波长的光，以更好地突出细节。此外，生物标本通常用化学物质染色，以突显组织或细胞的特定区域。

重要发现：

光学显微镜的最大放大倍数在 2000 倍左右。如果在此之上继续放大，小物体会因紧密排列而显得模糊和难以区分。20 世纪 30 年代，电子显微镜（EM）的发展大大提高了这一极限。聚焦电子而生成的图像可以将物体的尺寸扩大数千倍。扫描透射电子显微镜则可用于观察直径仅为五百亿分之一米的物体，包括单个原子。

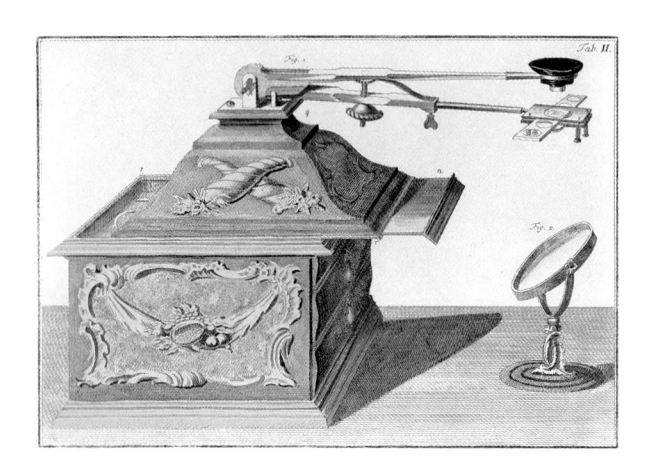

德国生物学家威廉·弗里德里希·冯·格列钦-鲁斯威姆（1717—1783）于 1763 年制作的显微镜。

细胞学说 第 25 页　遗传学 第 31 页　微生物的发现 第 64 页

望远镜

主要科学家： 汉斯·利伯希、伽利略·伽利雷

17世纪的天文学家用望远镜观察到了更多更小、更遥远的物体，从而开始了解宇宙的范围。他们使用的设备是折射望远镜。与显微镜不同的是，望远镜中较大的透镜位于前方。这个物镜要尽可能大，方便从远处收集更多的光线。光线在望远镜筒内聚焦成清晰的图像，经过目镜得到放大，就可以被人们看到了。因此，望远镜可以清楚地看到遥远的物体，如行星，还可以看到其他暗淡、肉眼无法看到的物体。双筒望远镜本质上是两个并排的折射望远镜。反射望远镜则用曲面镜代替透镜来收集光线。这种设计更适合用于大规模工程，因此被用于最强大的望远镜，如欧洲甚大望远镜和哈勃太空望远镜。

重要发现：

利用辐射观测宇宙是可行的。例如，射电望远镜就像一个收集太空信号的大型天线，可以揭秘类星体等有趣而又极其遥远的天体。X射线望远镜和紫外线望远镜最适合放在太空，因为它们的射线会被大气阻挡。而詹姆斯·韦伯太空望远镜一旦发射成功，就能通过热信号来勘测宇宙，帮助我们看到更加遥远的太空。

FAST（500米口径球面射电望远镜）是世界最大的射电望远镜，直径500米，位于中国贵州省。

暗箱 第46页 赫罗图 第122页 宇宙微波背景辐射 第146页 系外行星 第148页 激光干涉引力波天文台 第152页 暗物质 第175页

传声器与扬声器

主要科学家： 托马斯·爱迪生、亚历山大·格雷厄姆·贝尔

重要发现：

声学即声音的科学，研究的是压力波在气体、液体和固体中的传播方式。气体、液体和固体的声速很大程度上取决于密度。最早的声学方面的发现要归功于古希腊数学家毕达哥拉斯。他指出，将第一个音符的波长除以2，然后除以3、4、5、6和7，就能得到一个逐渐上升的八度音阶。

录制和回放声音的技术兴起于19世纪晚期，是蓬勃发展的娱乐和通信行业的一个分支。从那时起，这项技术就成了科学研究中不可或缺的工具，用于收集和分析各种自然现象的信息，例如采集动物交流的声音，还有用声呐绘制海底地图。

传声器的原理是将空气（或其他介质）中的声波振动转化为相应的电信号，然后传输、放大或记录。最简单的传声器设计，是让声波打在隔膜上，使它以同样的节奏振动。这种振动使磁体相对移动，从而产生波动的电流，即声音信号。扬声器接收到信号，给一个电磁铁通电，然后电磁铁吸引和排斥另一个磁铁，产生有节奏的运动。这种运动被传递到一个在空气中摆动的圆锥体上，就产生了与原始声波结构相同的声波。

这幅彩色木版画展示了爱迪生留声机和碳传声器。

古希腊哲学家 第13页 科学与公益 第29页 电磁统一 第88页

盖革-米勒计数管

主要科学家： 汉斯·盖革、沃尔特·米勒

汉斯·盖革（1882—1945）和沃尔特·米勒（1905—1979）在1928年发明了"盖革计数器"（原称为"盖革-米勒计数管"）。盖革是在参与发现原子核的过程中理解了它的工作原理，知道它能够探测电离辐射。电离辐射是放射性原子产生的快速移动的粒子和射线，其能量能够将电子从空气中的原子中分离出来，产生带电离子。这种高能量的辐射对人体健康有害。计数管里弥漫着强度约为大气压强十分之一的气体。正常情况下，管内的两个电极无法通过气体发送电流。然而，当有电离辐射时，管内就产生带电离子，从而输出脉冲电流。脉冲电流触发扬声器发出咔嗒声，咔嗒声随着粒子数量的增加而增加，并混合发出一个声音，音调越高，危险越大。

> **重要发现：**
> 虽然盖革计数器是一个非常有用的工具，但它不能显示辐射携带了多少能量，例如，它无法显示 α 粒子比 γ 或 X 射线携带更多的能量。因此，要测量一个人暴露在危险辐射中承受的能量时，需要使用剂量计。

皮埃尔·居里和玛丽·居里的女儿和女婿伊蕾娜·居里和让·弗雷德里克·约里奥-居里将图中的放大器与盖革计数器连接，应用于研究放射性的实验中。

科学与公益 第 29 页 环境科学 第 35 页 放射性的发现 第 112 页 核裂变 第 136 页

摄像

主要科学家： 尼塞福尔·尼埃普斯、路易·达盖尔、威廉·亨利·福克斯·塔尔博特

英语"照相机"（camera）一词来源于拉丁语的"房间"（chamber），而最早的照相机只是模仿人眼工作的黑暗房间，让光线通过一面墙上的小孔，在对面墙上产生图像。19世纪，人们发明了使用诸如碘化银之类的光敏化学物质来捕捉图像的方法。

20世纪90年代之前，摄像一直依赖塑料胶片。这项技术为科学研究带来了便利，让研究者不必再绘制观测图，还能记录肉眼无法识别得太快或太微弱的观测结果。

现在，数码摄像几乎已经取代了胶片，它利用光敏电子元件形成由像素组成的图像，并将其转化为电子数据。数码相机比以前的相机体积更小，更加耐用，应用广泛。此外，现在还可以从太空或海洋等遥远的地方，以数据的形式发送实时图像。

重要发现：

"视觉暂留"是指传入人类大脑的视觉形象不会立即消失，而是会短暂保留一段时间，因此大脑能够利用快速连续的静止图像构建连贯运动影像。1887年的一张照片成功证明了这种现象：该照片显示了一匹马在飞奔跃起的瞬间四蹄腾空的姿态。摄影技术很快被用于制作电影和录像。

这是由威廉·亨利·福克斯·塔尔博特（1800—1877）于1839年拍摄的照片。在没有相机的情况下，用一片半透明的海藻直接铺在一张光敏纸上，挡住阳光，就会留下海藻形状的图像。

电子与计算 第30页　暗箱 第46页

阴极射线管

主要科学家： 海因里希·盖斯勒、威廉·克鲁克斯

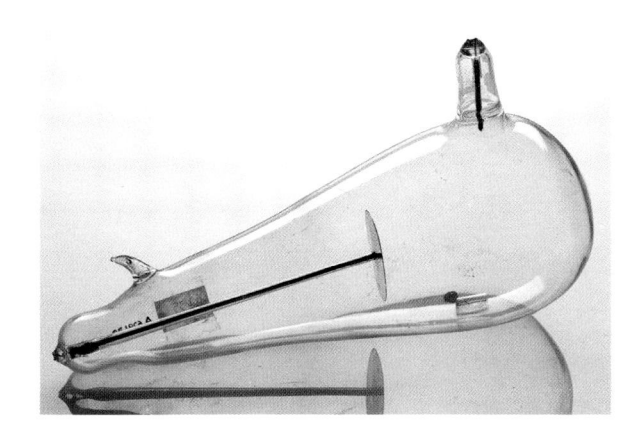

19世纪70年代，威廉·克鲁克斯（1832—1919）研究了电流通过图中这种接近真空的管道所产生的效果。射线从管内的阴极铝盘发射出来。后来证明这些阴极射线是由电子组成的。

阴极射线管（CRT）是一种密封的玻璃管，内部接近真空，有阴极（负极）和阳极（正极）。它在探索原子和电磁的本质方面是一个非常有用的工具，尤其是在发现 X 射线和电子的过程中起到了非常重要的作用。目前，CRT 几乎已经被电子和数字技术取代。

刚开始 CRT 设备很简陋，里边气体更多。放电管内发出颜色独特的光，荧光灯泡也是由此发明的。当管内气体几乎被抽空时，一束神秘的射线似乎凭空形成，这就是阴极射线，后来被证明是一束电子。在射线管周围加上电磁线圈，就可以控制电子束的方向。这一发现直接促成了示波器的发明——光束在屏幕上形成一个点，随着电磁体的移动而发生偏转。最简单的示波器可以显示电流的变化，其余的则可以用于显示（和测量）心跳、地震、声波和各种不断变化的现象。

重要发现：

阴极射线管是早期电子电视机的核心部件。电子束扫过荧光屏，使荧光屏发光，从而产生图像。闪烁的光束会形成明暗斑点，由此组成图像。图像每秒更新多次，速度远远高于人眼能接收的速度，从而让人产生在动的错觉。

电子的发现 第 114 页 波粒二象性 第 128 页 原子论 第 159 页

X 射线成像

主要科学家： 詹姆斯·克拉克·麦克斯韦、海因里希·赫兹、威廉·伦琴

重要发现：

高能扫描： X 射线成像仪是第一个能帮助医生看到患者内部器官的医疗扫描仪。尽管 X 射线图像只能显示身体中较为坚硬的部位，或者用造影剂处理过的部位，但它们的应用仍相当广泛。计算机断层扫描（**CT**）则是借助不同角度拍摄的 X 射线图，来创建更详细的图像。X 射线的能量足以伤害细胞，因此频繁暴露可能会有危险。不过，偶尔进行 X 光扫描的风险可以忽略不计。

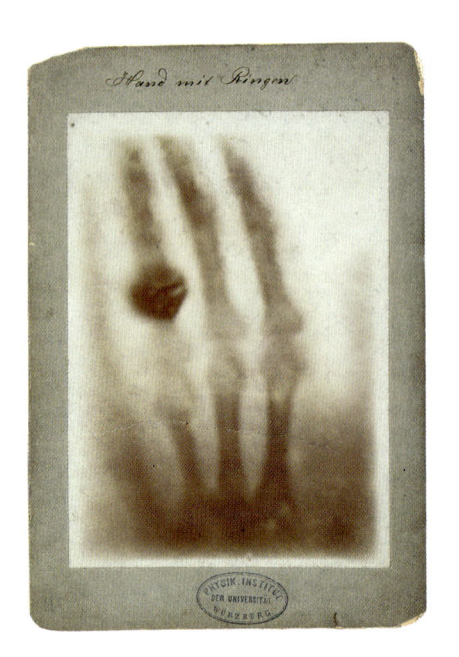

19 世纪 80 年代末，物理学家开始研究阴极射线的性质。他们给真空管通电，产生奇异的光束，这种光束在相纸上的效果和普通光一样：它们使相纸变暗，模糊不清。1895 年，德国物理学家威廉·伦琴（1845—1923）发现他的带电管令相纸灰蒙蒙的，没有发出预期的辉光。显然，这是一种看不见的射线，伦琴将他的神秘发现记录为 X 射线，这个名字一直流传下来。通过进一步调查，伦琴发现 X 射线可以穿透一些固体。于是，他给妻子的手拍了一张 X 射线照片，照出了里面的骨骼，和我们现在熟悉的 X 射线别无二致。X 射线的能量比可见光高得多，因此能穿透皮肤和软组织，但会被硬骨头挡住。骨头投影在纸上，呈现白色，而相纸的其余部分则模糊不清。第二年，苏格兰格拉斯哥的一家医院安装了第一台 X 射线成像仪。到 1898 年，英国军队开始在苏丹使用移动 X 射线设备为前线受伤的士兵进行检查。

安娜·伦琴看到丈夫为她戴着结婚戒指的手拍摄的照片时很不高兴。她说："这简直是死亡的征兆。"

新物理学 第 27 页　科学与公益 第 29 页　电磁波的发现 第 110 页

激光

主要科学家： 查尔斯·汤斯、戈登·古尔德

太阳、火焰等自然光源是不连贯的，它们的光线是不同颜色或波长的混合物，所以它们的光波振动不同步。而激光只包含一到两个波长，光束连贯，它的波都是精确同步的。连贯光束可以以非常精确的方式进行操控（例如，反射或分割），用途颇多。激光（laser）这个词是"受激辐射光放大"（light amplification by stimulated emission of radiation）的首字母缩写。第一个激光发射器实际上是微波激射器，而激光是在1960年发明的。它的工作原理是将光注入晶体——最初是红宝石，但今天大多数激光晶体都是合成物质。光中的某些光子被晶体的原子吸收，然后重新发射出来，激发越来越多的原子。晶体被镜面包围，使内部的光不断反射，强度增强。随后，光从设备的一端释放出来，也就是强大的激光束。

重要发现：

激光用途广泛，例如可以用来读取和发送数据，比如读取条形码、旋转的 DVD 或光纤闪烁发出的编码信号。另外，激光也是精密的测量工具。阿波罗飞船的宇航员曾在月球上放置一面镜子，通过测量激光束以光速反射回来的时间，即可精确地知道地球和月球表面的距离。激光还可以在外科手术中代替手术刀，在工业中代替钻头和锯子，甚至可以作为武器。

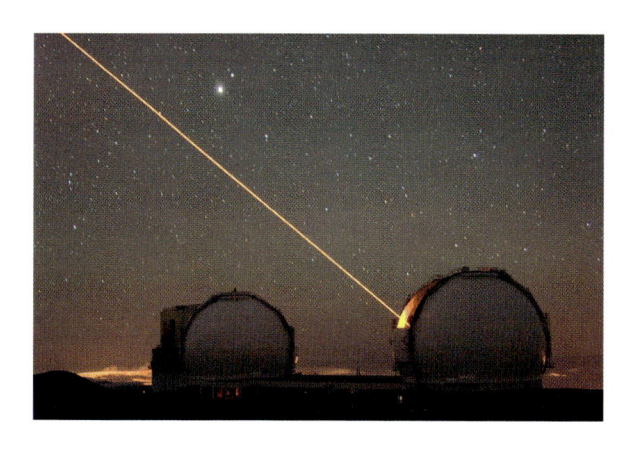

这是来自美国夏威夷的凯克2号望远镜的激光束，用来测量地球大气层对星光闪烁的影响。

← 互联网 第36页 激光干涉引力波天文台 第152页

地震仪

主要科学家： 张衡、让·德·霍特弗耶、阿尔弗雷德·尤因、查尔斯·里克特

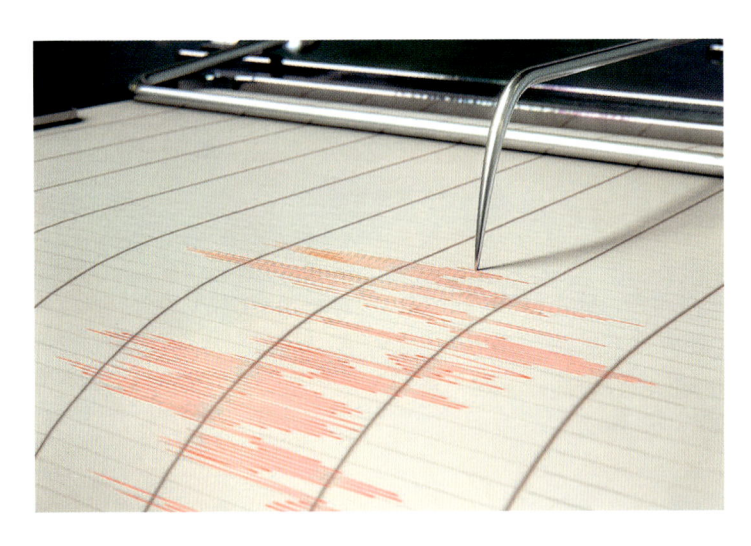

地震仪用针在图纸上画红线，描绘地震和地震活动。

地震仪是一种测量地面震动的装置——地下岩石破裂时会引发地震，从而导致地面震动。相传，第一台地震仪的中央是一个摆，一旦发生地震，摆就会摇动，使装置周围的球掉落，以指示地震的方向。此后，类似的机械地震仪不断改进，甚至可以在纸上显示震动的方向。如今，人们利用敏感的电子器件来监测地面震动。19世纪以来，世界各地都安装了地震检波器，它们能够接收每几个月发生在地壳某处的大地震的震动。有的地震波很强，可以直接穿透地球。通过比较不同的波在地下传播时的反射和折射情况，地质学家发现地球有一个稠密的金属地核和一个由熔融岩石物质构成的地幔层。

重要发现：

地震的强度通常用里氏震级来表示，里氏震级是由查尔斯·里克特（1900—1985）发明的。震级从1级到9级不等，1级表示只有地震仪才能检测到的连续微震，9级则可能每50年才会检测到一次。里氏震级是释放能量的对数值，每增一级，振幅增大10倍。

地质学与地球科学 第23页

放射性碳定年

主要科学家： 威拉德·利比、亚瑟·霍尔姆斯

通过分析天然的放射性水平，可以确定古物的年代。这是因为，每一种放射性同位素都有特定的半衰期，也就是它的一半原子衰变所需的时间。这种衰变可以一直进行下去：如果某种同位素的半期为一周，它将在7天里失去一半原子，然后在第二个7天失去剩下一半原子的二分之一，如此循环下去。

随着物体老化，这些同位素所占的比例就会减少，通过计算减少了多少，就可以很好地估算物体的年龄。生物体、木头和骨头制成的工具、用天然材料编织的织物等有机物体可以通过碳来测定年代，这是一种存在于所有生物中的元素。碳–14是碳元素的一种放射性同位素，自然界中的含量很小。在生物体内，这种同位素的比例大致不变。但生物体死后，因为原子分解成稳定的氮，碳–14的含量下降。碳–14的半衰期为5730年，可以用来测定距今5万年的物体的年代。

重要发现：

岩石和矿物可能有数百万年甚至数十亿年的历史，可以用铀和其他半衰期比碳–14长得多的放射性金属来测定它们的年代。20世纪初，该方法首次印证了人们长期以来的直觉，即地球早早出现在人类有历史记载之前，它要比人类古老得多。

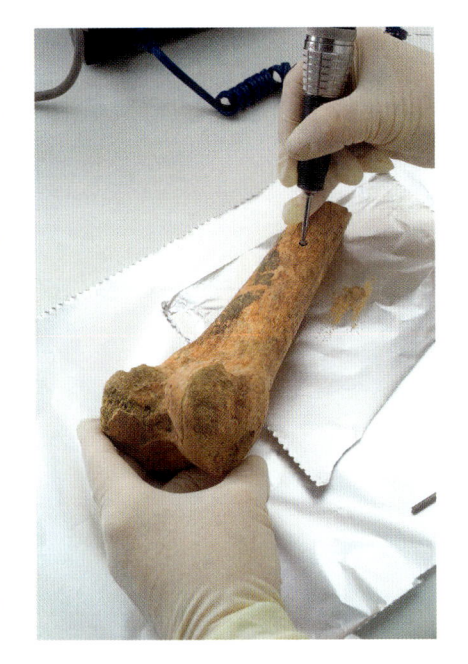

从古人类骨骼提取有机物质，作为放射性碳年代测定的材料。

自然史与生物学 第22页　地质学与地球科学 第23页　放射性的发现 第112页

气泡室

主要科学家： 唐纳德·阿瑟·格拉泽、查尔斯·威尔逊

重要发现：

1928 年，英国量子物理学家保罗·狄拉克（1902—1984）提出了一个描述电子完整行为的方程。然而，数学方程表明有另一种粒子存在的可能性，它与电子质量相同但性质完全相反。它被命名为正电子，是电子的正电荷，也是首例反物质。反物质的寿命很短，遇到物质就被湮灭。

20 世纪初亚原子粒子的发现引出了一个技术问题：如何观察这些几乎无穷小的东西。人们在观察宇宙射线撞击大气层后发现，大多数亚原子粒子的寿命都很短，在高能碰撞后只有一瞬间的可见时间，这一发现使问题变得更加复杂。1911 年，人们发明了云室，高速粒子在云室中穿过厚厚的水蒸气，可使气体分子电离，形成一条可以被摄像头捕捉到的轨迹。到 20 世纪 50 年代，这个系统被升级为气泡室，据说它的灵感来自啤酒中的气泡。该腔室中有高压下的超冷液态氢，刚好处于沸点。粒子经过时使氢沸腾，从而留下痕迹。通过作用于整个腔体的电场和磁场，粒子留下精确的弯曲路径，人们因此可以得出它的电荷、质量和能量。气泡室和云室在发现特殊粒子——如正电子和介子方面发挥了重要作用。到 20 世纪末，这些封闭容器已基本被电子探测器所取代。

美国伊利诺伊州费米国家加速器实验室（费米实验室）展出的旧气泡室，科学家曾在这里研究物质的最小组成部分。

新物理学 第 27 页 电子的发现 第 114 页 宇宙射线 第 124 页 标准模型 第 174 页

粒子加速器

主要科学家： 欧内斯特·劳伦斯、米尔顿·斯坦利·利文斯顿、格伦·西博格

1934年，加州大学伯克利分校旧辐射实验室，M. 斯坦利·利文斯顿（左，1905—1986）和欧内斯特·劳伦斯（右，1901—1958）在自己发明的68厘米回旋加速器前合影。

迄今，物理学家已经发现宇宙由18种基本粒子组成，其中大多数是通过强力碰撞物质使其粉碎，并使原子处于不稳定状态而发现的。然后，科学家观察物质重新组织成稳定的形式，从而为发现宇宙如何形成提供了新的线索。

所有这些都发生在粒子加速器内部，自20世纪20年代末发明以来，粒子加速器一直在不断改进。它的核心是一个被强力磁铁包围的真空管，它产生的电场和磁场引导粒子束向下进入管道，并给它连续的推力使其加速。然后，两束光束被精确控制，因此它们在探测器内迎头相撞。当今最大的加速器是大型强子对撞机（LHC）。它可以将质子加速到2.998亿米/秒，仅仅比光速慢一点点。在这样的速度下，增加更多的能量并不会使质子更快，而是使质子更重。因此，当它们相撞时，LHC中的质子比它们进入加速器时重7500倍。

重要发现：

粒子物理的研究通常要用到像LHC这样的循环加速器。然而，线性加速器则可用于向远端的目标发射较重的物体——整个原子。人们用这些机器来研究超重元素，即通过将两个更小的原子融合在一起而产生的超重原子。到目前为止，研究人员已经制造出了25种这样的人造元素。它们都是不稳定的，但科学家预测，在未来，通过该过程制造的更重的原子可能会更稳定。

核裂变 第136页 标准模型 第174页 暗物质 第175页

超环面仪器实验（欧洲核子研究中心）

主要科学家： 彼得·詹尼、法比奥拉·吉亚诺提、大卫·查尔顿、卡尔·雅各布斯

欧洲核子研究中心（CERN）是一家位于法国和瑞士边境的物理研究机构，它的大型强子对撞机（LHC）拥有8个探测器。其中最大的是超环面仪器实验（ATLAS），它也是2012年发现希格斯玻色子的大功臣。LHC的建立就是为了发现这种新粒子，并测量电子和质子等粒子的质量。ATLAS重达7000吨，有6层楼高，大约和一架波音737一样长。其核心是一个撞击室，质子会在里面进行碰撞，产生自宇宙大爆炸以来最强大的能量。碰撞产生的粒子向四面八方喷射，每一个粒子都与环绕在腔室周围的强电磁场相互作用，形成独特的路径。然后，一层层的硅传感器会绘制出粒子的位置，与图谱上的8000万个可能的位置相匹配。接下来，粒子穿过较厚的硅条，进入可以识别每个粒子质量、能量和其他属性的外部探测器。ATLAS每秒追踪4000万次质子碰撞。

重要发现：

大型强子对撞机还配备了大型离子对撞机实验（ALICE）探测器，该探测器研究的是，当重得多的铅原子的原子核碰撞在一起时会发生什么。原子核包含由夸克粒子构成的质子和中子。夸克被胶子锁在一起，胶子控制着宇宙中最强的力量。通过ALICE，科学家可以观察到这种在宇宙早期阶段出现的强大的力，是如何产生物质的。

在瑞士欧洲核子研究中心的大型强子对撞机上安装超环面仪探测器。

标准模型 第174页

中微子探测器

主要科学家： 恩利克・费米、沃尔夫冈・泡利

在一些核反应中，中子会转变成质子，并释放出电子，但这些产物的质量加起来与原来的粒子并不完全相同。因为另一种粒子——中微子也被释放出来。中微子有质量，但太小，以至于物理学家的测量尚未得出精确结果，而且中微子存在时间很短，几乎不与其他粒子相互作用。它几乎什么都不做，所以其性质很难被研究。为了弄清中微子的秘密，人们将中微子探测器安装在了能屏蔽宇宙射线的地方：海底、南极冰层下方或废弃矿井的深处。中微子通过探测器时可能会与原子相撞，并释放出能被超灵敏相机捕捉到的辐射闪光。中微子很常见，在宇宙中构成了大量的物质。每一秒钟，地球表面每平方厘米大约有650亿个中微子流过。然而，即使是最大的探测器，每天也只能检测到大约10个。

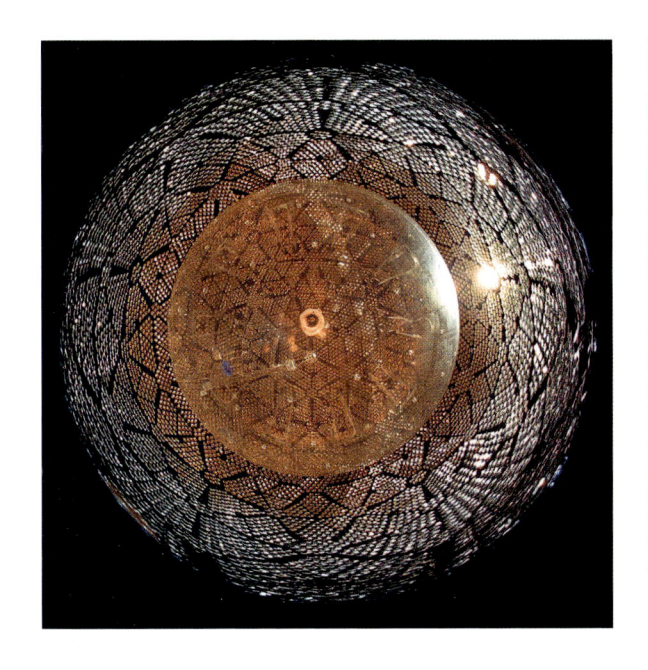

重要发现：

顾名思义，中微子是中性的，不带电荷，但它们有着不同的类型或"味道"。例如电子中微子，还有与 μ 子和 tau 子有关的中微子，后者与核反应中快速观测到的电子相似但质量更大。更神奇的是，中微子会反复地从一种味道切换到另一种，并在转换过程中呈现出第四种味道，即"无菌"味道。无菌中微子比其他类型的中微子更难被探测。

在加拿大安大略省的萨德伯里中微子天文台，一个探测器安装在克莱顿矿井地下近 2 500 米处。

新物理学 第 27 页　核裂变 第 136 页　标准模型 第 174 页　暗物质 第 175 页

质谱法

主要科学家： 约瑟夫·约翰·汤姆逊

质谱仪是由 J.J. 汤姆逊发明的一种分析亚原子粒子、原子和分子混合样品组成结构的仪器，适用于物理和化学领域，可作为阴极射线管的延伸。阴极射线管是利用电场让电子束发生偏转，以测量它们质量的一种仪器。

汤姆逊将一种材料样品导入管中，然后观察它的不同成分是如何在电场作用下按质量的顺序扩散的。这就是质谱仪的基本原理。真空管末端的探测器则会显示样品中物体质量的分布及其相对数量。

由此，汤姆逊得以测量出同位素的比例——同位素是指同一元素的不同原子具有相同的化学性质，但质量略有不同。化学家们经常使用质谱仪来分析复杂的化学混合物，并以得到的质量为线索来研究分子的结构。

重要发现：

同位素现象是 1912 年由英国物理学家弗雷德里克·索迪（1877—1956）发现的。当时，他正在与原子物理学领域的许多知名人士合作，分析铀等放射性原子的衰变现象。他们发现不稳定的原子会在几种形式间反复变化（现在称为衰变系），他们最初认为这是新的、未被发现的元素。后来，索迪发现它们都是已知的元素，但质量略有不同，于是将其命名为同位素。

质谱仪的发明者、电子和同位素的发现者、核物理学的先驱约瑟夫·约翰·汤姆逊的照片，摄于 1906 年。

放射性的发现 第 112 页　电子的发现 第 114 页　元素周期表 第 162 页

色谱法

主要科学家： 米哈伊尔·茨维特

色谱法这个名字的意思是"颜色分离"，其过程对许多人来说其实很熟悉，它与学校里的一个科学实验类似——找到墨水和油漆的组成颜色。也就是说，色谱法是一种分离混合物的方法。

混合物的科学研究很复杂。不均匀的混合物，如沙子和海水，都可以使用过滤器进行分离，因为其中一种成分比另一种成分要大得多。相比之下，海水是盐和水的混合物，且两者成分大小相似，所以混合均匀，无法靠过滤器进行分离。但盐和水拥有不同的物理性质，所以我们可以将水蒸发掉，留下纯盐。

当一种均质混合物中含有物理性质非常相似的各种物质时，就需要使用色谱法，让这些物质在外力作用下在水、气体或凝胶等介质中移动。例如，可以让材料在浸泡后自然扩散——或通过对其施加电场来实现扩散。均质混合物中的每个组成部分都将移动特定的距离，从而被分离且被分析或收集。

重要发现：

一种元素的同位素之间只有微小的质量差异，可使用气体离心机对它们进行分离和纯化，该方法与色谱法相似。将同位素以弥散气体的形式加入离心机中，离心机在旋转时将原子向外抛，较轻的同位素会更靠近外部边缘，而较重的同位素则位于更靠里的地方。该系统主要用于收集和制造核燃料和核武器中铀的裂变同位素。

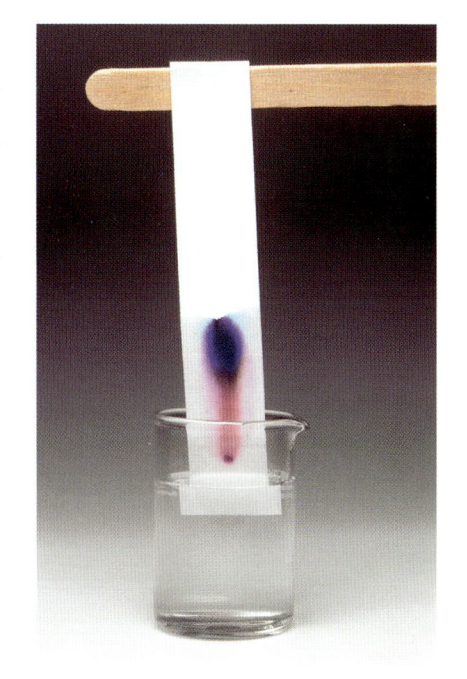

用简单色谱法来分离油漆颜料。

炼金术 第 **15** 页 化学的诞生 第 **20** 页

蒸馏

主要科学家： 尤斯图斯·冯·李比希

蒸馏是指分离液体混合物，是一种古老的技术，其中最经典的做法是从发酵饮料中提取纯酒精。这个过程是通过控制混合物加热时的温度来实现的，因为只有沸点低的液体才会蒸发形成蒸气，而沸点高的液体会保持原来的状态。

在前工业社会，蒸馏是在一个泪滴形状的容器中进行的。从混合物中升起的蒸气在遇到温度较低的蒸馏器顶部时会凝结，并顺着长长的导管流下来。如今的化学实验室配备的是冷凝器，蒸气会通过一个冷水包裹的管道——温度的迅速降低能有效地使其凝结成液体。当遇到蒸馏沸点非常相似的混合物时，就要用到分馏塔，使较轻的物质上升到顶部，较重的物质沉在下面。在工业上，原油就常用分馏法进行分离。

重要发现：

空气也可以通过蒸馏来分离，但在这种情况下，需要的是制冷而不是加热。在从空气中分离出少量的二氧化碳和水后，首先液化的气体是氮气，然后是氧气，剩下约 1% 的物质是氩气和氖气等稀有的惰性气体组成的。

右图为 18 世纪的蒸馏器，它可以将物质分离成小的组成部分。

炼金术 第 15 页 伊斯兰科学 第 16 页 化学的诞生 第 20 页

方法与设备　205

DNA 图谱

主要科学家： 亚历克·杰弗里斯

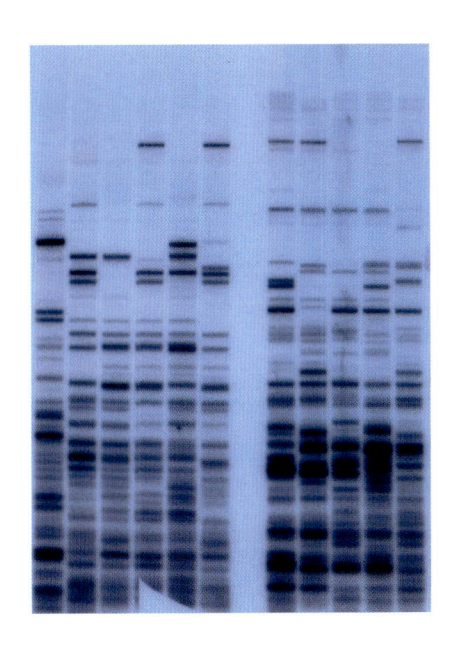

重要发现：

人类的 DNA 有 99.9% 都是相同的。但尽管如此，每个人的 DNA 都带有独特的遗传密码。然而，DNA 图谱并不是独一无二的，每两个人大约就有五百万分之一的概率拥有相同的 DNA。因此，犯罪现场的 DNA 与嫌疑人的 DNA 有可能会因为巧合而相吻合，所以陪审团需要综合考虑其他情况做出判断。

此图是一份早期的 DNA 图谱，显示了一位母亲（2 号和 8 号条带）和她的四个孩子（右边相邻条带）的 DNA 模式。请注意这些条带之间的相似之处，以及它们与 1 号条带之间的不同之处。条带 1 是一个不相关人员的 DNA。

DNA 图谱又称 DNA 指纹，发明于 1984 年，它的诞生彻底改变了法医学，因为它可以提供极具说服力的物证，证明嫌疑人曾可能出现在犯罪现场。这项技术可以在亲子关系存在争议时更快地对其进行鉴定，还可用于医学测试和研究，以及计算濒危动物种群的遗传变异。

与人们普遍的看法不同的是，DNA 图谱并不会提供一个人的基因组或完整解码。它是根据一个人遗传密码中的特征所构建的独特图带。这个过程要搜索重复多次的遗传密码片段——每个人的基因都存在这样的重复片段，只是其长度和位置因人而异。研究人员在实验室里对重复区域进行多次复制，然后用凝胶分离、染色，这样就能得到一系列不同宽度的棒状图案。把得到的图带与另一个 DNA 档案进行匹配，就能证明这两份 DNA 是否来自同一个人，也可以将其与家庭成员的 DNA 档案进行比较，以证明成员之间是否存在遗传关系。

遗传学 第 **31** 页　遗传修饰 第 **38** 页　基因的存在 第 **106** 页　双螺旋 第 **142** 页　生物学中心法则 第 **172** 页

CRISPR 基因编辑工具

主要科学家： 弗朗西斯科·莫伊卡、珍妮弗·道德纳、艾曼纽·卡彭特

美国生物化学家珍妮弗·道德纳（1964—），革命性基因编辑工具CRISPR 的发明者，照片拍摄于美国加州大学伯克利分校李嘉诚中心。

基因工程是一系列对有机体的遗传密码进行编辑的技术，通常用于将功能基因从一个生物体引入另一个不相关的生物体。2013 年，CRISPR 技术问世，极大地简化了编辑过程。CRISPR 意为"规律间隔成簇短回文重复序列"，是在细菌基因组中发现目标 DNA 片段，代表了攻击细胞的病毒的遗传密码。这种细菌使用一种酶（Cas9）将病毒 DNA 拼接到自己的遗传密码中并记录下来，这样当病毒再次发起攻击时，细菌就可以快速启动免疫反应。基因编辑技术可以借用 Cas9 的力量将 DNA 的任何部分编辑进入任何生物体基因组的任何部分。该技术在单细胞生物和病毒中效果最好，能用于制造重要的生化物质和治疗疾病。CRISPR 还能使卵子或受精卵更容易发育成经过基因工程改造的多细胞生物。

重要发现：

CRISPR 虽然在一定程度上使基因工程更趋大众化，但其影响仍不明朗，因为它催生了一种生物黑客亚文化。生物黑客有可能用预定义的，甚至是设计好的基因序列来排列 DNA 从而开发新产品，比如生产在黑暗中发光的酵母，或更令人震惊的给需要治疗遗传疾病的人注射假药。

遗传学 第 31 页 遗传修饰 第 38 页 基因的存在 第 106 页
双螺旋 第 142 页 生物学中心法则 第 172 页

干细胞

主要科学家： 欧内斯特·麦卡洛克

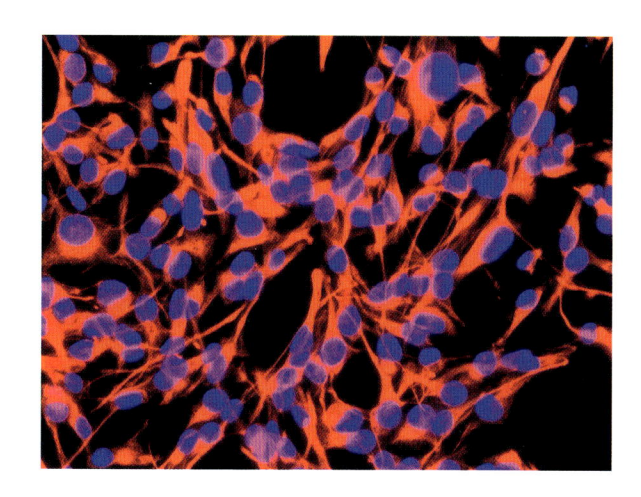

左图是实验室培养的小鼠神经细胞。神经干细胞可以发育成中枢神经系统中的细胞：神经元、星形胶质细胞和少突胶质细胞。

人体与其他大型生命体一样，由数千种细胞构成，例如血细胞、神经元和骨细胞。这些细胞有很大不同，但所有细胞都是从一个受精卵发育而来的。在人体从一团分裂的细胞发育成胚胎甚至成人的过程中，细胞会分化，或专门化。细胞一旦分化，就只能自我复制。在发育过程中起着核心作用的细胞叫作干细胞，它能分化成机体的任何组织。干细胞的研究是当今医学研究的前沿领域。机体发育完全后，体内干细胞数量会急剧减少，剩下的这些干细胞是单能干细胞，它们只能发育成一种类型的细胞，如红细胞或白细胞。医生们正在研究如何将干细胞重置为能分化成多种类型细胞的多能干细胞。一旦这项技术得到完善，干细胞就可以用来修复任何受损或患病的身体部位。

重要发现：

世界上第一只克隆哺乳动物——多莉羊诞生于 1996 年，制造干细胞的技术有部分源于制造多莉的技术。若将皮肤细胞的 DNA 添加到卵子中，卵子就会发育成一团细胞，且其中所有的细胞都是多能的。在多利羊实验中，细胞完全发育。但在人类细胞中，这个过程在几天后就会被终止，这样才能收集到尚未分化成可继续生长的人类胚胎的干细胞。

← 细胞学说 第 25 页

临床试验

主要科学家： 詹姆斯·林德、爱德华·詹纳、杰弗里·马歇尔

一旦确定药物对某种疾病有治疗作用，就必须进行临床试验，以确定其是否安全。1747 年，英国皇家海军医生詹姆斯·林德（1716—1794）进行了最早的药物临床试验。当时，船上恶劣的饮食导致船员们患上了坏血病（即：维生素 C 缺乏症），这在那时是一种较为神秘的疾病。据报道，林德对 6 组、12 位水手分别使用了不同的酸进行治疗。结果，服用含有柠檬酸水果的 1 对水手恢复了健康。后来人们才知道坏血病是缺乏维生素 C 的结果。如今的临床试验更为先进，医生会对所有受试者都进行一样的测试并监测他们服药后的变化和副作用。然而其实只有部分患者服用的是新药，其他人服用的则是安慰剂或已证明有效的旧药。受试者不知道自己吃的是哪种药，更重要的是，照顾他们的医生也不知道。这种双盲体系是由杰弗里·马歇尔（1887—1982）在 20 世纪 40 年代首创的，其目的是确保试验结果不受人为因素的影响。

重要发现：

临床试验凸显了安慰剂的效果，即用非活性物质代替治疗药物。虽然这种替代性治疗对感染或其他原因导致的疾病没有明显的疗效，但仍能改善患者症状，比如减轻疼痛或疲劳感。新药必须经过临床试验证明其效果优于安慰剂，才能上市。

詹姆斯·林德的肖像，他找到了治疗坏血病的方法，因此获得了"海上卫生学创始人"的称号。

医学的诞生 第 14 页 细菌理论 第 104 页 抗生素 第 130 页

支序系统学与分类学

主要科学家： 亚里士多德、卡尔·林奈、卡尔·乌斯

自古希腊起，生物学就根据生命形式的相似程度来进行分类。在科学革命开始时，随着物种数量的迅速增加，卡尔·林奈（1707—1778）创建了双名命名法（每种生物的名字都由两部分组成），结束了生物命名的混乱局面。此外，林奈还首创了纲、目、属、种的分类方法，并将生物按特点进行分类。例如，所有的哺乳动物都属于哺乳纲，但大型猫科动物属于豹属。林奈分类的依据是共同的生理结构，而更现代的分类方法是基于进化论的分支学。生命有着共同的祖先，每个类别的成员都是从同一物种进化而来的。群体越大，成员与祖先的距离就越久远。

重要发现：

20世纪90年代，卡尔·乌斯（1928—2012）等人提出在"界"以上增加一个新的分类单元。他们把动物界、植物界、真菌界、单细胞生物如阿米巴原虫，都归为真核生物域，因为它们都有相似的细胞结构。其余的生命则可以归为另外两个域：古菌和细菌域。这两个域包含的都是细胞结构更为简单的生物体。

1748年版林奈《自然系统》中的插图，它展示了鱼类的分类。这部作品首次出版于1735年。

自然史与生物学 第 **22** 页　微生物的发现 第 **64** 页　基因的存在 第 **106** 页
自然选择的进化 第 **161** 页

薛定谔的猫和其他思想实验

主要科学家： 埃尔温·薛定谔、伽利略·伽利雷、伊本·海赛姆、阿尔伯特·爱因斯坦、皮埃尔－西蒙·拉普拉斯

要说世界上最著名的思想实验，可能还得是"薛定谔的猫"。1935 年，埃尔温·薛定谔（1887—1961）试图以此来探究当代量子力学的内涵。他提出这样一个假设：一只猫被关在一个盒子里，谁也看不见。盒子里有一小瓶毒药，与盖革计数器相连。当放射性原子衰变时，毒药就会释放出来。衰变是随机不可预测的。因此，在没有打开盒子的情况下，无法确定毒药是否杀死了猫，所以猫处于生死叠加状态。他认为这种荒谬的情况正好可以用来描述量子的物体状态。

思想实验是科学强有力的工具，伽利略、海赛姆和爱因斯坦都曾使用过。据说相对论就始于爱因斯坦想象如果他坐在一束光上，他会看到什么。思想实验的目的不在于提供证据，而是指导科学家进行理论上的探索。

"薛定谔的猫"的矛盾之处在于猫处于生死叠加状态。

重要发现：

皮埃尔－西蒙·拉普拉斯（1749—1827）进行的思想实验，现在被称为"拉普拉斯妖"。拉普拉斯设想有一个超自然的智者，知道宇宙中所有物体的精确位置和运动方式，并能够利用运动定律精确地知道它们在未来能记录的每一刻的变化。拉普拉斯妖提出了一个问题：宇宙是否在时间出现的第一刻起，就有了确定的未来。

古希腊哲学家 第 **13** 页 科学革命 第 **18** 页 重力加速度 第 **55** 页 图灵机 第 **138** 页 原子论 第 **159** 页 相对论 第 **163** 页 量子物理学 第 **167** 页

用于建模的计算机图形学

主要科学家： 爱德华·罗伦兹、斯塔尼斯拉夫·乌拉姆、约翰·冯·诺伊曼

一名年轻女子戴着虚拟现实（VR）眼镜。

早在计算机问世后不久，人们就认可了使用软件对自然现象进行建模的重要性。当时的人们就使用房间大小的早期计算机来预测天气。1963年，爱德华·洛伦兹（1917—2008）用他的大气模型偶然发现了蝴蝶效应。他发现，模型初始条件的一个微小变化，就会导致结果产生巨大差异，这一数学上的特征就是混沌理论的核心。洛伦兹的发现证明了"所有模型都是错误的，但有一些是有用的"，模型不能代替真实数据的收集，但仍具有深远影响。

计算机建模的一个常见用途是建立气候模型，以分析全球变暖的影响。计算机还可以模拟化学反应和核反应，研究人员可以借此来研究新的药物和试剂，或绘制亚原子粒子的行动轨迹。此外，计算机可以轻松绘制3D图形，这需要从四个空间维度来进行计算。

重要发现：

计算机建模最早的应用之一，是研发核武器的曼哈顿计划。核武器依靠中子在放射性物质中移动来产生链式反应。关于反应的必要条件的计算，难倒了人类数学家。于是，人们发明了蒙特卡洛方法（蒙特卡洛是摩纳哥的著名赌城，该法之所以如此命名，是为表明其随机抽样的本质），来统计成功或失败的概率。由于需要快速地进行多次重复，用电子数值积分器和计算机（ENIAC）来计算，简直再合适不过了。ENIAC于1946年在美国诞生，是最早的数字计算机之一。

电子与计算 第30页 互联网 第36页 图灵机 第138页

气候模拟

主要科学家：尤妮丝·牛顿·富特、斯万特·阿累尼乌斯、查尔斯·基林、罗杰·雷维尔

在19世纪50年代，人们发现二氧化碳比空气中其他含量更高的气体更能吸收热量。到了20世纪，几十年的气象数据显示，气候正在变暖，而人类活动所产生的二氧化碳和其他温室气体的增加是最可能的主要原因。分析人类的排放如何影响本就复杂的全球气候系统，成了科学研究的主要任务之一。1956年的第一个气候模型将大气划分为500个区域。到了今天，我们使用的是三维模型，包含15万个网格，每个网格都有几十个变量，比如温度、压强、云量和湿度，它们会随时间的推移而变化。该模型能够显示每个网格对周围网格所造成的影响，正如在现实中，一个地区的气候会影响周边区域的气候一样。然而，该模型可以更快地反映出这些变化。模拟结果的准确度取决于处理能力，因此气候科学家配备有世界上最大的超级计算机，这样就能预测地球未来的气候。

重要发现：

气候是一个混乱的系统，一点点微小的变化就会产生截然不同的结果，因此每个气候模型都试图做得更详细。模型的准确性经常会引起争议，因此人们试图通过反向预测来进行验证，也就是说，是否可以利用今天的气候条件倒推出过去记录的天气。如果可以，我们就能对模型的准确性更有信心。

全球变暖概念图。自19世纪末以来，地球的平均表面温度上升了1.18摄氏度（约2.12华氏度），且很大程度上是在1980年之后开始上升的。

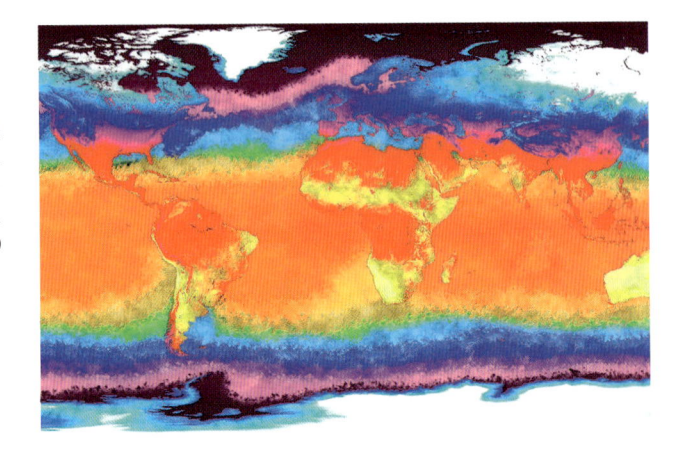

电子与计算 第30页 环境科学 第35页 人为气候变化 第178页

机器学习

主要科学家： 艾伦·图灵

人工智能（AI）的特征之一是计算机能够自我编程。这个过程被称为机器学习，可用于模式识别开发，例如阅读文本、识别面部或语音。机器学习的前提是构建一个神经网络，一个模拟大脑部分工作方式的设备，它既是硬件也是软件。网络通过许多层相互连接的节点将计算机的输入和输出分开，从而创建大量的路由。机器学习需要训练，例如，设备通过接收数百万张猫和其他东西的图片来学习识别猫。起初，组成图片的代码或多或少是随机的，并随机产生两个输出中的一个（猫/不是猫）。设定输出为"是"的路径优先于输出为"不是"的路径，最终，在经过数百万次试验后，人工智能能够根据数据识别出猫的图片（或语音、面部或其他任何特征）。

重要发现：

人工智能有两种。最常见的是狭义人工智能，主要应用于智能音箱或面部识别系统的模式识别软件中。它可以比人类更好地进行学习活动，而不会感到疲倦或无聊，但并不知道有些事情自己做不到。第二种是通用人工能，它可以和我们一样，指导自己学习解决新任务的方法。真正通用的人工智能可能仍停留在理论上，但总有一天，专家系统（科学家为人工智能提供人类知识的数据库）会让它变得足够智能。

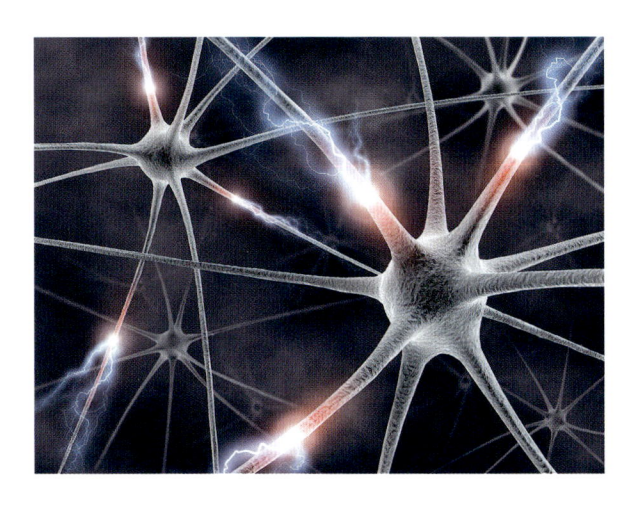

左图是计算机生成的神经网络图像：人工智能的连接和生长方式与人类大脑的基本类似。

电子与计算 第30页 互联网第36页 图灵机 第138页

大数据

主要科学家： 艾伦·图灵、克劳德·香农、马克·扎克伯格、拉里·佩奇、谢尔盖·布林

大数据的收集和分析应用广泛，涉及从医药到营销的多个领域。

互联网诞生于20世纪60年代，当时人们设想用它来将多台计算机联系在一起。步入21世纪后，Web 2.0时代将许多用户聚集在一起，2018年时就约占世界人口的二分之一，并且还在增长。现在，我们正处于一个新阶段的起点——物联网。到2030年，从汽车到气象站，从冰箱到心脏监测器，将有超过500亿个设备可以发送和接收数据。"大数据"指的是收集各种各样的信息，并找到可以揭示它们之间不可见联系的模式。这种分析方法可能会改变自然现象的研究，因为目前全球在这方面的研究都受到可用数据量的限制。大数据还可以用于训练人工智能，创建一个"系统中的系统"，协调服务和公用事业（用水和能源供应、交通、医疗和通信），从而使它们相互响应，更好地为人类服务。

重要发现：

大数据可用于循证医学，它利用可测量的信号进行疾病诊断，只在确认治疗方式有效时才会被采用。根据标准医疗程序，每位患者的详细就诊记录都要存档，人们可以在隐藏患者个人信息的情况下分析海量数据，以寻找疾病发生的早期信号，或分析特定治疗方法有效或无效的潜在原因。

行星探测车

主要科学家： 尤金·舒梅克

太空竞赛的头十年里，世界各国均专注于将人类送入太空及外星世界，但到了 20 世纪 70 年代，人们开始关注更便宜、安全的方式，即向太空发送轮式移动机器人，也就是探测车。第一批探测车是由苏联发射的月球车 1 号和 2 号，它们在月球表面总共待了 15 个月，覆盖范围达 39 千米。后来，NASA 向火星发射了"勇气号""机遇号"和"好奇号"探测车，它们一起在火星上工作了近 30 年。到了现在，只有好奇号还在运行。火星探测车配备了立体相机，可以创建火星表面的 3D 视图。地球上的控制器利用这些数据规划路线，探险车则自主解决障碍，控制速度和功率。探测车的设备可以自主分析岩石和矿物，用刮刀和勺子收集样本，便于之后用激光分光仪在实验室进行分析，寻找水和生命的迹象。

重要发现：

2020 年，"好奇号"是火星上唯一还在工作的探测车。2021 年，NASA 的"毅力号"和"匠心号"探测器加入了探测队伍，它们实际上是用于侦察的小型双旋翼无人机。据说，一辆名为罗莎琳德·富兰克林的欧洲探测车也将于 20 世纪 20 年代抵达火星。2018 年，首个到达月球背面的月球车——中国的嫦娥 4 号成功着陆。2020 年，嫦娥 5 号从月球背面发回了第一批岩石样本。

左图是 NASA 2020 年的火星漫游者正在研究火星表面的一块岩石。

太空竞赛 第 32 页　系外行星 第 148 页　太阳系的起源 第 179 页

索引

插图页码以 *斜体* 显示
主要条目页码以 **粗体** 显示

A

ALICE 探测器 ALICE detector（CERN）200
阿布·穆罕默德·克尔扎卡里亚·拉齐 Abu Bakr Muhammad ibn Zakariyya al-Razi 见 拉齐 al-Razi
阿尔迪尼，乔万尼 Aldini, Giovanni 79
阿尔菲，拉尔夫 Alpher, Ralph 170
阿基米德 Archimedes **42—43**
阿加西斯，路易斯 Agassiz, Louis 23
阿米巴 amoebas 209
阿维森纳 Avicenna 14
埃拉托色尼 Eratosthenes **44—45**
癌症 cancer 136, 142
艾丁顿，亚瑟 Eddington, Arthur 170
艾尔 - 海赛姆，伊本 al-Haytham, Ibn 16, **46—47**, 49, 210
艾弗雷特，休 Everett, Hugh 177
爱迪生，托马斯 Edison, Thomas 190, *190*
爱因斯坦，阿尔伯特 Einstein, Albert 7, 27, 90, 108, 157, *163*, 165, 167; 相对论 theory of relativity 27, 37, 39, 152, **163**, 169, 210
安培 ampere（amps）88, 185
安培，安德烈-马里 Ampère, André-Marie 88
安慰剂 placebo effect, the 208
氨基酸 amino acids 140, 171, 172
"暗流体" 'dark fluid' 37
暗能量 dark energy 37, 147, **150**
暗物质 dark matter 37, 151, **175**
奥本海默，罗伯特 Oppenheimer, J. Robert 29

奥卡姆，威廉 William of Ockham 182
奥卡姆剃刀理论 Ockham's razor 182
奥斯特，汉斯·克海斯提安 Ørsted, Hans Christian 21, **88**
奥斯特法则 Orsted's law 88

B

巴比伦人 Babylonians 12
巴甫洛夫，伊万 Pavlov, Ivan **116—117**
巴兰，保夏 Baran, Paul 36
巴黎先贤祠 Pantheon, Paris:
巴黎学者学院 Académie Parisienne 见法国科学院 Académie des sciences
巴里什，巴里 Barish, Barry 152
巴斯德，路易斯 Pasteur, Louis 104, *105*
白矮星 white dwarfs（stars）122, *123*, *151*, 170
柏拉图 Plato 13, *13*
摆锤 pendulums 152
摆定律 pendulum law **52**
半导体 semiconductors 29, 30
保护 conservation 35
鲍林，莱纳斯 Pauling, Linus 168
贝采利乌斯，永斯·雅各布 Berzelius, Jöns Jacob 92
贝尔，亚历山大·格雷厄姆 Bell, Alexander Graham 190
贝克勒尔，亨利 Becquerel, Henri 112
贝隆，皮埃尔 Belon, Pierre **50—51**
贝塞麦，亨利 Bessemer, Henry 21
贝特森，威廉 Bateson, William 31, 107
钡 barium 85, 136
本生，罗伯特 Bunsen, Robert 103
比较解剖学 comparative anatomy **50—51**
比萨大教堂 Pisa Cathedral **52—53**
毕达哥拉斯 Pythagoras 190
标准测量 measurements, standardized **185**; 参见力学定律 data mechanics, laws of 27

标准模型 Standard Model, The 174
表观遗传学 epigenetics 31
病毒 viruses 25, 38, 81, 206
波 waves 52, 66, 86, **94—95**, 120; 电磁波 electro-magnetic 108; 频率 frequencies 94; 引力波 gravitational 152; 光波 light 66, 声波 sound 94, 95, 190; 太空中的 in space 152; 亚原子粒子 and subatomic particles 128, 166; 武器/武器装备 weapons/weaponry 15, 29, 30, 43, 195; 核能的 nuclear 29, *29*, 128, 136, 140, 203, 211
波函数 wave functions 177
波粒二象性 wave-particle duality 128
波普尔，卡尔 Popper, Karl 182
波义耳，罗伯特 Boyle, Robert 18, 19, **60—61**, 182;
波义耳定律 Boyle's law **60**
玻恩，马克斯 Born, Max 166
玻尔，尼尔斯 Bohr, Niels 27, 167, *167*
玻色子 bosons 39, 174, *174*, 200
伯纳斯 - 李，蒂姆 Berners-Lee, Tim 36
博韦里，西奥多 Boveri, Theodor 109
不确定性原理 uncertainty principle 166
布尔，乔治 Boole, George 30
布尔逻辑 Boolean logic 30
布莱克，约瑟夫 Black, Joseph 20, 73
布兰德，亨尼格 Brand, Hennig 15
布朗，罗伯特 Brown, Robert **90—91**
布朗运动 Brownian motion **90—91**
布劳恩，沃纳·冯 Braun, Wernher von 32
布林，谢尔盖 Brin, Sergey 214
钚 hesperium 见 钚 plutonium
钚 plutonium 136

C

CRISPR 基因编辑工具 CRISPR gene editing tools **206**
彩虹 rainbows 48—49, 66, *67*

测量距离 distances, measurement of 28, 44, 122, 132, 185, 195
查尔顿，大卫 Charlton, David 200
查理定律 Charles's law 60
超光子 superphoton 39
超环面仪探测器 ATLAS detector（CERN）**200**
超粒子 sparticle（superparticle）39
重组（遗传学）recombination（genetics）134
茨维特，米哈伊尔 Tsvet, Mikhail 203
磁场 magnetic fields 30, 198, 199, 200
磁性 magnetism 18, 24, 88; 参见磁场 magnetic fields

D

DNA 鉴定 DNA profiling 205
达尔文，查尔斯 Darwin, Charles 22, 23, 31, 106, 161, 173;《物种起源》On the Origin of Species 161
达尔文，伊拉斯谟斯 Darwin, Erasmus 161
达盖尔，路易 Daguerre, Louis 192
大爆炸理论 Big Bang theory, the 147, 151, 169, 176, *176*, *177*
"大陆漂移" 'continental drift' 见 板块构造学 plate tectonics
大脑 brain, the 33, 34, 207, 213; 参见神经科学 neuroscience
大数据 big data 214
大统一理论 Grand Unified Theory（GUT）165
"大气热机" 'atmospheric engine' 21
大卫·爱登堡 Attenborough, David 35
大象岛，阿斯旺，埃及 Elephantine Island, Aswan, Egypt 44, *44*
大型强子对撞机 Large Hadron Collider（LHC）39, 199, 200, *200*
大质量致密晕天体 MACHOs（massive compact halo

索引 217

objects）175
戴维，汉弗里 Davy, Humphry 20, 21, **84—85**
单体 monomers 171
蛋白质 proteins 139, 140 ,171, 172
氮 nitrogen 20, 73, 197, 204
氘 deuterium 140
导弹 missiles 29, 32
导体 conductors（electrical）29, 30, 68
道尔顿，约翰 Dalton, John 159
德布罗意，路易 de Broglie, Louis 166
德谟克利特 Democritus 159
地球 Earth, the 12, 17, 18, 23, 28, 32, 44, 55, 70, 74, 83, 98, 108, 124, 132, 139—141, 148, 151, 156—158, 161, 170, 173, 178, 195, 212
（参见万有引力 gravity, laws of）；质量 mass of **74**；测量地球 measuring 28, **44**, 74, 195；自转 rotation of **100**；地震活动 seismic activity 196, *196*；太阳系 solar system 124, 148, 156, 175, **179**；参见地球大气层 atmosphere（Earth's）；
地球科学 Earth Sciences **23**
系外行星 exoplanets **148—149**
加速度 acceleration under 52, **55**, 74, 157；暗物质 and dark matter 37, 151, 175；万有引力定律 laws/theories of 18, 74, **158**；行星科学 and planetary science 122；量子物理 and quantum physics **167**, 198
地震仪 seismometers **196**
地质学 geology 6, 22, 23, 164
灯泡 light bulbs 30, 115, 193
狄拉克，保罗 Dirac, Paul 198
笛卡尔，勒内 Descartes, René 19, 183
第一次世界大战 World War I 128, 130, 132
碘 iodine 85
电 electricity 6, 21, **24**, 71, 120；电路 circuits 30；发电 generating 24, 68, 89, 96；磁性 and magnetism（见 电磁 electromagnetism）；静电 static 24, 58；参见电荷

electrical charge
电池 batteries 24, 79, 84, 85, 97, 112
电磁学 electromagnetism 27, 58
电荷 electrical charge 24, 68, 114, 120, 124, 127, 136, 168, 198, 201；电荷测量 measuring 120
电极 electrodes 78, 79, 191
电解 electrolysis **84—85**
电流 current（electric）24, 30, 85, 88, 110, 114, 121, 165, 185, 190, 191, 193；参见 电路 circuits（electrical）；电解 electrolysis；电磁学 electromagnetism
电路 circuits（electrical）30；集成电路 integrated 30
计算机断层扫描 CT scans 194
计算机建模 modelling（computer）**211**
电视机 television sets 193
电子 electrons 28, **114**, 120, 121, 127, 128, 162, 165, 166, 167, 168, 174, 187, 188, 191, 192, 193, 200, 201
原子的结构 and atoms, structure of 124；电荷 and electrical charge 114, 120, 127, 165；核反应 and nuclear reactions 27, 29, 136, 137, 201, 211；波 waves, behaviour as 128, 166；参见电流 current（electric）
电子数字积分计算机 ENIAC（Electronic Numerical Integrator and Computer）30, 211
电子显微镜 electron microscopes（EM）**188**
电子轨道 electron orbitals 167
淀粉酶 diastase 171
靛蓝色 indigo 49
道德纳，珍妮弗 Doudna, Jennifer 38, 206, 206
多重宇宙 universes, multiple 177
多普勒，克里斯琴 Doppler, Christian **94**, 151
多普勒效应 Doppler effect **94**

E

二氧化碳 carbon dioxide 20, 73；温室气体 as a greenhouse gas 178, 212；光合作用 and photosynthesis 70, 178；呼吸作用 and respiration 70, 73, 139

F

发动机 engines: 见 内燃机 internal combustion engines；喷气发动机 jet engines；蒸汽机 steam engines
发动机 motors 24；electric 96
法布里休斯，西罗尼姆斯 Fabricius, Hieronymus 57
法恩斯，杰米 Farnes, Jamie 37
法医学 forensic science 205
反粒子 antiparticles 174
反物质 antimatter 198
泛生论 pangenesis 31
泛种论 panspermia 156
范·海尔蒙特，扬·巴普蒂斯塔 Van Helmont, Jan Baptist 70
范·列文虎克，安东尼 Van Leeuwenhoek, Antonie **64—65**, 188
梵蒂冈西斯廷教堂 Sistine Chapel, Vatican City 17, *17*
方法论 Discourse on Method 183
放射性 radioactivity 28, 29, **112—113**, 127, 136, 165, 191, *191*；衰变 and decay 197, 202, 210；接触危险辐射的影响 effects from exposure to 191
飞翔男孩实验 Flying Boy experiment **68—69**
斐索，希波利特 Fizeau, Hippolyte **98—99**
费马，皮埃尔·德 Fermat, Pierre de 184, *184*
费曼，理查德 Feynman, Richard 29
费米，恩里科 Fermi, Enrico 136, 201
费米子 fermions 174
费歇尔，埃米尔 Fischer, Emil 171
分类学 taxonomy **209**
分类体系 classification

systems 22, 209
分娩 childbirth 26
分子 molecules 60, 90, 96, 104, 114, 124, 137, 139, 142, 168, 171, 187, 198
分组交换 packet switching 36
冯·诺伊曼，约翰 Von Neumann, John 30, 211
夫琅和费，约瑟夫·冯 Fraunhofer, Joseph von 103
夫琅和费谱线 Fraunhofer lines 103
弗赖堡的西奥多里克 Theodoric of Freiberg **48—49**
弗莱彻，哈维 Fletcher, Harvey 120
弗莱明，华尔瑟 Flemming, Walther 109
弗莱明，亚历山大 Fleming, Alexander **130—131**
弗洛里，霍华德 Florey, Howard 130
弗洛伊德，西格蒙德 Freud, Sigmund 34
伏特，亚历山德罗 Volta, Alessandro 21, 24
服从 obedience（human）41, 144
浮力 buoyancy **42—43**
辐射 radiation 27, 112, 127, 146, 147, 167, 175, 176, 178, 189, 191, 195, 199；α粒子 alpha 127, 136；β射线 beta 127；电磁 and electromagnetism 27, 110；射线测量 measuring **191**；参见光 light；放射性 radioactivity
福克斯·塔尔博特，威廉·亨利 Fox Talbot, William Henry 192, *192*
傅科，莱昂 Foucault, Léon 98, **100—101**
傅科摆 Foucault pendulum 100, *101*
富兰克林，本杰明 Franklin, Benjamin 19, 24, 71
富兰克林，罗莎琳德 Franklin, Rosalind 142
富特，尤妮丝·牛顿 Foote, Eunice Newton 178, *178*, 212

G

盖利克，奥托·冯 Guericke, Otto von 58
伽尔瓦尼，路易吉 Galvani, Luigi 78—79
伽利略，伽利雷 Galileo Galilei 18, 52—53, 55, 100, 157, 187, 189, 210
伽马射线 gamma rays 191
伽莫夫，乔治 Gamow, George 170
钙 calcium 85
盖尔-曼，默里 Gell-Mann, Murray 165, 174
盖革，汉斯 Geiger, Hans 126, 191
盖革-米勒计数管 Geiger-Muller Tube（盖革计数器 Geiger counter）191, 210
盖伦 Galen 14
盖-吕萨克定律 Gay-Lussac's law 60
盖斯勒，海因里希 Geissler, Heinrich 193
概率论 probability theory 184
干细胞 stem cells 207
高尔基，卡米洛 Golgi, Camillo 34
高级研究计划局网络 ARPANET 36; 参见互联网 Internet, the
戈达德，罗伯特 Goddard, Robert 32
戈麦斯，罗德尼 Gomes, Rodney 179
哥白尼，尼古拉 Copernicus, Nicolaus 17, 100
格拉泽，唐纳德·阿瑟 Glaser, Donald A. 198
格朗特，约翰 Graunt, John 26
格雷，斯蒂芬 Gray, Stephen 68—69
格列钦-鲁斯威姆，威廉·弗里德里希·冯 Gleichen-Russwurm, Wilhelm Friedrich von 188
工业革命 Industrial Revolution, the 9, 21
公共卫生 public health 26
公斤、千克 kilograms（kg）9, 54, 57, 76, 96, 185, 185
汞 mercury 73, 187
共价键 covalent bonding 168
古埃及人 Egyptians, ancient 186
古道尔，珍妮 Goodall, Jane 35
古尔德，戈登 Gould, Gordon 195
古生菌 archaea 173
古生物学 palaeontology 22, 83
古希腊 Greece, ancient 12, 13, 15, 17, 43, 156, 159, 190, 209
古希腊哲学家 philosophy, ancient Greek 13, 42, 156
固定空气 'fixed air' 见 二氧化碳 carbon dioxide
古斯，阿兰 Guth, Alan 176
"固态"电子器件 'solid-state' electronics 30
光 light 24; 光的衍射 diffraction of 49, 49, 86, 86; 光的测量 measuring 185; 光速 speed of 27, 98—99, 108, 124, 163, 176, 195, 199; 光波 waves, 86, 94, 108, 195; 参见 光合作用 photosynthesis; 折射 refraction; 光谱 spectrum, the; 太阳光 sunlight
光电效应 photoelectric effect, the 112, 121
光合作用 photosynthesis 70—71, 173, 178 physics 6, 27, 28, 163, 165; 参见粒子物理学 particle physics; 量子物理 quantum physics
光谱 spectrum, the 67, 103
光谱学 spectroscopy 102—103, 148
光学 optics 47, 52; 参见透镜 lenses
光子 photons 39, 166, 167, 185, 195
归纳法 induction 13
硅 silicon 29, 30
国际单位体系 SI units 185
国际自然保护联盟 International Union for Conservation of Nature（IUCN）35
哈勃，爱德文 Hubble, Edwin 28, 132—133
哈恩，奥托 Hahn, Otto 136
哈雷，埃德蒙 Halley, Edmond 19, 182
哈里森，约翰 Harrison, John 186

哈维，威廉 Harvey, William 18, 56—57

H

海森堡，沃纳 Heisenberg, Werner 166, 166
海赛姆 Alhazen 见 伊本·艾尔-海赛姆 Ibn al-Haytham
海藻 algae 192
氦原子 helium atoms 170
航空旅行 air travel 29
合金 alloys 21
核反应 nuclear reactions 27, 136, 201, 211
核反应堆 nuclear reactors 29, 136
核裂变 nuclear fission 136
核能 nuclear power 29, 136, 203; and weapons 29, 32, 36, 43, 128, 136, 195, 203, 211
核酸 nucleic acids 142
核糖核酸 ribonucleic acid（RNA）172, 172
赫布，唐纳德 Hebb, Donald 34
赫兹普龙，埃纳尔 Hertzsprung, Ejnar 122
赫顿，詹姆斯 Hutton, James 23
赫尔姆霍茨，赫尔曼·冯 Helmholtz, Hermann von 160
遗传性 heredity 见 遗传特征 inheritance
霍尔姆斯，亚瑟 Holmes, Arthur 197
赫斯，维克托 Hess, Victor 124—125
赫胥黎，朱利安 Huxley, Julian 35
赫兹 hertz（Hz）111
赫兹，海因里希 Hertz, Heinrich 110—111, 194
黑洞 black holes 152, 152, 165
恒星 stars 12, 28, 94, 103, 132, 148, 151, 170, 175, 184; 恒星的距离 distances to 28, 132; 恒星的生命周期 lifecycle of 122; 恒星的亮度 luminosity of 122; 参见 超新星 supernovas; 太阳 Sun, the
恒星核合成 stellar nucleosynthesis 170
红色名录 'Red List' 35
红外线 infrared light/ 热射线

heat rays 100, 110, 187
洪堡，亚历山大·冯 Humboldt, Alexander von 22
呼吸 respiration 20, 85, 139
胡克，罗伯特 Hooke, Robert 19, 25, 62—63, 158, 182, 188
胡克定律 Hooke's Law 62—63
互联网 communication networks 36; 参见互联网 Internet, the
互联网 Internet, the 36, 214
华莱士，阿尔弗雷德·拉塞尔 Wallace, Alfred Russel 161
华伦海特，丹尼尔·加布里埃尔 Fahrenheit, Daniel Gabriel 187 法拉第，迈克尔 Faraday, Michael 24, 85
化石 fossils 22, 33, 83, 161
化石燃料 fossil fuels 178
化学 chemistry 6, 16, 18, 20, 22, 60, 76; 有机物质 organic 197（参见 生物化学 biochemistry）
怀特，吉尔伯特 White, Gilbert 22;《塞尔本自然史》 Natural History of Selborne, The 22
坏血病 scurvy 208
环境保护署 Environmental Protection Agency 35
环境科学 environmental sciences 35
《怀疑派化学家》 Sceptical Chymist, The 18, 60
黄道带 zodiac 12
黄金 gold 15, 43, 66
惠更斯，克里斯蒂安 Huygens, Christiaan 52, 86, 186, 186
混沌理论 chaos theory 211
混合物 compounds 16, 71, 140, 195, 202, 203, 204
活力论 vitalism 92
活体解剖 vivisections 57
火箭 rockets 29, 32
火星 Mars 30, 215
火药 gunpowder 15
霍金，斯蒂芬 Hawking, Stephen 6
霍乱 cholera 26, 26, 89
霍伊尔，弗雷德 Hoyle, Fred 170

J

机器 machines/ 机械

索引

machinery 21, 24, 89, 138, 199
机器人 robots 29, 215
机器学习 machine learning 213; 参见人工智能 artificial intelligence（AI）
基尔比, 杰克 Kilby, Jack 30
基尔霍夫, 古斯塔夫 Kirchhoff, Gustav 102, 103
基林, 查尔斯 Keeling, Charles 178, 212
基因工程 genetic engineering/基因编辑 modification 38, 206
激光 lasers 152, **195**
激光干涉仪引力波天文台试验 LIGO experiment 152
吉尔伯特, 威廉 Gilbert, William 18
吉尔雷, 詹姆斯 Gillray, James 20, 80
吉亚诺提, 法比奥拉 Gianotti, Fabiola 200
疾病 disease 14, 26, 31, 80, 81, 104, 111, 118, 206, 214; 参见细菌理论 germ theory
计时学 horology 186
计算机 computers/计算机技术 computer technology 7, 29, 30, 36, 138, 211—214; 图形 graphics 211; 建模 modelling/模拟 simulation 211, **212**; 参见人工智能 artificial intelligence（AI）
记忆 memory 34
技术史 technology, history of 7
加加林, 尤里 Gagarin, Yuri 32
加速度 acceleration 52, 74, 157
甲烷 methane 140
贾比尔·伊本·哈扬 Jabir ibn Hayyan 15
钾 potassium 85
假说 hypotheses 7, 31, 143
价键理论 valence bond theory **168**
减数分裂 meiosis 109, 134
胶子 gluon 200
焦耳, 詹姆斯·普雷斯科特 Joule, James Prescott 21, 96—97, 160
教育 education 16, 100, 173
接种疫苗 vaccination/疫苗 vaccines 38, 71, 80—81, 104

杰弗里斯, 亚历克 Jeffreys, Alec 205
解剖学 anatomy 参见 比较解剖学 Comparative anatomy
进化论 evolution, theories of 22, 25, 31, 33, 50, 83, 106, **161**, 209; 参见 自然选择 natural selection
晶体管 transistors 30
静电发生器 electrostatic generator 58
镜子 mirrors 108, 152, 195
居里, 玛丽 Curie, Marie 6, 28, 112, *113*, 165, 191
居维叶, 乔治 Cuvier, Georges 82—83
绝缘体 insulators（electrical）68
均变论 uniformitarianism 23

K

卡恩, 鲍勃 Kahn, Bob 36
卡诺, 萨迪 Carnot, Sadi 21, **89**
卡诺循环 Carnot cycle, the **89**
卡彭特, 艾曼纽 Charpentier, Emmanuelle 206
卡普坦, 雅各布斯 Kapteyn, Jacobus 122
卡森, 蕾切尔 Carson, Rachel,《寂静的春天》Silent Spring 35
卡文迪许, 亨利 Cavendish, Henry 20, 74—75
开尔文温标 Kelvin（开K）（temperature scale）160, 187
开尔文勋爵 Kelvin, Lord 见 汤姆森, 威廉 Thomson, William, 第一代开尔文男爵 1st Baron Kelvin
开普勒, 约翰尼斯 Kepler, Johannes 18, *18*, 148
坎德尔, 埃里克 Kandel, Eric 34, *34*
坎德拉 candela 185
抗生素 antibiotics **130**
柯伊伯, 杰拉德 Kuiper, Gerard 122
柯伊伯带 Kuiper belt 122, 179
科学革命 Scientific Revolution, the 6, **18**, 22, 182, 209
科学研究过程 process, scientific **182**

科学院 Academie des sciences 19, 76, 124
克雷布斯, 汉斯 Krebs, Hans **139**
克里克, 弗朗西斯 Crick, Francis 142—143, *172*
克鲁克斯, 威廉 Crookes, William 193
空气 air 见 大气 atmosphere（地球的）; 气体 gases
库恩, 托马斯 Kuhn, Thomas 37, 182
夸克 quarks 165, 174, *174*, 200
矿物 minerals 20, 85, 112, 197, 215

L

拉斐尔,《雅典学院》Raphael, *School of Athens 13*
拉格朗日, 约瑟夫-路易斯 Lagrange, Joseph-Louis 185
拉马克, 让-巴蒂斯特 Lamarck, Jean-Baptiste 161
拉普拉斯, 皮埃尔-西蒙 Laplace, Pierre-Simon 185, 210
拉普拉斯妖 Laplace's demon 210
拉齐（阿布·伯克尔·穆罕默德·伊本·扎卡里亚·拉齐）al-Razi（Abu Bakr Muhammad ibn Zakariyya al-Razi）16
赫罗图 Hertzsprung-Russell diagram 122—123
拉瓦锡, 安托万 Lavoisier, Antoine 20, 73, **76—77**, 96
莱布尼茨, 戈特弗里德 Leibniz, Gottfried 158, 183
莱尔, 查尔斯 Lyell, Charles 23
莱维特, 亨丽埃塔·斯旺 Leavitt, Henrietta Swan 28, 132
蓝藻细菌 cyanobacteria 173
劳伦斯, 欧内斯特 Lawrence, Ernest 199, *199*
勒梅特, 乔治 Lemaître, Georges 169
雷达技术 radar technology 29
雷恩, 克里斯托弗 Wren, Christopher 63
雷维尔, 罗杰 Revelle, Roger 212
类星体 quasars 189
冷凝器 condensers 204

李比希, 尤斯图斯·冯 Liebig, Justus von 204
利基, 理查德 Leakey, Richard 33
利基, 路易斯 Leakey, Louis 33
利基, 玛丽 Leakey, Mary 33
李维森, 哈尔 Levison, Hal 179
里克特, 查尔斯 Richter, Charles 196
里氏震级 Richter scale 196
里斯, 亚当 Riess, Adam 150—151
理论 theories 7, 9, 34, 37, 39, 47, 57, 63, 86, 92, 96, 104, 124, 147, 151, 152, 156, 158, 159, 161, 163, 165—169, 170, 172, 173, 174, 176, 177, 182, 210
力 forces 52, **165**; 参见电磁学 electromagnetism; 重力 gravity
历法 calendars 12
利比, 威拉得 Libby, Willard 197
利伯希, 汉斯 Lippershey, Hans 189
利文斯顿, 米尔顿·斯坦利 Livingston, M.Stanley 199
粒子加速器 particle accelerators 39, 124, 199
粒子物理学 particle physics 28, 174
炼金术 alchemy 15, 16, 18, 60, 66, 70, 103
量子 quanta 167
量子理论 quantum theory 27, 177
量子力学 quantum mechanics 39, 128, 163, 166, 210
量子物理 quantum physics 27, 120, **167**, 198
列奥纳多·达·芬奇 Leonardo da Vinci 17
林德, 詹姆斯 Lind, James 208
林奈, 卡尔 Linnaeus, Carl 22, 209;《自然系统》*Systema Naturae* 209
临床试验 clinical trials 130, **208**
磷光 phosphorescence 112
留声机 phonographs 190
流行病学 epidemiology 26

卢瑟福，丹尼尔 Rutherford, Daniel 20, 73

卢瑟福，欧内斯特 Rutherford, Ernest 28, **126—127**, 136

鲁本斯，彼得·保罗 Rubens, Peter Paul, 希波克拉底 Hippocrates 14, *14*

鲁宾，薇拉 Rubin, Vera *37*, 175

露西 'Lucy'（早期原始人类 early hominid）33

伦敦纪念碑 Monument, London *62* ,63

伦敦苏活区 Soho, London 26

伦琴，威廉 Röntgen, Wilhelm 194, *194*

罗伦兹，爱德华 Lorenz, Edward 211

罗默，奥勒 Rømer, Ole 98, 187

逻辑 logic 13, 30, 138

罗西，威廉·阿尔伯特 Locy, William A.,《生物学及其缔造者》 *Biology and Its Makers* 25

绿色和平组织 Greenpeace 35

绿色运动 green movement, the 35

氯 chlorine 85

M

μ子 muons 124, 201

马古利斯，林恩 Margulis, Lynn 173, *173*

马可尼，古列尔莫 Marconi, Guglielmo 110

马瑟，约翰 Mather, John C. 147

马斯登，欧内斯特 Marsden, Ernest 127

马歇尔，杰弗里 Marshall, Geoffrey 208

迈尔，尤利乌斯·冯 Mayer, Julius von 96

迈克尔逊，阿尔伯特 Michelson, Albert 108

迈特纳，莉泽 Meitner, Lise 136

麦格努斯，艾尔伯图斯 Magnus, Albertus 15, 16

麦卡洛克，欧内斯特 McCulloch, Ernest 207

麦克林托克，芭芭拉 McClintock, Barbara **134—135**

麦克斯韦，詹姆斯·克拉克 Maxwell, James Clerk 108, 110, 194

曼哈顿计划 Manhattan Project, the 128, 136, 140, 211

梅森，马林 Mersenne, Marin 19

酶 enzymes 139, 171, *171*, 206

美国国家航空和宇宙航行局 NASA 148, 215, 220; 火星探测器 Mars rovers 30, **220**

镁 magnesium 85

门捷列夫，德米特里 Mendeleev, Dmitri 162

蒙特卡洛方法 Monte Carflo method 211

孟德尔，格雷戈尔 Mendel, Gregor 31, 31, **106—107**, 109

米尔格拉姆，斯坦利 Milgram, Stanley 144

米尔格拉姆实验 Milgram experiment **144—145**

米开朗基罗 Michelangelo 17;《创造亚当》Creation of Adam, The 17, *17*

米勒，斯坦利 Miller, Stanley 7, **140—141**

米勒，沃尔特 Müller, Walther 191

密立根，罗伯特 Millikan, Robert **120—121**

绵羊多莉 Dolly the sheep 207

灭绝 extinction 33, 35, 50, **82—83**

模仿游戏 Imitation Game 参见 图灵测试 Turing Test

摩尔 moles（计量单位 measurement）185

摩尔根，托马斯·亨特 Morgan, Thomas Hunt 118

魔法 magic 15, 18

莫比德利，亚历山德罗 Morbidelli, Alessandro 179

莫雷，爱德华 Morley, Edward 108

莫伊卡，弗朗西斯科 Mojica, Francisco 206

木星 Jupiter 98

N

钠 sodium 85

氖 neon 204

内共生 endosymbiosis 173

内燃机 internal combustion engines 9, 21

能量 energy 96, 160; 热 and heat 21, 89, **96**, 187; 核能 nuclear 29, 136; 参见暗能量 dark energy; 热力学 thermodynamics

能人 Homo habilis 33

尼埃普斯，尼塞福尔 Niépce, Nicéphore 192

尼安德特人 Neanderthals 33

尿素 urea 92

牛顿，艾萨克 Newton, Isaac 7, 18, 63, 66, *67*, *158*, 165, 183; 微积分 calculus 66, 158, 183; 万有引力理论 gravity, theory of 63, 66, *158*; 光学理论 light, theory of 86; 运动定律 motion, laws of 18, **157**, 163, 210;《光学》Opticks 66;《光学》Principia 157, *157*, 158

牛顿运动定律 motion, laws of 18, 53, 66, 148, 157, 163

纽科门，托马斯 Newcomen, Thomas 9, 21

诺伊曼，约翰·冯 Neumann, John von 30, 211

O

欧多克斯 Eudoxus 12, 霍特弗耶，让·德 Hautefeuille, Jean de 196

欧洲核子研究中心 CERN 200, *200*

P

帕拉塞尔苏斯 Paracelsus 15

帕斯卡，布莱士 Pascal, Blaise 19, **58—59**, 184

判定问题 Decision Problem, the 138

泡利，沃尔夫冈 Pauli, Wolfgang 201

胚胎 embryos 33, 109, 207

培根，弗朗西斯 Bacon, Francis 182

培根，罗杰 Bacon, Roger 16

佩里耶，弗洛林 Perier, Florin 59

佩奇，拉里 Page, Larry 214

喷气式发动机 jet engines 29; 参见火箭 rockets

彭齐亚斯，阿诺 Penzias, Arno 147

硼 boron 85

铍 beryllium 92

波尔马特，萨尔 Perlmutter, Saul 150—151

葡萄糖 glucose 70

普朗克，马克斯 Planck, Max 27, *27*, 167 行星运动 planetary motion, 开普勒定律 Kepler's laws of 18

普里斯特利，约瑟夫 Priestley, Joseph 9, 20, 70, **72—73**

Q

齐奥尔科夫斯基，康斯坦丁 Tsiolkovsky, Konstantin 32

气候变化 climate change 178, 212, *212*

气候模型 climate modelling / 气候模拟 simulation 211, *212*

气泡室 bubble chambers 198

气体 gases 9, 20, 60, 73, 76, 85, 89, 103, 114, 140, 159, 168, 170, 178, 179, 185, 190, 191, 193, 198, 203, 204, 212;

气体定律 laws of **60**

气压 air pressure 58

气压计 barometers 58

钱恩，恩斯特 Chain, Ernst 130

强子 hadrons 174

钦加尼斯，克莱奥门尼斯 Tsiganis, Kleomenis 179

青霉素 penicillin 130

轻子 leptons 174, *174*

氢气 hydrogen 73, 74, 76, 85; atoms 162, 170, 185; 液体 liquid 58, 60, 76, 79, 140, 187, 190, 204, *212*

全球变暖 global warming 178, 211, 212, *212*

R

燃素空气 'phlogisticated air' 见 氮 nitrogen

染料 pigments/ 绘画颜料 paints 66

染色体 chromosomes 31, 109, 118, 134, 172, 173; 性 sex **118—119**

红外线 infrared 110, 187; 运动 and motion 21, 89; 压力 and pressure 60, 159, 170; from sunlight 43, 73; 参见 温度 temperature, measuring; 热力学 thermodynamics

热力学 thermodynamics 18,

96, 160
人工智能 artificial intelligence（AI）138, 213, 214
人类进化 human evolution 33
人科 hominids 8
妊娠 pregnancy 33
铷 rubidium 103
弱相互作用大粒子 WIMP（weakly interacting massive particles）175

S

4 种体液 humours, the four 14
萨根，卡尔 Sagan, Carl 7
萨普，玛丽 Tharp, Marie 164
塞麦尔维斯，伊格纳兹 Semmelweis, Ignaz 26
三羧酸循环 citric acid cycle **139**
三位一体 Trinity（codename）29
色盲 colour blindness 118
色谱法 chromatography **203**
铯 caesium 103, 185, 186
瑟夫，温顿 Cerf, Vint 36
杀虫剂 pesticides 35
杀虫剂滴滴涕 DDT（pesticide）35
射电望远镜 FAST（telescope）189
射电望远镜 radio telescopes 189, *189*
摄尔修斯，安德斯 Celsius, Anders 187
摄氏温标 Celsius（temperature scale）187
摄影 photography 122, **192**
神经科学 neuroscience 6, **34**
神经网络 neural networks 213
神经系统 nervous systems 34
生命的起源 life, origins of **141**, 156
生态学 ecology 22
生物化学 biochemistry 38, 92, 156, 206
生物学 biology 6, **22**, 209
声音 sound 见 声学 acoustics；
声波 waves: sound 94, 108, 190, 193
圣托里奥，圣托里奥 Santorio, Santorio **54**
施莱登，马蒂亚斯 Schleiden, Matthias 25

施密特，布莱恩 Schmidt, Brian 150—151
施旺，西奥多 Schwann, Theodor 25
石英 quartz 186
时间 time/ 计时 timekeeping 52, **186**; 参见历法 calendars;
时钟 clocks 186, *186*
时钟 clocks 186; 原子钟 atomic 186
实验 experiments 7, 15, 16, 18, 19, 20, 38, 39, 41, 47, 54, 55, 58, 63, 78, 85, 182
史蒂文斯，内蒂 Stevens, Nettie 118—119
示波器 oscilloscopes 193
世界野生动物基金会 World Wildlife Fund（WWF）35
视觉理论 vision, theories of 47
手性 chirality 104
受精卵 zygote 206—207
舒梅克，尤金 Shoemaker, Eugene 215
数据 data; 计算机 and computers 7, 29, 30, 36, 138, 181, 194, 211, 213; 共享 sharing 36, 168; 参见算法 algorithms; 大数据 big data; 计算机模型 modelling（computer）
数学 mathematics 18, 30, 39, 43, 66, 67, 94, 103, 132, 138, 157, 166, 183, 184, 211
双名命名法 binomial classification system 22, 209
双筒望远镜 binoculars 189
水 water 20, 43, 48, 76, 85, 90, 96, 187, 203
思想实验 thought experiments 5, 55, 113, 138, 181, **210**
斯丹诺，尼古拉斯 Steno, Nicolas 22
斯丹森，尼尔斯 Steensen, Niels 见 斯丹诺，尼古拉斯 Steno, Nicolas
斯科特，彼得 Scott, Peter 35
斯里弗，维斯托 Slipher, Vesto 28
斯穆特，乔治 Smoot, George F. 146, 147
斯诺，约翰 Snow, John 26; 霍乱感染地区 cholera map 26

斯万特·阿累尼乌斯 Arrhenius, Svante 178, 212
锶 strontium 85
苏格拉底 Socrates 13
苏斯拉他 Sushruta 13
算法 algorithms 138
索迪，弗雷德里克 Soddy, Frederick 202
索恩，基普 Thorne, Kip 152—153
锁钥学说 lock-and-key theory 171

T

tau 粒子 tau particles 201
太空 space 32, 98, 124, 156, 176; 参见宇宙 Universe, 太空探索 The space exploration / 太空旅行 travel 176
太空竞赛 Space Race, the **32**, 215
太阳 Sun, the 12, 17, 148, 186
太阳系 Solar System, the 148, 175, 179
泰勒斯 Thales 13, 24, 68
碳 -14 carbon-14 197
碳 -14 测年法 radiocarbon dating **197**
碳循环 carbon cycle 178
汤姆森，威廉 Thomson, William, 第一代开尔文男爵 1st Baron Kelvin 160
汤姆逊，乔治·佩吉特 Thomson, George Paget **128**
汤姆逊，约瑟夫·约翰 Thomson, J.J. 28, 114—115, 128, 174, 202, 202
汤普森，本杰明（朗福德伯爵）Thompson, Benjamin, Count Rumford 96
汤斯，查尔斯 Townes, Charles 195
天花 smallpox 71, 81
天花接种 variolation 71, 81
天气预报 weather forecasting 211, 212
天文学 astronomy 6, **12**, 28, **37**, 52, 55, 103, 122, 132; 参见望远镜 telescopes
条件反射 conditioning 117
同位素 isotopes 114, 197, 202, 203
统计学 statistics 184

透镜 lenses 65, 66, 98, 188, 189; 参见显微镜 microscopes
图灵，艾伦 Turing, Alan 29, 30, **138**, 213, 214
图灵测试 Turing Test 138
图灵机 Turing machine, the 138
土星 Saturn 52
钍 thorium 112
推理 reasoning 13
推论 deduction 13
托里拆利，埃万杰利斯塔 Torricelli, Evangelista 58
托里拆利管 Torricelli tube 58, 59
脱燃素空气 'dephlogisticated air' 见 氧气 oxygen
脱氧核糖核酸 DNA（deoxyribonucleic acid）31, 142, 172; 双螺旋结构模型 double helix model **142—143**, *172*; 指纹图谱 fingerprint 205, *205*

V

V-2 技术 V-2 technology 32

W

瓦特，詹姆斯 Watt, James 19, 21
万维网 World Wide Web 36
万有理论 TOE（Theory of Everything）39
望远镜 telescopes 7, 55, 66, 98, 132, 133, 148, 149, 152, **189**, *195*
威滕，爱德华 Witten, Edward 39
威尔金斯，莫里斯 Wilkins, Maurice 142
威尔逊，查尔斯 Wilson, Charles 198
威尔逊，罗伯特·伍德罗 Wilson, Robert Woodrow *146*
微波 microwaves 147
微波炉 microwave ovens 29
微积分 calculus 66, 158, 183
微芯片 microchips 30
韦斯，雷纳 Weiss, Rainer 152
围绕地球的大气 atmosphere（Earth's）178; 建模 modelling 181, 211, 212; 参见 气压 air pressure

维勒，弗里德里希 Wöhler, Friedrich 92—93
卫生 hygiene 14, 26, 208; 参见 细菌理论 germ theory
卫星 satellites 29, 32, 98, 147, 170
魏格纳，阿尔弗雷德 Wegener, Alfred 164
温标 Fahrenheit（temperature scale）160, 187
温度计 thermometers 7, **187**
温室效应 greenhouse effect 见 全球变暖 global warming
文艺复兴 Renaissance, the **17**
沃森，詹姆斯 Watson, James **142—143**, 172
乌拉姆，斯塔尼斯拉夫 Ulam, Stanislaw 211
乌斯，卡尔 Woese, Carl 209
污染 pollution 12, 26, 35
无线电波 radio waves 110, 111
物联网 Internet of Things, the 214

X

X 射线 X-rays 112, 114, 189, 191, 193, 194
X 射线成像 X-ray imaging **194**
x 射线望远镜 x-ray telescopes 189
西博格，格伦 Seaborg, Glenn 199
西拉德，利奥 Szilárd, Leó 136
希波克拉底 Hippocrates 14
希格斯，彼得 Higgs, Peter 39, **174**
希格斯玻色子 Higgs boson 39, **174**, 200
习得 learning 116—117; 参见 人工智能 artificial intelligence（AI）
细胞 cells 207; 大脑 brain 17, 31, 33, 117, 192, 213; 神经 nerve 34, 79, 117; 神经系统 neural 207, 207; 神经细胞 nucleus of 34, 207, ; 生殖 reproduction 118, 134; 性 sex 109, 118, 134; 参见 细胞学说 cell theory; 内共生 endosymbiosis
细胞器 organelles 173
细胞学 cytology 139
细胞学说 cell theory **25**

细胞遗传学 cytogenetics 134
细菌 bacteria 26, 38, 64, 104, 130, 131, 139, 173, 206, 209
仙女座星系 Andromeda Galaxy **175**
氙 xenon 170
贤者之石 Philosopher's Stone, the **15**
弦理论 string theory **39**
显微镜 microscopes 7, 25, 64, 90, 109, 120, 173, 181, **188**
显微镜检查 microscopy 64, 109, 173; 参见 显微镜 microscopes
线粒体 mitochondria 173
相对论 relativity, theory of 27, 37, 39, 152, **163**, 169, 210
香农，克劳德 Shannon, Claude 214
小塞内卡 Seneca the Younger 49
小行星带 Asteroid belt 179
肖克莱，威廉 Shockley, William 29, 30
心理学 psychology 6, **34**, 116, 144
新陈代谢 metabolism **54**, 140
信使核糖核酸 mRNA（messenger ribonucleic acid）172
行星探测车 planetary rovers 215
星图 star maps 122
星系 galaxies 28, 37, 132, 147, 169, 175, 179
星子 planetesimals 179
行为 behaviour；人类行为 human 134; 参见 习得 learning
行星 planets / 行星系统 planetary system 12, 17, 18, 52, 98, 157, 179; 轨道 orbits 12, 32, 98, 148, 158, 163, 167, 168, 179; 参见 太阳系 Solar System, the; 以及 在个别行 星名称下 and under individual planet names
板块构造学 plate tectonics **164**
行星科学 planetary science 122
形而上学 metaphysics 49
虚拟现实 Virtual Reality（VR）211
虚无 nothingness 151

薛定谔，埃尔温 Schrödinger, Erwin 210
薛定谔的猫 Schrödinger's Cat 210
血液 blood: 血细胞 cells 207; 血液循环 circulation of the 18, **56—57**
血友病 haemophilia 118

Y

钇 yttrium 92
压强 pressure 参见 气压 air pressure
雅典，希腊 Athens, Greece 13, 17, 45
雅各布斯，卡尔 Jakobs, Karl 200
亚里士多德 Aristotle 12, 13, *13*, 16, 17, 58, 108, 182, 209
亚历山大，埃及 Alexandria, Egypt 44, 45
亚原子粒子 subatomic particles 27, 28, 52, 114, 124, 127, 166, 174, 187, 198, 202, 211; 亚原子结构 structure 162/ 参见 电子 electrons; 量子力学 quantum mechanics
氩 argon 204
岩层 rock strata 23, 164
岩石循环 rock cycle, the 23
验电器 electroscopes 124
扬声器 speakers **190—191**
阳光 sunlight 43, 73, 178, 192; 气候变化 and climate change 178; 摄影 and photography 192; 波长 wavelengths of 29, 94, 152, 166, 167, 188, 190, 195; 参见 光谱 spectrum, 超新星 the supernovas 170; 1a 型超新星 Type Ia 151
杨，托马斯 Young, Thomas **86—87**
杨氏模量 Young's modulus 86
氧气 oxygen 20, 70, **72—73**, 76, 85, 139, 204; 光合作用 and photosynthesis **70—71**, 173, 178; 呼吸 and respiration 9, 20, 85, 139
耶尼施，鲁道夫 Jaenisch, Rudolf 38
叶绿素 chlorophyll 70
叶绿体 chloroplasts 173

伊姆霍特普 Imhotep 13
伊斯兰教 Islam（与科学 and science）16
医学 medicine **14**, 18, 20, 34, 50, 54, 57, 79, 81, 87, 92, 116, 117, 130, 134, 142, 205, 207, 208, 214; 参见 流行病学 epidemiology
胰岛素 insulin 38
遗传学 genetics/ 基因 genes 31, 38, **106—107**, 118, 134, 205, 206; 参见 脱氧核糖核酸 DNA（deoxyribonucleic acid）; 基因工程 genetic engineering / 基因编辑 modification
以太 ether 108
易燃空气 inflammable air 20; 参见 氢气 hydrogen
意识 consciousness 34, 43, 47, 81, 130, 134
因素 'factors' 见 基因 genes
阴极射线 cathode rays 193, 194
阴极射线管 cathode-ray tube 114, *115*, **193**, 202
银河 Milky Way, the 28, 122, 132, 157, 175
英格豪斯，简 Ingenhousz, Jan **70—71**
英国皇家学会 Royal Society of London, the 19, 63, 64, 66, 68
英国皇家研究院 Royal Institution 85, *85*, 96
荧光 fluorescence 38, 112, 127, 193
尤里，哈罗德 Urey, Harold **140—141**
尤因，阿尔弗雷德 Ewing, Alfred 196
铀 uranium 112, 136, 170, 197, 202, 203
铀酰 uranyl 112
有丝分裂 mitosis 25
宇宙 Universe, the 17, 37, 152; 宇宙的膨胀 expansion of 37, 122, 151, 169; 宇宙的起源 origins of 199, 200（参见 大爆炸理论 Big Bang theory, the）;
宇宙规模 size of 28
宇宙背景探测器 COBE（Cosmic Background

Explorer probe）147
宇宙飞船 spacecraft 32
宇宙化学 cosmochemistry 140
宇宙暴胀 cosmic inflation 176
宇宙射线 cosmic rays 124,
198, 201
宇宙微波背景辐射 Cosmic
Microwave Background
（CMB）146—147
宇宙学 cosmology 37, 157
宇宙之蛋 Cosmic Egg, the 见
大爆炸理论 Big Bang theory,
the
元素 elements, the 12, 14, 15,
20, 49, 73, 76, 77, 103, 122,
126, 127, 136, 159, 162, 167,
168, 199; 元素的构成 formation
of 170; 识别元素 identifying
103; 参见 同位素 isotopes
元素周期表 Periodic Table 162
原核生物 prokaryotes 173
原始汤 primordial soup 140
原子 atoms 60, 85, 90, 114,
124, 168, 193; 电荷 electrical
charge 127（参见 电子
electrons）; 光 light/ 辐射吸
收和散发 radiation absorption
and emission 27, 96, 167; 质

量 mass 6, 28, 159, 162; 材
料结构与性能 structure and
properties of 28, 114, 124,
127, 165, 165, 168, 174; 参
见 原子论 atomic theory;
分子 molecules; 核反应
nuclear reactions; 亚原子粒子
subatomic particles
原子弹 atomic bombs 29, 140
原子核 nucleus（atomic）
28, 126—127, 136, 165,
167, 191, 200; 参见 放射现象
radioactivity
原子论 atomic theory 18, 27,
90, 159; 参见 原子核 nucleus
（atomic）
原子质量 mass: atomic 162; 能
量守恒 conservation of ; 标准
测量 standard measurement
of 185
约里奥 - 居里, 伊雷娜 Joliot-
Curie, Irene 113
约里奥 - 居里, 弗雷德里克
Joliot-Curie, Frederic 191
月光社 Lunar Society, the 19
月球 Moon, the 12, 18, 158,
195, 215
陨石 meteorites 156, 156

Z

扎克伯格, 马克 Zuckerberg,
Mark 214
詹纳, 爱德华 Jenner, Edward
80—81, 208
詹尼, 彼得 Jenni, Peter 200
张衡 Zhang Heng 196
长生不老药 Elixir, the 15
照相机 cameras 192
折射 refraction 47, 48—49,
188, 189, 196
针孔照相机 camera obscura
47
真核生物 eukaryotes 173, 209
振荡 oscillation 52, 110, 128,
183, 185, 186, 190
蒸馏 alembics 204
蒸馏 distillation 204
蒸汽机 steam engines 21, 89
正电子 positron 198
芝加哥大学 1 号堆 Pile 1,
University of Chicago 136
支序系统学 Cladistics 209
直立人 Homo erectus 33
指南针 compasses 18, 88
质谱法 mass spectrometry 202
质子 protons 28, 127, 128,
136, 162, 165, 167, 199, 200,

201; 参见 超环面仪器探测器
ATLAS detector（CERN）
中微子 neutrinos 174, 201
中微子探测器 neutrino
detectors 201
中心法则 Central Dogma, the
172
中央处理器 CPU（central
processing units）30
中子 neutrons 28, 127, 136,
152, 165, 200, 201
转基因 GMOs（genetically
modified organisms）38, 38
兹威基, 弗里茨 Zwicky, Fritz
175
紫外线望远镜 ultraviolet
telescopes 189
自动化 automation 21
自然史 natural history 22
自然选择 natural selection 22,
25, 106, 161
自然哲学 natural philosophy
13, 15, 22, 88
宗教 religion 13, 73; 进化 and
evolution 22, 25, 33, 50, 83
综合几何学 synthetic geometry
183

图片来源

10 Wellcome Collection CC 12 PRISMA ARCHIVO/Alamy 13 Wikimedia Commons 14 Wikimedia Commons 15 Metropolitan Museum of Art, New York/Harris Brisbane Dick Fund, 1926 16 Wellcome Collection CC 17 Wikimedia Commons 18 Wikimedia Commons 19 World History Archive/Alamy 20 Science History Images/Alamy 21 Ivy Close Images/Alamy 23 North Wind Picture Archives/Alamy 24 Wellcome Collection CC 25 Library Book Collection/Alamy 26 Wellcome Collection Public Domain 27 Wikimedia Commons 28 Granger Historical Picture Archive/Alamy 29 Science History Images/Alamy Stock 30 Science History Images/Alamy Stock 31 Wikimedia Commons 32 NASA 33 Dietmar Temps/Alamy 34 Keystone/Hulton Archive/Getty Images 35 Avalon/Bruce Coleman Inc/Alamy 36 Creative Commons 37 Vassar College Library, Archives and Special Collection 38 Wikimedia Commons 39 Jbourijai 40 Rémih/Wikimedia Commons 42—43 Photo 12/Alamy 445 WENN Rights Ltd/Alamy 46—47 Wellcome Collection CC 48—49 Stefano Politi Markovina/Alamy 51 Wellcome Collection Public Domain 53 Wikimedia Commons 54 Science History Images/Alamy 55 The Print Collector/Alamy 56—57 Science History Images/Alamy 58—59 ipsumpix/Corbis 61 Science History Images/Alamy 62—63 Photograph by Mike Peel (www.mikepeel.net) /Creative Commons 65 World History Archive/Alamy 67 The Granger Collection/Alamy 69 Wellcome Collection CC 71 Wellcome Collection CC 72—73 Wellcome Collection Public Domain 75 Wellcome Collection CC 77 Metropolitan Museum of Art, New York. Purchase, Mr.and Mrs.Charles Wrightsman Gift, in honor of Everett Fahy, 1977 78—79 Wellcome Collection Public Domain 80—81 Wellcome Collection CC 82—83 Chronicle/Alamy 84—85 World History Archive/Alamy 86—87 Science History Images/Alamy 88 The Granger Collection/Alamy 89 Wikimedia Commons 91 Wellcome Collection CC 93 INTERFOTO/Alamy 95 The Reading Room/Alamy 97 Granger Historical Picture Archive/Alamy 98—99 World History Archive/Alamy 101 Rémih/Wikimedia Commons 102—103 Science History Images/Alamy 105 Wikimedia Commons 107 Natural History Museum/Alamy 108 Reading Room 2020/Alamy 111 Science Hitory Images/Alamy 113 Wellcome Collection CC 115 FLHC10/Alamy 116—117 Granger HIistorical Picture Archive/Alamy 119 Bryn Mawr Special Collections 120—121 Granger Historical Picture Archive/Alamy 123 Universal Images Group North America LLC/Alamy 125 The Picture Art Collection/Alamy 126—127 Wikimedia Commons 129 Science Museum 131 Wikimedia Commons 133 Pictorial Press Ltd/Alamy 135 Smithsonian Institution CC 136—137 United States Department of Energy/Wikimedia Commons 138 Schadel/Wikimedia Commons 139 Central Historic Books/Alamy 140—141 Roger Ressmeyer/Corbis/VCG via Getty Images 143 A Barrington Brown, ©Gonville & Caius College/Coloured by Science Photo Library 145 Fred the Oyster/Wikimedia Commons 146—147 Science History Images/Alamy 149 NASA/Troy Cryder 150—151 NASA 152—153 Stocktrek Images, Inc /Alamy 154 NASA/JPL/ California Institute of Technology 156 Wellcome Collection CC 157 Wellcome Collection CC 158 Wikimedia Commons 159 Wellcome Collection CC 160 Wellcome Collection CC 161 World History Archive/Alamy 162 Science History Images/ Alamy 163 Wikimedia Commons 164 Granger Historical Picture Archive/Alamy 165 incamerastock/Alamy 166 Interfoto/ Alamy 167 Science History Images/Alamy 168 World History Archive/Alamy 169 GL Archive/Alamy 170 NASA/JPL-Caltech/Univ. of Ariz./STScI/CXC/SAO 171 domdomegg/Wikimedia Commons 172 BSIP SA/Alamy 173 Nancy R. Schiff/ Getty Images 174 Shutterstock 175 NASA/JPL/California Institute of Technology 176 NASA/Dana Berry 177 GiroScience/ Alamy 178 Pictorial Press Ltd/Alamy 179 RGB Ventures/SuperStock/Alamy 180 CERN 182 GL Archive/Alamy 183 Wellcome Collection CC 184 The History Collection/Alamy 185 National Institute of Standards and Technology/Wikimedia Commons 186 North Wind Picture Archives/Alamy 187 Wellcome Collection/Science Museum, London CC 188 Wellcome Collection CC 189 Xinhua/Alamy 190 Wellcome Collection CC 191 Wellcome Collection CC 192 Metropolitan Museum of Art, New York, Harris Brisbane Dick Fund, 1936 193 Wellcome Collection CC 194 Wellcome Collection CC 195 Richard Wainscoat/Alamy 196 Allan Swart/Alamy 197 James King-Holmes/Alamy 198 JimWest/Alamy 199 Department of Energy/ Wikimedia Commons 200 CERN 201 Lawrence Berkeley National Lab, Roy Kaltschmidt, photographer 202 Science History Images/Alamy 203 Sciencephotos/Alamy 204 Science History Images/Alamy 205 Wellcome Collection/Alec Jeffreys CC 206 The Washington Post/Getty Images 207 Wellcome Collection/Yirui Sun 208 Wellcome Collection CC 209 Wellcome Collection Public Domain 210 Mopic/Alamy 211 Alamy 212 Boscorelli/Alamy 213 Science Photo Library/Alamy 215 NASA/JPL-Caltech